U0936326

中国国有企业基本理论导读

ZHONG GUO GUO YOU QI YE
JI BEN LI LUN DAO DU

董大海　主编

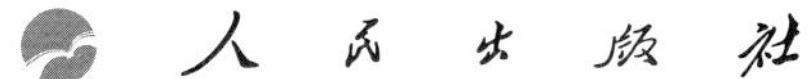

人民出版社

前 言

新中国成立以来，特别是改革开放以来，我国国有企业改革发展取得巨大成就，为我国经济社会发展、科技进步、国防建设、民生改善作出了历史性贡献，功勋卓著，功不可没。历史和现实都证明，国有企业是中国特色社会主义的重要物质基础和政治基础，关系公有制主体地位的巩固，关系我们党的执政地位和执政能力，关系我国社会主义制度。

党的十八大以来，以习近平同志为核心的党中央高度重视理论建设和理论指导对全面深化国有企业改革的重要意义，着眼于党和国家发展全局，全面总结和科学概括国有企业改革经验，创造性地提出一系列新思想、新观点、新论断，成为习近平新时代中国特色社会主义思想的重要组成部分。党的十九大对国有企业改革作出重大部署，提出要深化国有企业改革，发展混合所有制经济，培育具有全球竞争力的世界一流企业。党的十九届四中全会对坚持和完善中国特色社会主义制度、推进国家治理体系和治理能力现代化作出了全面部署，对国有企业改革提出了新的要求，强调要深化国有企业改革，完善中国特色现代企业制度。

站在新的历史起点上，国有企业改革发展和党建工作面临一系列新情况、新问题、新挑战，我们必须深入学习贯彻落实以习近平同志为核心的党中央决策部署，与时俱进加强理论研究，不断认识客观规律，持续推进理论创新，指导、推动国有企业各项工作向纵深发展。与此同时，社会上对于国有企业还存在一定程度的认识不足、误解误读甚至刻意歪曲，亟待从理论上拨乱反正、正本清源。在这一背景下，进一步加强国有企业基础理论研究，深化对社会主义市场经济条件下国有企业规律的认识，明确国有企业在坚持和完善社会主义基本经济制度、推动经济高质量发展中的基础地位和支柱作用，全面、系统、科学地回答中国特色社会主义新时代为什么要建设国有企业、建设什么样的国有企业、怎样建设国有企业等一系列重大问题，无疑具有重要的理论价值和现实意义。

中国大连高级经理学院作为一所主要面向国有骨干企业领导人员的国家级干部教育培训基地，每年都要承担大量的国有企业领导人员教育培训工作。在办学过程中，我们感受到基础理论知识仍是当前国企领导人员能力素质的弱项和短板，也深刻认识到我国国有企业理论研究的重要性和紧迫性。因此，学院秉承教育培训与理论研究协同发展的办学理念，在不断提升培训规模和培训质量的同时，紧密围绕国有经济和国有企业改革发展实践加强理论研究，在国企国资基本理论研究、国企国资改革发展咨政研究以及国有企业管理咨询研究等方面取得了一系列成果。在此基础上，为进一步满足广大学员的学习需求，引导大家全面深入地认识国企、理解国企，夯实国有企业领导人员的理论基础，学院组织骨干力量编写了这本《中国国有企业基本理论导读》。全书共分七章，分别围绕国有企业的性质、功能与使命、布局、发展、治理、改革、党建等七个方面的基础理论问题展开论述。这七个方面紧密联系、相互贯通，构成一个相对完整的理论体系。

第一章“中国国有企业性质”，主要回答中国国有企业是什么的问题。本章从马克思主义所有制理论出发，按照从一般到特殊的研究思路，分别从经济属性、社会属性、政治属性三个方面对社会主义制度下国有企业的根本属性和本质特征进行了分析和论证。

第二章“中国国有企业功能与使命”，主要回答中国国有企业应该发挥什么作用、尽什么责任的问题。本章从我国国有企业的性质出发，归纳总结其相应的经济功能、社会功能和政治功能，并对不同历史时期国有企业的功能使命进行梳理，最后明确提出了新时代我国国有企业担负的历史使命。

第三章“中国国有企业布局”，主要回答中国国有企业何所不为、何所必为的问题。本章着眼于新中国成立以来国有企业布局的演变历程，分析了我国国有企业在不同历史时期存量布局的特点及现存的问题，提出了进一步优化国有企业布局的主要目标和具体措施。

第四章“中国国有企业发展”，主要回答中国国有企业实现什么样的发展及怎样发展的问题。本章从国有企业面临的复杂多变的国内外发展环境出发，基于创新、协调、绿色、开放、共享的新发展理念，结合国有企业发展的目标和基本原则，提出创新发展、高质量发展、绿色发展、全球化经营四大发展战略，为指导不同类型、不同领域的国有企业发展提供了理论参考。

第五章“中国国有企业治理”，主要回答中国国有企业应构建什么样的治理体系及怎样完善国有企业治理体系的问题。本章从公司治理问题的产生入手，归纳总结国外公司治理的模式、特点及中国国有企业治理的特殊性，按照习近平总书记在全国国有企业党的建设工作会议上提出的“两个一以贯之”的要求，从内部治理和外部治理两个方面提出完善国有企业治理结构和治理机制的主要措施。

第六章“中国国有企业改革”，主要回答中国国有企业为什么改革、怎样改革的问题。本章从历史维度总结国有企业改革的历程以及不同阶段的特点，紧紧围绕坚持社会主义基本经济制度和社会主义市场经济方向阐述国有企业改革的目标和原则，并对新时期国有企业改革的方向、内容和要求进行了系统论述。

第七章“中国国有企业党的建设”，主要回答中国国有企业为什么要坚持党的领导、加强党的建设，以及怎样坚持党的领导、加强党的建设的问题。本章围绕习近平总书记“坚持党的领导、加强党的建设，是我国国有企业的光荣传统，是国有企业的‘根’和‘魂’，是我国国有企业的独特优势”这一重要论断和要求，通过回顾我国国有企业党的建设的历史，总结国有企业党建工作的基本规律，从政治建设、思想建设、组织建设、作风建设、纪律建设、制度建设、反腐败斗争等方面对新时期国有企业党建工作进行了具体阐述。

作为一本主要面向国有企业领导人员和理论研究者的理论读物，本书坚持马克思主义政治经济学的根本立场，坚持以习近平新时代中国特色社会主义思想为指引，立足于中国国有企业改革发展历程，通过纵向比较的方法研究问题产生的根源和历史演变，以此探求其中的基本规律和原理。同时，考虑到国有企业是一个世界现象，并非中国所独有，故而本书在借鉴西方经济学有益成分和国外国有企业成功经验的同时，进一步从理论基础、功能作用、布局结构、治理模式等角度对中外国有企业展开横向比较，以厘清理论认识误区，增强中国国有企业的“四个自信”。

本书从构思到成稿历时三年多，参考借鉴了国内外最新研究资料，同时吸收了中国大连高级经理学院参与完成的国务院国资委重大理论课题的研究成果，是集体智慧的结晶。学院常务副院长、党委副书记董大海教授担任本书主编，学院相关教师和研究人员参与编写，具体分工如下：第一章由张欣、邵莹莹编写，第二章由张欣编写，第三章由梁丹编写，第四章由赵秀苹编写，第五章由陈占夺编写，第六章由蒋梦颖编写，第七章由陈占夺编写。杨智伟、赵炎、胡润波、康宇航、孙源远、徐秀文参与了前期不同章节的编写工作。张克全程参与指导了本书的编写，张攀、李作鹏承担了本书编写、审校、出版的组织与协调工作。

本书的完成得到了国务院国资委领导及有关厅局负责同志的悉心指导。国务院国资委党建工作局局长姚焕、改革办常务副主任尹义省、规划发展局原局长邓志雄、规划发展局巡视员陈鸿、企业改革局副局长唐祖君、陕西省国资委原副主任王浩生等同志对相关章节进行了审读并提出了很多具有建设性的意见和建议。中央企业领导和相关领域的专家学者也对本书提供了大力支持和帮助。原宝钢集团党委书记刘国胜同志亲自参与了第七章的编写，原中国铁路工程总公司副董事长姚桂清、中国能源建设集团党委副书记马明伟、神华铁路货车运输有限责任公司原党委书记王喆同志、吉林大学中国国有经济研究中心原主任徐传谌教授对编写大纲和书稿提出了很多宝贵意见。在此一并表示衷心的感谢。

此外，本书作为国有企业领导人员教育培训教材，为准确把握和坚决贯彻国务院国资委的决策部署，书中部分重要内容引用了国务院国资委组织编写的《国企改革历程 1978—2018》中的相关内容和观点，在此特向该书作者致以诚挚的感谢！

国有企业基础理论研究既是一项重要、紧迫的工作，更是一项艰巨、复杂的系统工程，编写组只是在收集、梳理和总结现有资料的基础上，对我国国有企业基础理论从总体上作了初步的研究和探索。我们虽倾力而为，易稿十余次，但囿于政治视野和理论素养，书中难免存在不妥、疏漏甚至错误之处。我们衷心希望各位读者不吝赐教，以便本书今后不断更新完善，从而为推动中国国有企业改革发展提供有力的理论支持和智力支撑。

董海

中国大连高级经理学院常务副院长、教授

2019 年 12 月

目录

CONTENTS

第一章

中国国有企业性质

国有企业[①]是指资本全部或主要由国家投入，依法设立并从事生产经营活动的组织。习近平总书记在2016年全国国有企业党的建设工作会议上开宗明义地指出："国有企业是中国特色社会主义的重要物质基础和政治基础，关系公有制主体地位的巩固，关系我们党的执政地位和执政能力，关系我国社会主义制度……所以，国有企业不仅要，而且一定要办好。"我们要深入学习贯彻习近平总书记关于国有企业的重要论述，推动国有企业深化改革、提高经营管理水平，坚定不移把国有企业做强做优做大，就必须加强国有企业改革发展党建基本理论问题的研究。研究国有企业，首先要厘清国有企业的性质，即国有企业的根本属性和本质特征。这既是一个深刻的理论问题，也是一个具有重大意义的现实问题。从某种程度上讲，国有企业的使命、布局、发展、改革、治理、党建等一系列问题的基础，都蕴含在其特殊的性质之中。

一、中国国有企业与公有制经济

（一）马克思主义所有制理论对公有制经济的论述

马克思主义所有制理论既包括马克思和恩格斯提出的经典所有制理论，

① 文中若不作特别申明，所言国有企业均指中国国有企业。

也包括在其后的社会主义实践中进一步丰富和发展的马克思主义所有制理论成果，是中国国有企业性质的理论基础。厘清马克思主义所有制理论的发展脉络，进而对公有制经济作出正本清源的理论阐释，成为分析中国国有企业性质的理论前提。

1. 马克思和恩格斯的公有制理论

马克思和恩格斯是马克思主义所有制理论的创立者，其提出的公有制[①]理论以唯物史观和剩余价值理论为基础，在其最初设想中，“共产主义革命将不是仅仅一个国家的革命，而是将在一切文明国家里，至少在英国、美国、法国、德国同时发生的革命”[②]。也就是说，社会主义的实现并不是单独在一个国家内部完成的，而是需要通过世界范围内激变式的革命来实现。在这种生产力水平高度发达的条件下，无产阶级对市场经济规律、生产技术操作和创新以及企业运营管理已经十分熟悉，可以独立进行社会化的生产和分配。因此，无产阶级通过夺取国家政权，可以直接占有最先进的生产工具和生产力。在这一前提下，社会主义国家通过国家所有制的形式占有生产资料，“国家真正作为整个社会的代表所采取的第一个行动，即以社会的名义占有生产资料，同时也是它作为国家所采取的最后一个独立行动”[③]。但是，马克思和恩格斯认为这只是一种过渡形式，经过一系列的发展，公有制将通过“自由人联合体”的形式得以实现。对于这种高级形式的公有制，马克思设想为：“他们用公共的生产资料进行劳动，并且自觉地把他们许多个人劳动力当做一个社会劳动力来使用。在那里，鲁滨逊的劳动的一切规定又重演了，不过不是在个人身上，而是在社会范围内重演。”[④]按照恩格斯的解释，这种自由人联合体就是要在资本主义充分发展的基础上，在联合劳动的协作中，实现个体所有制在生产、分配、交换和消费的

① 马克思和恩格斯提出的未来社会主义的“公有制”，德文为 gesellschaftliches Eigentum。部分学者，如王成稼（2006），认为从学理的角度而言，译成“社会所有制”为宜。

② 《马克思恩格斯选集》第 1 卷，人民出版社 2012 年版，第 306 页。

③ 《马克思恩格斯选集》第 3 卷，人民出版社 2012 年版，第 668 页。

④ 《马克思恩格斯文集》第 5 卷，人民出版社 2009 年版，第 96 页。

最终所有权。马克思和恩格斯认为，公有制是对资本主义私有制和商品货币关系的否定。在公有制经济中，商品货币关系将会消亡。

概括而言，马克思和恩格斯的公有制理论可归纳为以下三个方面：第一，公有制的起点也就是资本主义社会基本矛盾的爆发点，这一起点要依靠发达资本主义国家同时爆发社会主义革命来实现；第二，公有制的最初实现形式是国有制，最终将发展为自由人联合体的形式；第三，公有制条件下不存在商品货币关系。

马克思和恩格斯的公有制理论为之后的社会主义革命和实践提供了理论基础，但是由于实践中共产主义革命是在俄国一国范围内率先爆发，而且无产阶级成功夺取政权的俄国并不占有最先进的生产力和生产工具，导致现实发展与经典理论之间产生了一定差异。在其后的实践中，出现了一些脱离生产力实际而僵化照搬经典理论的做法。其实，马克思和恩格斯的公有制理论乃至整个科学社会主义理论体系并不提供现成的教义，而是提供进一步研究的出发点和方法论，因此必须在实践中进一步丰富和发展。

2. 列宁的新经济政策与国家资本主义

马克思、恩格斯虽然创立了社会主义公有制理论，但是这一理论并未在实践中得以检验。列宁作为世界上第一个社会主义国家的主要缔造者，在社会主义革命和建设中积极实践并进一步丰富和发展了马克思主义公有制理论。

苏俄国内战争时期（1918—1920），新生的苏维埃政权外部被帝国主义国家的白色恐怖所包围，内部面临猖獗的武装叛乱。在这种情况下，列宁实行了战时共产主义政策，内容主要包括工业国有化、消费品配给制等，其宗旨是一切服务于战争需要。战后，列宁本想借助于战时共产主义政策，直接向社会主义过渡。但是实践表明，这一设想一定程度上违背了俄国国情。鉴于此，在1921年3月召开的俄共十大上，俄共制定了新经济政策。新经济政策的实质就是实行自由的商品经济，承认多种所有制并存，以及发展国家资本主义。同年4月，列宁发表了《论粮食税》一文，标志着列宁的所有制思想已经转变为“新经济政策”。

列宁的新经济政策在很多方面进一步丰富和发展了马克思主义所有制理论：

首先，列宁认为俄国向社会主义过渡的过程中存在多种经济成分，即："（1）宗法式的，即最原始形式的农业；（2）小商品生产（这里包括大多数出卖粮食的农民）；（3）私人资本主义；（4）国家资本主义；（5）社会主义。"①这一思想突破了马克思和恩格斯关于社会主义单一所有制的基本结论。

其次，列宁第一次提出了社会主义"全民所有制"的概念。列宁从俄国实际出发，在马克思主义史上第一次把公有制称为全民所有制，以国家作为全民掌握社会生产资料的代表，这一思想与马克思国家所有制的思想是一脉相承的。在工业领域，列宁提出直接剥夺工业中的生产资料，并将其转归全民所有；在农业领域，列宁提出合作社计划，逐步将中小个体生产者联合到生产合作社中，这为后来集体农庄的建立提供了思路。

最后，列宁首次创造性地提出了国家资本主义的经济形式。国家资本主义是新经济政策的重要组成部分，指的是由国家掌握和控制的一种资本主义经济形式。国家资本主义的性质和作用取决于国家的性质。在资本主义制度下，国家资本主义为国家所承认并为资产阶级服务；而在社会主义国家，国家资本主义则是由无产阶级国家政权直接控制或处在国家监督和计划之下。在《论粮食税》中，列宁指出了国家资本主义的四种主要形式：其一，租让制，其基础是机器大工业，国家和最先进的资本主义国家直接签订合同，引进外国国家资本，从而立刻使社会主义国家的经营条件得到改善；其二，合作制，其基础是小规模的、手工的，甚至是宗法式的经济，有助于无产阶级与广大的小农结成巩固的联盟；其三，代购代销制，主要是国家吸引资本家作为商人来推销国家货物或收购小商品生产者的产品；其四，租借制，指国家把国有企业、森林、土地租给资本家，收取租金，到期收回。实行各种形式的国家资本主义，有助于俄国向社会主义经济形

① 《列宁选集》第4卷，人民出版社2012年版，第717页。

式过渡。

列宁的新经济政策是对马克思主义所有制理论重要的实践和探索，很多思想和理论成果为后来中国的社会主义革命和建设提供了宝贵借鉴。遗憾的是，随着列宁的离世，新经济政策未能得以延续。

3. 斯大林模式下的国家所有制

斯大林是继列宁之后又一位对社会主义所有制理论进行实践探索的马克思主义理论家。斯大林的国家所有制理论是随着苏联社会主义改造的进程而逐步成熟的。1930 年，斯大林在苏共十六大明确肯定了生产资料公有制是苏联社会主义的经济基础，同时勾勒了斯大林模式下高度集中的计划经济体制的基本轮廓。1936 年 3 月，斯大林在同罗易·霍华德的谈话中，首次提出社会主义的公有制有两种基本形式："一是国家的即全民的形式，一种是不能叫作全民形式的集体农庄形式。"① 从中不难看出，斯大林将国家所有制等同于"全民所有制"，这一思想反映在同年 11 月苏联第八次苏维埃代表大会通过的新宪法中。新宪法的颁布标志着社会主义基本制度在苏联的确立，也标志着斯大林模式的社会主义所有制体制基本定型。

斯大林模式下的国家所有制，所有权和经营权高度集中于国家。在列宁的新经济政策时期，苏联的地方国民经济委员会和托拉斯② 均拥有较大的自主经营权。但是在斯大林模式下，除所有权外，企业经营管理权也高度集中于中央国家管理部门。中央国家管理部门直接决定大多数国营企业的人事、计划、财务和产品分配，企业高层管理人员由中央委派，年度、季度甚至月度计划都要经中央审批，财政由中央统收统支，物资由中央调拨。企业的自主权非常少，企业与上级机关之间的关系实际上属于"命令与执行"的关系。斯大林虽然将国家所有制称为全民所有制，但是国营企业的职工缺少参与管理企业的权利。苏联国营企业的厂长由上级国家机关委派，中层领导由厂长委派，职工均无决定权。尽管企业设有工人生产会议，以

① 《斯大林选集》下卷，人民出版社 1979 年版，第 550 页。

② 托拉斯，译自俄文，苏联工业的联合组织形式之一，包括生产企业以及为它们服务的运输、储藏和其他企业。

便于工人行使建议权、咨询权、监督权，但是实际上流于形式。

斯大林对于社会主义经济的认识集中体现在《苏联社会主义经济问题》一书中。在这本书中，斯大林提出了若干社会主义经济发展的规律，主要包括：生产关系一定要适应生产力性质的规律；社会主义制度下的国民经济有计划按比例发展的规律；社会主义制度下价值规律作用的问题，第一次明确肯定价值规律“仍然在社会主义制度下发挥作用”；社会主义基本经济规律，即“用在高度技术基础上使社会主义生产不断增长和不断完善的办法，来保证最大限度地满足整个社会经常增长的物质和文化的需要”；提出社会主义政治经济学研究的对象是生产关系，生产资料的所有制形式是生产关系的基础等。这本著作突破了社会主义条件下必须消灭商品生产的旧观念，对于中国的社会主义理论和实践产生了重要影响，其中很多观点，例如对社会主义基本矛盾的认识、对社会主义生产关系的认识等，至今仍然具有积极意义。当然，斯大林否认在社会主义制度下生产资料是商品，认为全民所有制内部不存在所有权的转移所以不存在商品生产，而且认为价值规律在社会主义制度下只对流通起调节作用，而对生产不起调节作用。这些观点在后来的社会主义实践中被证明是错误的。

斯大林模式下的国家所有制基本遵循了马克思主义关于无产阶级掌握政权并实施生产资料公有制的基本原则。在这一理论的指导下，苏联不仅迅速地完成了工业化的历史任务，而且为人类反法西斯战争的胜利作出了重大历史性贡献，但同时这种模式也存在巨大的局限性。斯大林是在中断列宁的新经济政策后完全照搬了马克思、恩格斯的过渡理论而进行社会主义所有制革命的，忽视了马克思、恩格斯关于生产力水平的假设前提，忽视了应由具体的生产力水平决定所有制具体形式的基本原则。另外，斯大林虽然提出了两种社会主义公有制的形式，但是在思想上没有走出社会主义所有制的单一结构论。他认为国家所有制形式完全优越于集体所有制形式，因此在社会主义所有制实践中必须逐步地缩小乃至消灭集体所有制形式，这实质上是将国家所有制视为唯一形式。这种做法不仅僵化了社会主义所有制形式的探索，而且抑制了其他所有制经济成分对经济社会发展的积极作用。

（二）中国国有企业的所有权属性是全民所有

中国共产党在新民主主义革命、社会主义改造乃至社会主义建设过程中，一直在实践和探索中国社会主义所有制理论。虽然不同时期国有经济的实现形式有所不同，但是其全民所有的根本属性一直没有改变。早在 1949 年 9 月通过的《中国人民政治协商会议共同纲领》中就明确提出，“凡属国有的资源和企业，均为全体人民的公共财产”。其后颁布的各版本的《中华人民共和国宪法》均对国有企业全民所有的性质进行了规定。现行《中华人民共和国宪法》第七条明确规定：“国有经济，即社会主义全民所有制经济，是国民经济中的主导力量。”2015 年中共中央、国务院下发的《中共中央　国务院关于深化国有企业改革的指导意见》作为当前深化国有企业改革的纲领性文件，也开宗明义地指出“国有企业属于全民所有”。国有企业归全民所有的属性是由我国国有企业的来源决定的，也是我国国有企业与其他国家国有企业的根本区别之一。

1. 我国国有企业的主要来源

我国国有企业是在新民主主义革命和社会主义革命过程中逐渐产生并发展壮大的，其形成主要有四个来源：

第一，新民主主义革命时期，革命根据地和解放区建立的公营企业。土地革命时期，中国共产党就开始了对国有经济的探索。1927 年 10 月，毛泽东率领工农革命军创建井冈山根据地时曾创办小型修械所和被服、印刷、兵工、织布、造纸、石灰等工厂。1931 年，中央革命根据地建立之后，公营工业得到了较快发展，兴办了一批军工和军需民用企业。为了更好地对这些企业进行管理，1933 年，共产党中央国民经济部设立了国有企业管理局。1935 年，在川陕根据地，公营工业已经遍及 10 个行业，职工 5000 多人，已经具有一定的规模。抗日战争时期，共产党提出发展经济、保障供给，一边着手筹建工业体系，一边大力发展公营企业。解放战争时期，共产党积极发展解放区的工商业和金融业，确保各项经济保障供给，支援解放战争全面推进。到 1949 年，仅东北解放区的公营企业就有 307 个，职工 24 万人。

第二，没收和接管旧中国帝国主义和官僚垄断资本企业。这些企业成为新中国成立初期经营性国有企业最主要的来源。1949 年底，人民政府共接收帝国主义和官僚资本所属工业企业 2858 家，按照固定资产原值估算约合 150 亿元人民币，当时拥有职工 129 万人。金融行业接管国民党政府的“四行两局一库”[①] 系统，加上省市地方系统银行 2400 家，总资产 100 亿—200 亿美元。此外，还接管了国民党政府交通部、招商局等所属的全部交通运输企业，以及复兴、富华、中国茶叶、中国石油、中国盐业、中国进出口等十几家垄断性商业贸易公司，从而迅速增加了国有经济的比重和实力。当时国有企业控制了中国电力产量的 58%，原煤产量的 68%，生铁产量的 92%，钢铁产量的 97%，水泥产量的 68%，棉纱产量的 53%。国有工业产值占中国工业总产值的 26.2%，占中国大型工业企业总产值的 41.3%。

第三，社会主义改造过程中以和平赎买的方式把民族资产阶级的企业改造为国有企业。为更好地实现有计划的工业化建设，从 1953 年起开始在全国范围内对资本主义工商业进行了大规模的社会主义改造，主要的大型私营工业企业多数转变为公私合营企业。到 1956 年，我国基本完成了对资本主义工商业的社会主义改造，通过对资本家支付定息的方式，使其资产逐步变为国家所有。

第四，新中国成立初期投资兴建形成了一批国有企业。中华人民共和国成立后，经过国民经济恢复时期，从 1953 年起开始有计划地进行大规模经济建设。特别是“一五”期间，重点围绕限额以上的 694 项工业项目和苏联援建的 156 项工程，在矿业、冶金、电力、机械等行业形成了一批重点国有企业，逐步建立起强大的社会主义物质技术基础。

2. 中西方国有企业性质的区别

国有企业是一种在世界范围内普遍存在的企业类型，并非社会主义国家所特有。作为不同社会制度国家所共同采用的一种企业形式，不同国家

① “四行两局一库”构成了国民政府官僚资本金融垄断体系，主宰了全国的金融业务。“四行”指中央银行、中国银行、交通银行、中国农民银行，“两局”指中央信托局、邮政储金汇业局，“一库”指合作金库。

的国有企业不可避免地具有某些共同的特征，例如承担宏观调控的功能和满足公共服务的需要，生产经营受政府影响较强等。但是，由于社会制度的差异，中西方国有企业在性质上存在根本区别，集中体现在以下几个方面：

一是产生的理论逻辑不同。我国的国有企业是基于马克思主义社会主义公有制理论产生的，作为社会主义公有制的基本实现形式而存在。按照马克思主义经典理论，要消灭资本家对工人阶级的剥削，要克服资本主义生产的无政府状态，无产阶级必须掌握生产资料，进而对社会生产进行有计划的调节。根据马克思和恩格斯的设想，社会主义公有制最终要通过“自由人联合体”的形式得以实现，但是这一目标的实现需要一个过程。首先要把生产资料变为国家财产，建立国家所有制，因此国家所有制是社会主义公有制的初级阶段和初级形式。我国的国有企业正是在上述理论逻辑上建立并发展起来的，虽然经历了由社会主义计划经济向社会主义市场经济体制的转变，但国有企业作为我国社会主义公有制的基本实现形式一直未曾改变。相比之下，凯恩斯的国家干预理论以及在其基础上发展形成的混合经济理论、新凯恩斯主义理论等，是西方政府干预经济以及国有企业存在并发挥功能的直接理论来源。凯恩斯从总需求的角度出发，提出消除经济危机的最好办法就是政府干预经济，即通过政府扩大公共投资，刺激个人消费和企业投资，增加社会总需求，从而达到充分就业。政府的刺激手段不仅包括财政政策、货币政策，也包括国有企业政策。因此，西方国家的国有企业主要作为国家克服市场失灵的工具而存在。

二是企业建立的方式不同。我国国有企业的建立主要是在人民民主专政的基础上，通过没收旧中国帝国主义和官僚资本、改造民族资本以及直接投资兴建的方式成立的。1956 年三大改造完成之后，我国基本确立了社会主义公有制经济的主体地位，奠定了社会主义经济的基础，成为社会主义制度和人民民主政权的根本保证。西方国家的国有企业主要是通过政府购买或投资兴建产生的。第二次世界大战后到 20 世纪 70 年代是西方各国经济发展的黄金时期，主要资本主义国家经济的较快增长以及国家财政收入的大幅度增加，为投资兴建国有企业奠定了经济基础。

三是在国民经济中的地位和作用不同。在中国，国有企业是社会主义制度的坚实物质基础，是社会主义经济制度的根本保证，是国家经济发展战略最重要的载体，在经济发展、政治稳定、社会和谐中发挥主导作用。党的十八大报告特别强调，“毫不动摇地巩固和发展公有制经济”，“增强国有经济活力、控制力、影响力”。改革开放以来，虽然从总量上看国有经济在整个国民经济中的比重有所下降，但仍然占较大比重，而且其控制力、影响力日益增强。与此同时，我国的国有企业也是社会责任的主要承担者。作为国民经济支柱的国有企业在不断深化改革、做强做优做大的同时，积极履行社会责任，努力实现经济发展和社会责任目标的有机统一。而在西方发达国家，国有企业作为弥补市场缺陷和实现公共目标的一种手段，仅仅起补充作用。除金融、铁路、军工、天然气、电力等政府需要控制的命脉行业和公用事业类行业外，国有企业一般不会介入竞争性较强的行业。

四是国有资产的归属不同。在中国，国有资产属于全体人民。我国宪法第六条和第七条明确指出，“中华人民共和国的社会主义经济制度的基础是生产资料的社会主义公有制，即全民所有制和劳动群众集体所有制”“国有经济，即社会主义全民所有制经济”。2017 年 12 月，中共中央印发《关于建立国务院向全国人大常委会报告国有资产管理情况的制度的意见》（中发〔2017〕33 号），进一步体现了中国国有资产归全民所有的属性。而对于西方国家而言，国有资产的所有权归属于政府。尽管国有资产管理模式有所不同，国有资产的所有者代表可能是控股机构、财政部或者议会，但是并没有改变国有资产归政府所有的本质。

（三）中国特色社会主义初级阶段的公有制特征

我国现在正处于并将长期处于社会主义初级阶段，生产力水平不高，而且发展不平衡、不充分。因此，社会主义初级阶段的公有制经济呈现出与之相适应的一系列特征。

1. 公有制为主体、多种所有制经济共同发展

党的十五大报告指出：“公有制为主体、多种所有制经济共同发展，是

我国社会主义初级阶段的一项基本经济制度。这一制度的确立，是由社会主义性质和初级阶段国情决定的。”党的十八届三中全会通过的《中共中央关于全面深化改革若干重大问题的决定》进一步提出积极发展混合所有制经济，并强调国有资本、集体资本、非公有资本等交叉持股、相互融合的混合所有制经济是基本经济制度的重要实现形式。这是我国改革发展实践和认识进一步深化的成果，是对基本经济制度内涵的丰富和发展。混合所有制经济的最大优势就是汇集了不同所有制经济成分的特长，既扩大了资本实力，又激活了经营机制，是促进企业快速发展壮大和提升竞争力的有效组织形式，有利于国有资本放大功能、保值增值、提高竞争力，有利于各种所有制资本取长补短、相互促进、共同发展。在此基础上，党的十九大要求“毫不动摇巩固和发展公有制经济，毫不动摇鼓励、支持、引导非公有制经济发展”，并将“两个毫不动摇”写入新时代坚持和发展中国特色社会主义的基本方略，作为党和国家一项大政方针进一步确定下来。党的十九届四中全会再次强调“两个毫不动摇”，并将“公有制为主体、多种所有制经济共同发展”作为社会主义基本经济制度的重要组成部分，将其称之为“党和人民的伟大创造”。

“公有制为主体、多种所有制经济共同发展”主要包括以下内容：

首先，公有制经济占据主体地位。需要指出的是，在社会主义市场经济中，公有制经济不仅包括国有经济和集体经济，还包括混合所有制经济中的国有成分和集体成分。生产资料公有制是社会主义的本质特征之一，这是马克思主义经典作家早就阐述过的一个基本原理。马克思和恩格斯在《共产党宣言》中就明确指出：“共产党人可以把自己的理论概括为一句话：消灭私有制。”把公有制作为社会主义区别于资本主义的本质特征，是由生产力的社会性质所决定的。只有发展公有制，才能克服生产社会化与生产资料私人占有之间的矛盾。用社会主义公有制取代资本主义私有制，是符合社会发展规律的，是一种不以人的意志为转移的客观规律。从公有资产在社会总资产中所占的比例看，由于统计的原因，目前尚有大量公有资产未纳入统计范围，尤其是以自然资源为代表的公有资产数量还缺少准确数据。如果把所有能够产生直接、间接、潜在经济效益的公有资产都纳入资产统计范围，公有资产在社会总资产中占优势是毫无疑问的。

其次，国有经济控制国民经济命脉，对国民经济发挥主导作用。国有经济是建立在现代社会化大生产的基础上的，是与我们国家的社会主义性质相适应的。在现代经济条件下，国有经济代表着最先进的生产力，是新的生产力的创造者。同时，国有经济也是巩固和发展社会主义制度的决定性因素。如果国有经济的比重过低，国家就没有力量实现对整个国民经济的控制和调节，也就无法保证所有制结构的社会主义性质。国有经济的主导作用主要表现为两个方面：一是国有经济对整个国民经济，尤其是在重要行业和关键领域具有控制力和影响力；二是国有经济在多种所有制经济共同发展中起到支撑、引导、带动作用。

再次，多种所有制经济长期共同发展。在公有制为主体的前提下，积极发展个体经济、私营企业、外资经济等非公有制经济成分，是我国社会主义初级阶段生产力水平及其发展的客观要求所决定的，也是一种客观必然性。多种经济成分并存，适应了社会主义初级阶段各个行业、各个地区生产力发展不同水平的要求，不仅可以，而且事实证明促进了生产力的发展。同时，不同性质的所有制经济在社会主义市场经济条件下相互竞争、互为补充，对于社会主义市场经济体系的形成，特别是竞争性的市场经济运行机制的形成，起到了积极的推动作用，有利于资源的优化配置、生产力的发展、国家经济实力和人民生活水平的提高。因此，我们要毫不动摇巩固和发展公有制经济，毫不动摇鼓励、支持、引导非公有制经济发展。这一方针是我们党对多年来发展社会主义市场经济的经验总结和概括，是对我国公有制经济和非公有制经济在经济社会发展中地位的充分肯定，必须长期坚持。

最后，混合所有制经济是基本经济制度的重要实现形式。党的十八届三中全会提出积极发展混合所有制经济，并强调国有资本、集体资本、非公有资本等交叉持股、相互融合的混合所有制经济是基本经济制度的重要实现形式。这一决策是我们党对有关所有制论断和基本经济制度认识不断深化的结果。混合所有制作为一种富有活力和效率的资本组织形式，既有利于国有资本放大功能、保值增值、提高竞争力，也有利于发挥非公有制经济优势，优化资本配置，从而实现各种所有制资本取长补短、相互促进、共同发展。

2. 公有制经济实现形式多样化

从改革开放至今，我国对公有制经济的实现形式进行了一系列积极探索和有益尝试，采用过租赁、承包、股份合作制、股份制等多种形式。党的十五大报告指出，在社会主义初级阶段，“公有制的实现形式可以而且应当多样化，一切反映社会化生产规律的经营方式和组织形式都可以大胆利用。要努力寻找能够极大促进生产力发展的公有制实现形式”。党的十六届三中全会通过的《中共中央关于完善社会主义市场经济体制若干问题的决定》，明确将股份制作为我国公有制的主要实现形式，是对公有制实现形式理论新的深化和发展。现阶段，我国公有制的实现形式主要包括股份制、股份合作制、租赁或承包经营、国家独资经营等。其中股份制与社会化大生产相适应，是公有制最主要的实现形式。

决定公有制实现形式多样化的原因主要有以下几点：

首先，这是马克思主义所有制理论基本观点。马克思主义所有制理论一直强调对所有制和所有制形式加以区分。马克思主义在一般地揭示了未来社会所有制基本原则后，强调公有制原则在实践中的灵活性。马克思、恩格斯在《共产党宣言》中明确肯定了社会主义所有制措施的相对性，他们认为：“这些原理的实际运用，正如《宣言》中所说的，随时随地都要以当时的历史条件为转移。”①

其次，这是由社会主义初级阶段多层次的生产力状况决定的。公有制的实现形式是实现生产关系与生产力结合的具体途径和方式。根据生产力与生产关系之间的辩证关系，生产关系一定要适应生产力发展状况规律的客观要求，才能促进生产力的发展。我国社会主义初级阶段的生产力状况

① 《马克思恩格斯选集》第 1 卷，人民出版社 2012 年版，第 376 页。

具有多层次性和不平衡性，不同地区、不同行业生产力发展水平存在着显著差异。生产力发展水平的多层次性和不平衡性决定了不能实行单一的所有制形式和资产组织形式，而只能采用形式多样的公有制实现形式来适应不同层次的生产力发展水平。

最后，这符合社会主义市场经济运行和发展的内在要求。探索多种公有制实现形式，是实现公有制与市场经济有机结合的重要途径。从所有制结构来看，单一的公有制实现形式不能完全适应市场经济的发展要求。如果没有多元的产权主体，就不能够完成真正的交换，也就不可能形成真正意义的市场。要进一步发展社会主义市场经济，就必须对公有制经济进行一系列产权制度的改革，从而形成多元的市场主体，使各种生产要素在更高的层次以及更广的领域进行资源的优化组合，企业组织形式和经营方式也需要进一步适应这样的发展。因此，只有积极探索适应市场经济的公有制实现形式，国有企业才能真正成为社会主义市场经济的主体。

3. 按劳分配为主体、多种分配方式并存

党的十五大明确提出“坚持按劳分配为主体、多种分配方式并存的制度，把按劳分配和按生产要素分配结合起来”，这是社会主义分配制度改革的一大进步。在中国特色社会主义市场经济体制建设过程中，这一制度设计极大地激发了广大劳动者和生产要素所有者的积极性，推动了中国经济高速增长，改善了社会民生和公共服务。但与此同时，随着我国经济飞速发展，收入分配矛盾逐渐凸显。自党的十八大提出“初次分配和再分配都要兼顾效率和公平，再分配更加注重公平”的改革思路，到党的十九大报告进一步强调“必须坚持和完善我国社会主义基本经济制度和分配制度”，要求“在经济增长的同时实现居民收入同步增长、在劳动生产率提高的同时实现劳动报酬同步提高”，其核心内涵就是深入贯彻以人民为中心的发展思想，将效率和公平原则贯穿于收入分配各环节。在此基础上，党的十九届四中全会进一步将把“按劳分配为主体、多种分配方式并存”的分配方式纳入基本经济制度范畴，这是对我国改革开放四十多年经验特别是党的十八大以来新鲜经验的科学总结，是我们党的一个重大理论创新。

按劳分配为主体、多种分配方式并存的分配方式是由社会主义初级阶段的所有制结构决定的。生产资料所有制决定产品的分配方式，由于在社会主义初级阶段，公有制为主体，所以按劳分配是主要分配方式。同时，在社会主义初级阶段的所有制结构中，除作为主体地位的公有制经济外，还有其他非公有制经济。这种所有制结构反映在分配关系上，必然要求在按劳分配的同时也要按生产要素进行分配。

这种分配方式有三方面含义：

第一，坚持按劳分配的主体地位。我国是社会主义国家，在社会主义初级阶段的所有制结构中，社会主义公有制必然居于主体地位。而按劳分配是公有制范围内基本的个人收入分配方式，是公有制在分配上的实现，体现着社会主义公有制的本质要求。因此，个人收入分配结构必然是以按劳分配为主体，要坚持多劳多得，着重保护劳动所得，增加劳动者特别是一线劳动者劳动报酬，提高劳动报酬在初次分配中的比重。社会主义市场经济条件下的按劳分配与过去计划经济条件下的按劳分配相比较，具有新的特点：一是实现形式发生了变化，在社会主义市场经济条件下，按劳分配不是依据劳动者提供的直接社会劳动时间量进行消费品的直接分配，而是以货币工资为中介，按劳分配的实现形式是具体的劳动报酬；二是分配的主体发生了变化，过去分配的主体是国家而现在是企业，国家只能运用政策进行调节，因此等量劳动领取等量报酬的原则不能在全社会按统一的标准实现，劳动者个人收入的多少不仅取决于自己为社会提供的有效劳动量的多少，而且取决于所在企业经济效益的好坏；三是实现的机制发生了变化，由统一计划分配变为由市场机制调节，因此按劳分配的实现程度受个别劳动时间与社会必要劳动时间的差别、供求关系的状况、生产资料和生活资料价格等多重因素影响，所以“等量劳动领取等量报酬”的原则不能体现在每一个个别场合，而只能体现在社会平均数之中。

第二，按生产要素分配，即根据各种生产要素在商品和劳务生产过程中的投入比例和贡献大小给予报酬具有必要性。在市场经济条件下，资源配置通过市场交易，由市场价格机制对资源的引导来实现，这就要求包括生产要素在内的一切商品都要进入市场。在交易过程中，生产要素所有者对其所有权的让渡必然以获取相应报酬为条件。由于各种生产要素在形成商品使用价值的过程中发挥了作用，其所有者也有权利要求相应的报酬，因此，按生产要素分配是市场发挥配置资源决定性作用的必然结果。

第三，完善收入再分配调节机制。我们既要不断做大蛋糕，更要分好蛋糕。如果收入分配差距过大、分配格局不合理，人民群众就难以共享改革发展的成果，这与社会主义消除两极分化、实现共同富裕的本质要求相背离。对此，党的十九届四中全会特别强调，要“健全以税收、社会保障、转移支付等为主要手段的再分配调节机制，强化税收调节，完善直接税制度并逐步提高其比重。完善相关制度和政策，合理调节城乡、区域、不同群体间分配关系。重视发挥第三次分配作用，发展慈善等社会公益事业。鼓励勤劳致富，保护合法收入，增加低收入者收入，扩大中等收入群体，调节过高收入，清理规范隐性收入，取缔非法收入”。

二、国有企业的经济属性

按照从一般到特殊的研究思路，研究国有企业的性质，首先要研究国有企业同其他企业一样的共性特征。作为生产资料公有制下从事商品生产和经营活动的基本单位，国有企业在本质上仍然是经济意义上的商品生产经营组织，具备一般的经济属性，即经济性、营利性、独立性。与此同时，国有企业又不同于一般意义上的企业。作为社会主义公有制经济的代表，国有企业还要在宏观调控、引领带动国民经济发展以及经济体制改革等方面发挥重要作用。

（一）企业的基本属性

一般而言，企业是以营利为目的，从事独立的商品生产或商品流通等经营活动的经济组织，是现代社会的经济细胞。作为商品生产和经营的基本单位，经济性、营利性和独立性是企业的基本特征。

1. 经济性

企业是从事经济活动的实体，经济性是其首要特征。企业的经济性主要表现为两个方面：一是生产性，二是交易性。

马克思认为，企业是从事生产活动的基本经济单位，首要功能是组织生产。他从生产力、生产要素和生产关系的角度对资本主义生产关系下企业的产生和本质进行了系统的研究。企业在生产过程中首先需要以资本从市场中购买劳动力等生产要素，通过集结分散资源、充分利用资源的协同效应和专业化的分工等生产方式，向市场提供产品。企业的产生是和资本的产生联系在一起的，也就是劳动者和劳动条件的所有权相分离的过程。在自给自足的自然经济状态下，生产的基本形式是个体小生产或家庭生产，目的是满足家庭的需要，这种生产规模狭小，几乎没有社会联系，因而不构成企业组织。进入资本主义社会之后，由于社会分工的发展，一方面生产资料和生活资料转化为资本，另一方面直接生产者转化为雇佣工人。因此，资本主义生产关系下的企业就是运用资本家占有的生产资料，雇用劳动者从事生产和经营活动的经济组织。① 这意味着企业具有以下特征：一是资本雇佣劳动的经济组织，资本家与劳动者之间存在雇佣关系——这是企业与家庭作坊、独立经营的农户等经济组织的本质区别；二是进行协作生产的经济组织，企业是由一定数量的工人通过协作结合而成的，这种协作既可以是简单协作，也可以是以分工和机器生产为基础的协作；三是通过计划配置资源并生产产品的经济组织，配置资源、组织分工是企业和市场所共有的基本功能，企业不同于市场之处在于它所独有的生产功能，它不仅以某种方式对生产要素进行适当的配置，还以某种方式对生产要素进行适当的利用，将生产要素潜在的生产作用发挥出来，并最终将生产要素的投入转化为产品的产出。

与马克思重点关注企业的生产属性不同，新制度经济学更多关注企业

---

① 《资本论》第 1 卷，人民出版社 1975 年版，第 358 页。

的交易属性。科斯的交易成本理论认为，企业之所以出现，是因为它可以用内部权威代替市场价格进行资源配置，从而大大节约了交易成本。威廉姆森进一步发展了上述思想，认为企业是作为高度专用型交易的一体化治理结构而存在的，纵向一体化或企业替代市场可以解决由于资产专用性带来的双边垄断中的“要挟”问题，是有效率的制度安排。哈特等人创立的剩余控制权理论认为，“一个企业是由它们所拥有或控制的那些资产构成的”，剩余控制权直接来源于对物质资产的所有权。因此，在企业中，股东成为企业所有者和企业治理的主体，人力资本所有者成为雇员。尽管这些理论研究的角度各有侧重，但是普遍认同企业是各种要素投入者为了各自的目的联合起来组成的一个有效率的契约关系网络，本质上仍然属于经济组织的范畴。

2. 营利性

企业的经济性是由企业的营利行为体现的。马克思认为，企业既是协作生产组织，又是生产价值和剩余价值的场所。资本家在企业的协作生产中处于支配地位，并占有工人劳动创造的、在一定规模协作生产基础上产生的剩余价值。这种规模经济效果被当作资本的生产力。简单地说，企业的协作生产以剩余索取权归属资本家为前提。因此，资本家办企业的目的不是要生产产品，而是要生产商品；不是要生产使用价值，而是要生产价值；不是要生产价值，而是要生产剩余价值。资本家购买劳动力和其他生产要素，利用劳动的协作形式来组织企业，其最终的目的在于用最小的预付资本，获得最大的剩余价值或利润。

新古典经济学认为，企业是一个通过投入产出追求利润最大化的专业化生产组织，这一过程可以用一个生产函数式和一个目标函数式表示。具体而言，生产函数一般可以表示为：

$$Q=F(x_1, x_2, \ldots, x_n)$$

其中，Q 代表企业在一定技术条件下的产出水平，$x_1, x_2, \ldots, x_n$ 分别代表劳动、资本、土地和企业家才能等诸多生产要素的投入水平。进一步地，企业的利润函数可以定义为如下经济学模型：

$$\text{Max}\ \pi = TR(P, Q) - TC(Q)$$

其中，π 为利润，TR 为企业的总收益，P 为商品价格，Q 为产量，TC 为企业总成本，它是一个与产量 Q 相关的函数。作为产品的生产者，企业追求的是利润 π 的最大化。

这一目标从实现形式上可以分为两个方面：一是成本最小化，也就是为了实现一定的产量，企业究竟如何生产能使自己成本最小的问题；二是企业在实现了最优的生产投入之后，应该生产什么和生产多少的问题。也就是说，企业的经营者在生产活动中面临着如何发现更有效的生产技术和管理形式、如何激励员工、如何推进技术革新等问题，在市场中面临着如何销售、如何满足消费者需求等问题。解决这一系列问题的最终目的，就是让 TR 尽可能增大，而 TC 尽可能减少，以达到 π 的最大化。因此，企业的行为以追求经济价值为目的，并基于市场中的价格机制进行调整，这是新古典经济学对企业本质的解说。

3. 独立性

企业作为一种在法律和经济上都具有独立性的法人组织，依法独立享有民事权利，独立承担民事义务、民事责任。它与其他自然人、法人在法律地位上完全平等，没有行政级别、行政隶属关系。它不同于民事法律上不独立的非法人单位，也不同于经济（财产、财务）上不能完全独立的其他社会组织，它拥有独立的、边界清晰的产权，具有完全的经济行为能力和独立的经济利益，实行独立的经济核算，能够自主经营、自负盈亏、自担风险、自我约束、自我发展。

市场主体的独立性是市场机制充分发挥作用的基本前提和关键。市场机制在为企业的生产经营活动创造成功机会的同时也会增加其失败的风险，如果企业不能够对可供自己利用的一切资源具有占有、使用、支配和处置的权利，不能够按照自己的意志自主地进行各种经济活动，就难以随时把握市场运行中出现的机遇，也无法回避市场运行中出现的风险。只有让企业具有经营决策上的独立自主权，才能作为独立的个体在市场经济中独立地决策、参与市场活动，包括根据市场需要扩大或缩小企业规模和生产能力，自主地选择劳动力的数量和质量；自主地对企业生产经营活动所需要的各种物质手段、物质条件及其作用的物质对象进行存量和增量的调整，以保持劳动力与生产资料之间的优化比例；自主地按照企业发展、职工消费和后备方面的要求，支配和使用收入资金、其他资金或个人的投资等。企业只有充分拥有这些独立性，市场机制对资源的配置功能才能得以实现，从而达到最优均衡。

（二）国有企业具有企业的基本属性

国有企业，姓“国”名“企”。国有企业虽然与其他所有制企业的所有者不同，但是都具备企业的基本特征，二者本质上都属于企业。

1. 国有企业拥有法人财产权，本质上属于经济组织

企业要想取得法人资格成为独立的社会经济组织，必须拥有独立的财产，有自己的名称、组织机构和场所，并且能够独立承担民事责任。其中，独立的法人财产权是企业作为民事主体参与经济活动、享有民事权利和承担民事责任的基础和关键。国有资产虽然属于全民所有，但国有企业对其享有独立的占有、使用、收益、处分等权利。因此，国有企业作为法人企业，本质上属于经济组织。

从理论角度看，国有经济的产权制度本身具有权利行使代理性的特征。全民所有并不排斥所有权与国有企业的控制权、经营权相分离，因此国有企业可以依法对国家投资形成的财产及企业在经营过程中积累的全部财产享有民事权利。在计划经济时期，国家代表全民行使所有权，企业的全部生产活动都由国家来组织。在这种体制下，政府行政权与所有权不分，所有权与经营权不分，财产使用过程中所有者、经营者、使用者及其相互间的责权利关系不明确，导致国有企业长期活力不足，经济效益低下。1978年党的十一届三中全会以后，政府通过放权让利，从体制上促进了企业经营机制的转变。在此基础上，1984年党的十二届三中全会提出：“根据马克思主义的理论和社会主义的实践，所有权同经营权是可以适当分开的。”“要使企业真正成为相对独立的经济实体，成为自主经营、自负盈亏的社会主

义商品生产者和经营者，具有自我改造和自我发展的能力，成为具有一定权利和义务的法人。”1993 年党的十四届三中全会将建立现代企业制度作为国有企业改革的目标，提出“出资者所有权与企业法人财产权分离的原则”，指出“企业中的国有资产所有权属于国家，企业拥有包括国家在内的出资者投资形成的全部法人财产权，成为享有民事权利、承担民事责任的法人实体”。这一思路既坚持了国有企业全民所有制的性质，又符合建立市场经济体制的要求，赋予了国有企业法定的市场地位和独立的法人财产权。国有资产的最终所有权与法人财产权的分离，实现了国家所有权在国有企业中的民事转化，成为建立现代企业制度的基本前提。

从法律层面上看，《中华人民共和国民法通则》《中华人民共和国全民所有制工业企业法》《中华人民共和国企业国有资产法》等法律文件为国有企业的法人财产权提供了法律依据。《中华人民共和国民法通则》第四十八条规定：“全民所有制企业法人以国家授予它经营管理的财产承担民事责任。”第八十二条规定：“全民所有制企业对国家授予它经营管理的财产依法享有经营权，受法律保护。”《中华人民共和国全民所有制工业企业法》对于法人财产权的内容进行了更为清晰的界定，其中第二条规定：“全民所有制工业企业是依法自主经营、自负盈亏、独立核算的社会主义商品生产和经营单位。企业的财产属于全民所有，国家依照所有权和经营权分离的原则授予企业经营管理。企业对国家授予其经营管理的财产享有占有、使用和依法处分的权利。企业依法取得法人资格，以国家授予其经营管理的财产承担民事责任。”2008 年 10 月，全国人大通过的《中华人民共和国企业国有资产法》进一步将国有企业法人财产权的适用范围扩大至所有国家出资企业，包括国有独资企业、国有独资公司、国有资本控股公司以及国有资本参股公司。其中第十六条规定：“国家出资企业对其动产、不动产和其他财产依照法律、行政法规以及企业章程享有占有、使用、收益和处分的权利。国家出资企业依法享有的经营自主权和其他合法权益受法律保护。”

国有企业法人财产权的确立，有助于理顺产权关系，使一切占用国有资本的企业真正成为市场竞争中既能自主经营、自负盈亏，又能追求资本保值增值的法人实体，从而实现社会主义公有制与市场经济有机结合。

2. 国有企业追求国有资本的保值增值

企业作为一个营利性组织，直接目标就是经济利益。国有企业肩负着经营管理国有资本的重任，首要职责就是实现国有资本保值增值。

一方面，价值增值是资本的自然属性。资本要求不断地生产剩余价值来扩大自身，剩余价值转化为追加资本，追加资本与原有资本一起带来更多的剩余价值，新产生的剩余价值又成为新的追加资本，如此循环往复。这是与商品经济相联系、反映社会化大生产和生产力发展需要的性质，是社会财富增长的价值表现，是社会经济发展的基本前提。因此，从本质上讲，任何资本都要实现价值增值，国有资本也不例外。计划经济条件下，国有资本运营大多表现为单一形态的简单再生产特征，体制上的约束严重阻碍了国有资本实现自身价值。在市场经济条件下，国有资本要实现保值增值，必须通过资本运营参与市场竞争，以资本运营取得收益进行再投资，在市场竞争中不断发展。国有资本主要存在于各类国有企业中，其流通必须通过国有企业的经营活动实现。国有企业作为国有资本运营的载体，自然要在微观运营层面保证投资与生产实现经济利益。同时，国有企业在市场经济条件下为一个经济组织而存在，实现经济效益是其追求的目标，对国家投入的国有资本必须注重投入产出效益。因此，实现国有资本保值增值，既符合资本本质属性的要求，也符合企业追求经济效益的目标。

另一方面，资本存在阶级性，即资本归谁所有的问题，这是资本的社会属性。它与一定的社会基本经济制度相联系，反映社会生产关系发展的性质，是剩余价值不断增值和资本化的社会条件。马克思认为："资本不是一种物，而是一种以物为中介的人和人之间的社会关系。"① 在资本主义社会，资本由资本家私人占有。当资本家在不断追求利润的过程中持续采用雇佣劳动的生产方式时，资本已不仅仅是一种普通的生产要素，而是"通过占有他人劳动使自己的价值增值"的支配劳动的手段。它反映了雇佣劳

① 《马克思恩格斯全集》，第 42 卷，人民出版社 2016 年版，第 784—785 页。

动者与资本家占有剩余价值之间的对立关系，体现了资本主义生产方式的性质。与之相对，在社会主义生产关系下，国有资本为全民所有，是全体人民的共同财富，国有资本的保值增值关系到社会的稳定和全体人民的共同利益。这决定了推动国有资本做强做优做大，有效防止国有资产流失，不仅是资本自然属性的要求，更是全体人民福利最大化的必然要求。

3. 国有企业是独立的市场主体

市场主体是指运行于市场，具有自我组织、自我调节、自我约束等功能的有机体，也就是从事商品和劳务交易的组织或个人。国有企业作为独立的经济实体，是社会主义市场经济中重要的市场主体。

首先，国有企业是一个权、责、利独立的实体。一是权利独立性。国有企业对国有资产享有法人财产权，这是国有企业的自主决策与自主经营的制度保证。二是责任独立性。由于国有企业独立行使国有资产的使用与处分权能，具有内在的财产约束机制，因此企业的盈利、亏损、甚至破产，其责任完全由国有企业自负，不存在其他主体对责任的代负。三是利益独立性。国有企业权利的独立性决定了利益独立性，即国有企业在保证国家的税收与股东的收益后，剩余的收益如何处置和分配应由企业自行决定，而不能由其他主体无偿占有。四是国有企业以市场为导向。在市场中指导国有企业行为的不是垂直的政府指令，而是市场信号，国有企业可以依据市场的变化独立地决定自身行为。

其次，现代市场经济的发展为国有企业成为市场主体创造了条件。在现代市场经济中，作为市场客体的资产已经价值化、货币化和信用化，有助于推动国有经济的具体实现形式、委托—代理关系、激励和约束机制多样化、有效化，从而为调整、改革和重构国有企业体制机制，建立和完善适应现代市场经济要求的现代企业制度创造了市场客体条件。同时，现代市场经济的发展逐步形成了有效的市场体系：竞争性商品市场和要素市场的存在，有助于克服所有权和控制权分离情况下国家作为所有者同国有企业经营者之间信息不对称的难题；竞争的职业经理人市场的完善与发展，有助于形成更有效的激励约束机制；竞争的资本市场的完善与发展，使国有企业的经营绩效在市场中得以充分反映。因此，现代市场经济的发展有助于国有企业建立与完善现代企业制度，为国有企业作为市场主体参与竞争创造了条件。

最后，使国有企业真正成为社会主义市场经济的主体是深化国有企业改革的根本目的。自 1978 年改革开放以来，国有企业改革一直是我国经济体制改革的中心环节，将国有企业逐步转变为适应市场经济体制要求，自主经营、自负盈亏、自我发展、自我约束的微观市场主体，成为深化国企改革的核心任务。经过 40 年的理论和实践探索，中国创造性地将马克思主义基本原理与国企改革发展实践相结合，同时学习借鉴国外理论和经验教训，形成了中国特色的国企改革方法论。国有企业也实现了从国营生产单位到全民所有制工业企业，再到公司制企业的转变，经营机制发生重大变化。大多数国有企业已经初步建立起现代企业制度，公司治理结构逐步规范，成为市场经济体制下独立自主经营的“新国企”。可以预见，随着国有企业改革的深化，中国将出现一批世界一流的“新国企”，为实现中华民族伟大复兴的中国梦做出更大贡献。

（三）国有企业是社会主义市场经济的主导力量

社会主义市场经济是公有制与市场经济的结合。国有企业作为公有制经济的重要力量，不但要同其他市场经济主体一样参与激烈的市场竞争，而且要在社会主义市场经济中发挥主导作用。

首先，国有企业在关系国家安全、国民经济命脉的重要行业和关键领域占据支配地位。在社会主义市场经济条件下，国有经济的主导作用主要表现为布局的优化和质量的提高。特别是在涉及重大基础设施、重要矿产资源、提供重要公共产品和服务、国家安全等重要行业和关键领域，以国有企业为代表的国有经济要占据支配地位。根据国务院国资委的统计数据，截至 2017 年底，中央企业资产总额达 54.5 万亿元，其中 80% 以上的资产分布在军工、石油、石化、电力、冶金、煤炭等矿产资源和大型装备制造、汽车和商用飞机制造，以及电信、民航、海运、港口等行业，从而成为支撑、引导和带动整个经济社会发展的中坚力量。

其次，国有企业在创新发展中承担先行者的责任。创新是引领发展的第一动力，当今世界的经济社会发展都要始终依赖于理论、制度、科技、文化等领域的创新，国际竞争新优势也越来越体现在创新能力上。国有企业作为中国经济的骨干力量和全民意志的体现，既是中国经济增长的稳定器，又是推动中国制造向中国创造转变、中国速度向中国质量转变、中国产品向中国品牌转变的先行军。2013—2017 年，中央企业科技创新取得明显进展，中央企业研发经费约占全国的 1/4。党的十九大报告在回顾十八大以来中国经济建设取得的重大成就时指出："创新驱动发展战略大力实施，创新型国家建设成果丰硕，天宫、蛟龙、天眼、悟空、墨子、大飞机等重大科技成果相继问世。"这一件件具有世界先进水平的标志性重大科技创新成果，彰显了国有企业扛起国之重器的实力与担当。

再次，国有企业是"走出去"和"一带一路"建设的主力军。党的十九大对中国企业提出了更高的要求，要"培育具有全球竞争力的世界一流企业"。既然是世界一流，就必须具有较高的国际化水平。国有企业目前在国际化建设方面取得了一系列成绩。截至 2017 年底，中央企业的境外投资额约占到我国非金融类对外直接投资总额的 60%，对外承包工程营业额约占到我国对外承包工程营业总额的 70%。在"一带一路"建设方面，国有企业主动承担了很多风险高、回报周期长的项目。截至 2017 年底，中央企业在"一带一路"沿线国家承担了重大基础设施建设、能源资源、装备制造等领域的 1713 个项目，建设了 75 个经贸合作区，向沿线东道国上缴税费 22 亿美元，创造 21 万个就业岗位。通过各种项目和各类园区建设，有效促进了当地经济社会发展和民生改善，有力提升了我国在国际舞台上的话语权。

最后，国有企业带动其他所有制企业共同发展。以公有制为主体、多种所有制经济共同发展的基本经济制度是社会主义市场经济体制的根基。"毫不动摇巩固和发展公有制经济，毫不动摇鼓励、支持、引导非公有制经济发展"是我们党在发展社会主义市场经济的实践中，逐渐形成的一项重要原则和大政方针。在深化改革的基础上，通过各种所有制资本取长补短、相互促进、共同发展，共同构建市场机制有效、微观主体有活力、宏观调控有度的经济体制。国有企业普遍规模较大，是国民经济的重要骨干和中坚力量，在各种经济成分中发挥引领带动作用：一是通过与其他所有制企业加强战略合作，实现资源优化配置，共同带动产业发展；二是利用技术、人才、资金等方面的资源优势，搭建线上线下“双创”平台和众创空间，形成开放高效的技术创新体系，吸引众多中小微企业成为创新共同体；三是通过混合所有制改革，实现不同所有制资本之间交叉持股，有效融合国有资本的规模、技术优势和民资、外资的创新能力、管理优势。

（四）国有企业改革在经济体制改革中处于中心地位

国有企业改革是我国经济体制改革的重要组成部分，也是带动国家整体改革的着力点。国有企业要成为自主经营、自负盈亏、自担风险、自我约束、自我发展的独立市场主体，必然要在参与市场竞争的过程中处理好与政府、与其他市场主体之间的关系。因此，国有企业改革并非一项单兵突进的改革，而是要置于整个经济体制改革的大局之中，整体谋划、系统推进。

我国的城市经济体制改革就是从国有企业改革开始的。国有企业改革作为整个经济体制改革的中心环节，在推进社会主义市场经济体制建立和不断完善的过程中发挥了不可替代的作用。改革开放伊始，在改革应当从何入手的问题上，理论界就存在着两种完全不同的认识和意见。一种意见主张从改革宏观经济体制，如改革计划、财政等体制入手，即先把这些体制按照预定的构想改革好了，然后再放开企业，实现“开闸放水，水到渠成”。另一种意见则主张从改革国有企业入手，即按照解放生产力，发展生产力的要求，对传统国有企业逐步加以改革改造，并在改革改造国有企业的同时，以发展和解放企业生产力的要求为基准，逐步改革和构建宏观经济体制，即“企业本位论”。“企业本位论”认为，企业作为社会主义的基本单位，必须具有独立性，必须是一个能动的有机体，应当具有独立的经济利益，在法律上必须有法人身份，经济体制改革应当以企业为本位。1984 年 10 月，党的十二届三中全会通过的《中共中央关于经济体制改革的决定》充分肯定了上述第二种思路，提出了“增强企业的活力，特别是增强全民所有制的大、中企业的活力，是以城市为重点的整个经济体制的中心环节”这一著名论断。从此，国有企业改革就在这一方针指引下砥砺前行。40多年来，我国的改革开放事业取得了举世瞩目的伟大成就，国有企业功不可没。国有企业改革的进程，反映了我国改革开放的伟大历程；国有企业改革的走向，预示着我国改革开放的走向；党和国家深化国有企业改革的决心，反映了我国继续推进改革开放的伟大决心。

经过多年改革，国有企业总体上已经同市场经济相融合，但一些旧的体制机制弊端尚未根除。面对改革和发展中遇到的新问题、新形势、新任务，我们要继续坚持建立中国特色现代国有企业制度的改革方向，形成更加符合中国特色社会主义新时代要求的国有资产管理体制、现代企业制度和市场化经营机制，进一步增强国有企业作为微观市场主体的活力，不断将国有企业改革推向前进。

三、国有企业的社会属性

随着生产和交易的社会化，企业由原先单纯追求经济性逐渐向经济性与社会性并存的方向发展。企业的社会属性要求其作为一个社会主体，突破营利性组织“利润最大化”的单一诉求，将社会价值的有效实现作为经营的目标之一，在社会系统中对股东、员工、环境等所有相关社会成员承担社会责任。

（一）企业履行社会责任的理论基础

企业社会责任，广义地说，就是企业在创造利润、对股东承担法律责任的同时对社会承担的责任，包括法律责任、经济责任、道德责任等。承担社会责任既是企业作为一个社会性组织的义务，也是实现自身可持续发展的重要途径。

1. 企业履行社会责任是由其本质决定的

现代企业理论认为，企业不仅是一个经济组织，更是一个社会组织，这一本质决定了企业生来就负有对社会的义务。

委托—代理理论认为，公司治理与企业社会责任一脉相承，是企业经营者在更大范围内承担信托责任的表现。作为利益的受托人，经营者必须维护委托人的利益，应该承担一定的责任并在被授权的范围内行动。在企业只有单一股东时，经营者只需对单一股东负责即可。但随着经济的发展和股份制公司的产生，参与企业的中小投资者越来越多。此时企业经营者不能只顾及少数大股东的利益，而必须考虑大量社会公众股东的共同利益。鲍恩等人在定义“商人的社会责任”时就认为，企业社会责任主要应由大公司承担，因为大型股份有限公司是一个公众公司，无论是股东还是雇员、供应商、消费者，与之有利益关系的人众多。在这种背景下，企业利益与社会利益之间的界限逐渐被打破，企业需要兼顾经济性与社会性的统一。

契约理论认为，企业是各种要素投入者为了各自的目的联合起来组成的一个有效率的“契约联合体”，应该对所有相关的签约人承担一定的责任。该理论认为，企业生存和发展的物质基础除了股东投入的股权资本外，还包括债权人投入的债务资本、经营者和员工投入的人力资本、供应商和客户投入的市场资本、政府投入的公共环境资本，以及社区和公众投入的经营环境，等等，他们通过一系列契约将资源投入到企业这一“契约联合体”中进行优化配置并实现自身的利益。企业作为一个契约载体，必须通过“生产”和“交易”等企业行为实现契约参与者的利益目标，即必须履行契约责任。企业的这种契约本质决定了企业社会责任的存在，因为在企业这个“契约联合体”中，每一个契约参与者都向企业提供了特定资源，并期望通过企业行为使自己的利益得到满足，这被称为契约参与者的“契约要求权”。“契约要求权”的存在使得企业行为必须对契约参与者的利益要求做出反应，即按照公平互利原则执行契约——这成为企业的各种社会责任的基础。因此，企业社会责任是企业契约本质的必然产物，其内容是由一系列的契约所规定的，其本质也是一种契约，如经济责任契约、法律责任契约、伦理责任契约和慈善责任契约等。由于缔约成本的限制，企业社会责任不可能全部通过显性契约来约定。其中，企业所负的经济责任和法律责任通常是以显性契约的形式存在，对企业构成了基本层面的责任约束；而伦理责任和慈善责任则更多地以隐性契约的形式存在，存在不确定性且缺乏强制性，需要一定的强制机制，以保证履行。

企业利益相关者理论认为，企业本质上是一种受多种市场和社会因素影响的组织，应该考虑到社会中所有的利益相关者的利益要求。该理论认为企业经营不应该仅由股东主导，单纯维护股东利益，而必须满足所有利益相关者的诉求。从股东的角度看，就是要让渡适当的剩余索取权或控制权给企业的利益相关者。与之前的理论相比，该理论进一步明确了企业社会责任的对象和内容。所谓的“利益相关者”，是指凡是“可以影响到企业组织目标的实现或受公司目标影响的群体和个人”，包括股东、员工、消费者、社会和政府等。其中，企业对股东的社会责任，包括对股东的资金安全和收益负责，建立良性的公司治理机制，向股东提供真实可靠的经营和投资信息等；对员工的社会责任，包括切实保障员工的生命安全与健康、保证薪酬福利待遇、满足员工发展需求等；对消费者的社会责任，包括履行经营者的法定义务，遵循自愿、平等、公平、诚实信用的原则，维护消费者的合法权益，履行对消费者在产品质量和服务质量方面的承诺等；对政府的社会责任，包括自觉遵守政府有关法律法规，接受政府的监督和依法干预，承担政府规定的其他责任和义务等。

2. 企业履行社会责任是社会利益的要求

利益历来是一切问题的导火索。马克思认为，“每一个社会经济关系首先作为利益表现出来”，企业社会责任正是为了协调个体利益与社会利益之间的矛盾而提出的。

在资本主义早期，随着社会的进步和家族的解体，社会秩序以个人之间由合意所形成的关系为基础。各种关系的产生都建立在个人意识基础之上，个人的独立主体地位越发显现。这一时期，社会极力强调保护个人权利、崇尚个人自由、尊重个人意识自治。以亚当·斯密为代表的古典经济学家以人性自私为假设前提，认为人们在从事经济活动时追求的是个体利益，并不想促进社会利益。但他受一只看不见的手的指导，虽然并非出于本意，却往往能更有效地促进社会利益。按照这一理论，个体利益与社会利益是一致的，社会利益是个体利益的总和，只要每个人追求自身的最大利益，最终也就达到了社会最大利益。这种个人权利本位的思想，显然是资本主义上升时期的自由主义思想和自由放任经济政策的产物。其积极意义在于彻底改变了封建时代的身份关系，极力保护了个人财产权，刺激了自由竞争，从而促进了资本主义市场经济的发展。但同时，其消极影响也逐渐显现——过度地追求个体利益导致社会整体利益受损的事件屡屡发生。严重的后果最终使人们认识到，这些被经济学家认为对经济发展有推动作用的个体利益的最大保护并不能导致对社会整体利益的最大保护。在这一背景下，社会利益理论在 19 世纪末期开始兴起。

社会利益理论认为，社会中不仅存在个体利益，也存在社会公共利益，并且社会利益不是个体利益的简单加总，而是独立存在的。因此，个体利益最大化并不必然导致社会利益最大化。相反，有时对个体利益的追求是以牺牲社会利益为代价的。社会利益理论强调社会不同利益的整合，倡导社会本位，强调社会责任和社会合作，同时又不忽视个体利益的存在，而是更注重个体利益与社会利益的平衡、协调发展。这些思想同企业社会责任的价值蕴含是完全契合的，对 20 世纪初企业社会责任理论的确立和迅速、广泛的传播起到了直接推动作用。2019 年 8 月，包括苹果、亚马逊、波音等 181 家美国大企业的 CEO 集体签署了名为《公司的目的》的宣言。他们宣称企业不能仅仅代表股东利益，而应该更重视履行企业对消费者和社会的责任。这份联合宣言的签署表达了西方国家民众要求企业履行社会责任的强烈呼声。

3. 企业履行社会责任有利于自身长远发展

从企业自身的成本收益分析，承担社会责任带来的长期收益大于承担社会责任的成本，符合自身的长远利益。主要体现在以下几个方面：

一是可以为企业赢得良好的社会形象。良好的社会形象，即社会对企业的评价，由企业的经营思想、经营作风、行为方式等多种因素组成。企业如果能够很好地承担社会责任，就会在社会中树立良好的口碑，得到政府和社会大众的普遍认可，进而形成品牌效应，这是支持企业生存和发展的重要条件。

二是可以提升企业的人力资本价值。人力资本是企业持久优势的来源，承担社会责任的企业主张尊重人权、施行以人为本的企业管理哲学，有助于劳动提供者自我价值的实现，更容易吸引到高质量的人力资源。另外，员工被信赖、被尊重，有助于提升其组织认同感和工作满意度，激发积极性、主动性和创造性，从而提高企业的劳动生产率和整体竞争力。

三是可以提升企业的创新能力。企业的创新能力取决于其获取关键资源并从中获利的能力。企业履行社会责任时，会主动寻求与其他组织建立良好关系，保持企业的内外部资源联盟，从而获得创新优势。企业在满足消费者的需求、履行对消费者的社会责任的过程中，更容易了解企业面临的市场环境及市场需求结构，及时调整创新战略部署。作为一种亲社会行为，企业积极履行社会责任有利于提高政府对企业的信任和好感，从而获得更多互补性科技资源和产业方针政策等相关信息，赢得创新机会。将社会责任纳入企业战略管理，也有助于管理者发挥较佳的管理技能，实现组织资源的合理配置，提高资源利用率，促进企业管理创新绩效的提升。

这些软实力的提升无疑会形成企业的无形效益，对企业长远、健康、可持续的发展必将起到促进作用。

（二）履行社会责任是国有企业的应尽之责

国有企业作为一个兼具经济性与社会性的企业组织，不同于一般的企业，其社会责任天然地具有内生性和特殊性。

1. 国有企业的社会责任以马克思主义政治经济学为理论基础

企业社会责任虽然是一个多学科、交叉性的问题，但其出发点和起始点是经济学问题，国有企业与民营企业社会责任的经济学理论基础不同，决定了二者的社会责任之间存在本质区别。

企业的性质决定了企业社会责任的性质，西方经济学所探讨的企业基本上都是指私人企业。由于私人企业将“利润最大化”作为唯一目标，因此并非天生关注社会责任问题，而是随着经济社会的发展，为了维护整个社会体系的稳定，不得不承担这一“义务”。

我国的国有企业是伴随着新中国的成立而诞生并逐步发展的，以马克思主义政治经济学为理论基础。马克思在论述中没有直接使用“社会责任”这一术语，其企业社会责任理论体现在对资本主义的批判之中。一是对资本主义生产方式非持续性的批判。马克思认为，随着资本私有化的发展，企业在生产时必然需要大规模的生产资料，这就加剧了人类对于自然界的改造程度。但自然界的资源在数量上是有限的，在历史的发展中是不可再生的，而人类对自然资源的无限挖掘和资源本身的无法再生就形成了矛盾。资本家为了实现资本增值，对自然资源进行无休止的采集，这必将导致人与自然关系的失衡。二是对资本主义的生产方式非人性化的批判。马克思认为资本私有与社会化大生产之间横亘着无法调节的矛盾，资本主义制度的基本矛盾必然导致资本家与工人的对立。资本家为了寻求利益最大化，要么减少工人生产生活所需基本资料的社会必要劳动时间，降低工人的工资，进而获得更多利润；要么通过机器大生产延长工作日的工作时间，加剧对工人的剥削力度，进而生产出更多的绝对剩余价值。这些批判充分论证了资产阶级为了追求剩余价值最大化而逃避一系列社会责任，如促进经济社会可持续发展的责任、对雇佣劳动者的责任、保护生态环境的责任等。

因此，在资本主义生产方式下，企业的个体性与社会性之间的矛盾的根本在于资本主义的基本矛盾——生产社会化与资本主义生产资料私有制之间的矛盾，而解决这一矛盾的唯一途径就是以社会主义公有制取代资本主义私有制。生产资料公有制是在倡导整体利益最大化的前提下，尊重个体利益，满足个体利益，张扬集体法权与个人法权结合下的普遍公平。只有在生产资料最初占有处于相对平等的条件下，资源的利用分配才具有实质上的公平公正的意义，只有“在真实的集体条件下，各个个人在自己的联合中并通过这种联合获得自由”，才能真正实现“人的自由全面发展”。

2. 国有企业履行社会责任是社会主义公有制的本质要求

国有企业是社会主义公有制的主要代表者和体现者，为社会公共利益服务是国有企业与生俱来的责任。这既是国有企业的本质属性，也是社会主义制度的要求。

国有企业公共产权的性质决定其具有经济性和社会性的双重特征。从所有权上看，国有企业的最终所有权属于全体人民，生产资料及所创造的财富均为全民所有。全民所有的产权性质决定了国有企业的“股东”或“利益相关者”天然地就是全体人民，必须为全体人民的共同利益服务：一方面，它作为独立的经济个体在市场经济中运行，要努力从事生产活动，实现自身的利润目标，创造更多的经济财富；另一方面，它要以实现社会主义生产为目的，要为全民提供公共服务，践行社会责任。因此，中国国有企业自诞生之日起就是兼具经济性与社会性的统一体，要在不断追求自身利润和价值实现的基础上最大限度地体现社会公共性的特征。

国有企业承担社会责任是社会主义制度的本质要求。我国是社会主义国家，国有企业作为社会主义公有制经济的代表，是中国特色社会主义经济的重要力量，积极承担社会责任符合“解放生产力、发展生产力、消灭剥削、消除两极分化、最终达到共同富裕”的社会主义本质要求。国有企业勇挑重担，承担起强国富民、推动国民经济健康发展、维护经济社会稳定的重任；国有企业的员工既是劳动者，也是终极所有者，国有企业在最大限度地满足广大人民的劳动需求和发展需求，努力实现人人享有平等劳动权和发展权的同时，通过各种形式吸引员工参与企业的民主决策、民主管理和民主监督，为人的个体发展提供了广阔的舞台；国有企业让全体人民共享劳动成果，不断满足人民群众日益增长的美好生活需要，提高了人民的福祉。国有企业所承担的社会责任已经远远超过了现代市场经济条件下企业作为一般的社会主体所应履行的责任范畴，充分体现了社会主义制度的优越性。

（三）国有企业的社会责任具有特殊性

国有企业具有特殊的性质和特点，其承担的社会责任既具有一般企业社会责任的共性特征，也具有自身的特殊性，主要表现为以下几个方面：

第一，国有企业社会责任具有价值理性。一般企业承担社会责任的根本目的在于“自利利他”，即通过履行社会责任开拓市场、提升企业自身的竞争力，其本质是“工具理性”。而我国的国有企业自诞生之日起便兼具经济性和社会性，不仅具有追求利润的价值诉求，而且具有实现社会公共利益的价值诉求，属于“价值理性”。特别是当人民利益、国家利益与国有企业追求利润最大化的目标发生冲突时，国有企业必须舍弃自身的利益以保证人民和国家的利益，这是国有企业存在的价值体现。

第二，国有企业社会责任具有广泛性。国有企业是全民所有，代表了全体社会公众的利益。因此，国有企业的社会责任不应限于本企业的员工和股东，不限于直接影响企业生存发展、生产管理活动的个人或群体等有限的责任对象，而应以整个社会和全体人民最根本的利益为出发点和立足点，涵盖政治、经济、法律、道德、社会公益等各个方面，具有广泛性。

第三，国有企业社会责任具有高层次性。国有企业作为社会公共利益的代表，在社会责任、义务以及公共政策目标方面的要求和标准要高于一般企业。例如，国有企业对员工的责任，并非由于员工是价值创造的工具，而是由于工人阶级是国家的主人、企业的主人，所以要坚持全心全意依靠工人阶级的方针，而且国企改革的重点和核心始终都要以劳动者的根本利益作为最高价值取向；国有企业对消费者的责任，不仅限于保证产品质量和安全、保证消费者的合法权益，更要满足人民对美好生活的向往；国有企业对政府的责任，不仅包括依法纳税、支持各种公益事业和慈善事业，更要在改善民生、增进基础设施建设、保障国家安全等方面发挥重要作用。

第四，国有企业社会责任具有示范性。鉴于国有企业在我国国民经济中的地位及其社会责任的广泛性和高层次性，国有企业应在履行社会责任方面充分发挥引领示范和带动作用。国有企业应身先士卒、自觉主动地承担社会责任，让履行社会责任成为所有企业的共识和行动，吸引并带动其他企业共同成为社会主义风尚的践行者。

四、国有企业的政治属性

习近平总书记始终坚持经济与政治相统一，指出：“中国特色社会主义制度，坚持把根本政治制度、基本政治制度同基本经济制度以及各方面体制机制等具体制度有机结合起来。”① 全面准确地把握国有企业的性质也必须要遵循这个原则，要从政治的高度、以经济与政治相统一的视角看待国有企业的性质。

（一）国有企业是社会主义制度的经济基础

经济基础是由社会生产力决定并同生产力的一定状况相适应的“生产关系的总和”，经济基础的性质决定上层建筑的性质。新中国成立以来，不断发展壮大的国有企业和国有经济是我们社会主义国家政权的重要基础，不仅对保证国民经济的稳定发展、增强综合国力、满足人民日益增长的美好生活需要具有重大意义，而且对巩固和发展社会主义制度、加强全国各族人民的大团结、保证党和国家的长治久安具有重大意义。如果没有国有企业，没有国有经济，就没有社会主义制度的经济基础，也就没有我们共产党执政以及整个社会主义上层建筑的经济基础和强大物质手段。

生产资料所有制是人们围绕生产资料结成的权、责、利关系。具体而言，就是生产资料归谁所有、占有、支配、使用，以及行使这些权能产生的利益归谁所得、责任由谁承担的关系。马克思主义认为，生产资料所有制是任何社会生产和交换必不可少的前提条件，决定了生产资料与劳动者结合的方式，决定了人们在直接生产过程中的地位和相互关系，进而影响了人们在交换和分配过程中形成的各种关系。社会主义制度与资本主义制度以及其他一切社会形态相区别的根本特征就是社会化大生产基础上的生

① 习近平：《习近平谈治国理政》，外文出版社 2014 年版，第 9—10 页。

产资料公有制，即生产资料由联合劳动者共同所有、占有、支配和使用的所有制形式。无论社会主义处在何种发展阶段，生产资料公有制都是最基本的核心要素特征。只有在社会主义公有制条件下，才能使高度社会化的大生产从与生产资料私人占有的矛盾中解脱出来，使社会生产力获得解放和进一步发展。因此，《中华人民共和国宪法》第六条明确指出："中华人民共和国的社会主义经济制度的基础是生产资料的社会主义公有制，即全民所有制和劳动群众集体所有制。"

新中国成立后，通过社会主义改造，我国建立了以公有制为基础的社会主义制度，人民真正成为国家的主人，为当代中国一切发展进步奠定了根本政治前提和制度基础。国有经济即社会主义全民所有制经济，是生产资料社会主义公有制的重要实现形式，成为国民经济中的主导力量。作为国有经济的基本载体，国有企业为我国经济社会发展、科技进步、国防建设、民生改善做出了历史性贡献，功勋卓著，功不可没。从这个意义上说，国有企业、国有经济是当之无愧的社会主义制度的经济基础，没有国有企业，没有国有经济，就没有社会主义。

（二）国有企业是党领导的国家治理体系的重要组成部分

我国国家治理体系是党领导下管理国家的制度体系，包括经济、政治、文化、社会、生态文明和党的建设等各领域体制机制。中国共产党领导是中国特色社会主义最本质的特征，坚持党的领导是我国国家治理体系的最大特点，是推进国家治理体系和治理能力现代化的根本保证。正如习近平总书记指出的："在国家治理体系的大棋局中，党中央是坐镇中军帐的'帅'，车马炮各展其长，一盘棋大局分明。"[①] 国有企业作为我们党执政兴国的重要物质基础和政治基础，是党领导的国家治理体系的重要组成部分，国有企业的治理能力也是国家治理能力的重要组成部分。党通过国有企业的影响力、控制力实现对经济领域的领导，保障人民共同利益、实

① 《习近平关于全面建成小康社会论述摘编》，中央文献出版社 2016 年版，第 96 页。

现共同富裕，提高在经济、社会等领域的治理能力。国有企业能否治理好，直接关系到国家治理体系和治理能力现代化。从国家治理层面看，国有企业坚持党的领导、加强党的建设，是国家治理体系和治理能力的题中应有之义，是推进国家治理体系和治理能力现代化的内在要求。

（三）国有企业是我们党执政的重要基础

习近平总书记2016年在全国国有企业党的建设工作会议上强调，国有企业是中国特色社会主义的重要物质基础和政治基础，是我们党执政兴国的重要支柱和依靠力量。我们党要做到“任凭风浪起，稳坐钓鱼台”，必须有关键时刻听指挥、拉得出，危急关头冲得上、打得赢的基本队伍，国有企业及其广大党员、干部、职工就是这样的队伍。工人阶级是我国的领导阶级，而国有企业是我国产业工人最集中的地方，拥有4000多万在岗职工、近80万个党组织、1000多万名党员。他们既是我国工人阶级的骨干力量，也是推动国民经济建设的主要力量，是党的路线方针政策的忠诚执行者和党的执政地位的坚定维护者。特别是国有企业中的广大党员，他们政治思想素养普遍较高，长期接受党组织的教育，坚持以科学思想武装头脑，是共产主义远大理想和中国特色社会主义共同理想的坚定信仰者和忠实执行者；他们业务能力普遍较强，有良好的思想政治素质作保障，能自觉勤奋学习、钻研业务、带头干事谋发展、带头创新争一流、带头服务比贡献，大多是所在部门、所在单位的业务骨干；他们整体形象普遍较好，在思想作风、学习作风、工作作风和生活作风等方面普遍具有较好的整体形象，为发挥队伍优势奠定了良好的基础。国有企业党组织的领导作用、干部的示范引领作用、党支部的战斗堡垒作用、党员的先锋模范作用成为国有企业执行力的重要推动力量，是贯彻落实党的路线方针政策和各项工作任务的基础和保障，成为带动广大员工共同提高素质、努力奉献、创造佳绩，提升企业核心竞争力的重要力量。

总之，国有企业是具有鲜明政治属性和社会属性的市场主体，这是由建设中国特色社会主义和发展社会主义市场经济共同决定的。人民属性与市场化运作是国有企业健康发展的两个关键，这决定了国有企业既要保障全体人民的共同利益，又要遵循市场经济规律和企业发展规律，实现做强做优做大。因此，国有企业的经济性、社会性和政治性是相辅相成的：一方面，国有企业的社会性和政治性依托经济性发挥作用，如果国有企业无法产生经济效益，国有资本无法保值增值，其社会保障功能就无法实现，政治责任也难以履行；另一方面，国有企业的经济性是以社会性和政治性为前提的，国有企业背负国计民生的重大责任，必须以促进社会公平正义、保证人民的根本利益为目标，不能只讲私利、不讲大局。在新一轮国有企业深化改革中，必须科学把握经济性、社会性和政治性之间的关系，实现三者之间的有效融合、相互促进。

第二章
中国国有企业功能与使命

性质、功能与使命是研究中国国有企业所必须回答的基本理论问题。“性质”回答“它是什么”，“功能”回答“需要它发挥什么作用”，而“使命”回答“希望它做成什么样子”，三者之间构成一个完整的逻辑链条：性质决定功能，功能是使命的基础，使命是功能承载的责任。中国国有企业的根本性质就是“人民性”，这一特殊的性质决定了为人民所有、为人民服务是国有企业必须坚守的初心，也是其义不容辞的使命。纵观我国社会主义建设、改革和发展历程，国有企业始终坚持发展为了人民、发展依靠人民、发展成果由人民共享，成为壮大我国综合国力、促进经济社会发展的中流砥柱，彰显了大国重器的责任担当。

一、中国国有企业的功能

通过第一章对中国国有企业性质的分析可以看出，中国国有企业不仅具有企业的一般特征，而且具有特殊的经济属性、社会属性和政治属性。这一特殊性质决定了中国国有企业是集经济功能、社会功能、政治功能于一身的有机统一体。

（一）经济功能

国有企业是以公有制为主体的经济基础的重要体现。[①]因此，除了一般企业所共有的经济功能之外，国有企业还要在推进国家工业化和现代化、实现国家财政收入稳定增长、宏观调控等方面发挥特殊的作用。

1. 推进国家工业化、现代化的功能

赶超世界发达国家，实现国家工业化、现代化，是几代中国人为之奋斗的目标。纵观世界各国经济发展史不难发现，依靠大企业推动国家工业化进程，是后起国家实现经济赶超的重要成功经验。20世纪六七十年代，日本与韩国经济的快速发展都证明了这一点。国有企业作为国民经济的中坚力量，在推进国家工业化、现代化进程中自然责无旁贷。新中国成立以后，我国依托国有经济在较短时间内建立起独立且较为完整的工业体系和国民经济体系，为新中国跨越式进入工业化社会打下了坚实的基础；改革开放以后，国有企业不断改革发展，为我国制造业体系的构建和发展奠定了重要基础，使中国一跃成为世界制造大国；党的十八大以来，依靠国有企业在推进供给侧结构性改革中的带动作用，我国经济转型升级步伐不断加快，经济发展方式正在从依靠资源和低成本劳动力等要素投入逐步转向创新驱动。中国依靠国有企业实现经济赶超的模式为世界其他后起国家提供了宝贵的经验借鉴。历史和现实充分证明，国有企业过去是、现在是、未来仍然是壮大国家经济实力的重要依靠力量。进入新时代，我们要全面建成小康社会、实现中华民族伟大复兴的中国梦，必须继续发挥国有企业在自主创新、产业发展、对外开放等方面的引领带动作用，坚定不移把国有企业做强做优做大。

2. 实现国家财政收入稳定增长的功能

财政汲取能力、宏观调控能力、合法化能力和强制能力，构成国家能

---

① 中央纪委监察部网站：《管党治党没有特殊——推动国有企业从严治党之三》，http://www.ccdi.gov.cn，2015年7月27日。

力的主要内容。其中，财政汲取能力是核心，是国家能力的基础，一贯为各国政府所重视。对于西方国家而言，国有经济在国民经济中所占份额较小，其财政收入功能常常被忽视；而对于我国而言，国有经济在经济发展中发挥着主导作用，是支撑国民经济的重要支柱，因此保证国家财政收入稳定增长成为国有企业的重要功能之一。新中国成立初期，国民经济百废待兴，但是“一五”时期经济得到高速增长，这与国有企业对国家财政能力的支撑密不可分。到“二五”至“五五”时期（1958—1980 年），国有企业的财税贡献更加突出，几乎构成国家的唯一收入来源。改革开放之后，尽管非公有制经济飞速发展，但是国有企业作为财政主要贡献者的地位没有发生根本性改变。尤其是 2008 年国际金融危机爆发后，国有企业虽然面临重大困难，但财税贡献始终保持稳定，成为保障国家财政能力的最重要来源。随着中国特色社会主义进入新时代，实现中国巨轮的行稳致远，国有企业的财政贡献无疑将继续发挥战略基础作用。

3. 宏观调控的功能

国有企业为国家所有，是国家为了有效地组织整个社会经济活动的必然产物，本质上具备着宏观调控的功能。马克思认为，生产资料私人占有与社会化大生产之间的矛盾是资本主义社会的基本矛盾。随着社会化大生产的发展，市场协调范围不断扩大，对市场协调能力的要求不断提高。西方国家也曾将国有企业作为政府逆周期调控和克服“市场失灵”的工具：在经济高涨阶段，政府通过国有企业相应缩小投资规模，削减社会总需求，以防止经济过热；相反，在经济衰退期，政府又通过国有企业扩大投资规模，增加社会总需求，拯救衰退产业和企业以刺激经济的回升、减轻破坏程度。这种做法一定程度上克服了一般私人企业单纯追求利润目标所导致的盲目性和无政府状态，降低了经济危机出现的概率。但是在私有制条件下，资本主义市场微观主体的“生物性”无法满足社会化大生产所要求的“社会理性”。尽管政府可以在一定程度上干预市场主体的行为，但是无法从根本上解决微观目标与宏观目标不一致的问题。与之相比，中国国有企业的终极所有者是全体人民，由国家作为代表行使管理权。国家在国有资产委托代理的运作过程中，必然将宏观经济目标融合到国家与企业经营者之间的契约中。这种契约关系会规制国有企业的行为目标，从而使其市场行为体现国家的宏观调控要求。

国有企业发挥宏观调控功能的途径与所处的经济体制密切相关。在计划经济条件下，国有企业的调控功能是通过国家的指令性计划实现的。这种调控方式试图用行政指令实现社会或国家的效用函数与企业效用函数的一致化。但是，这种做法割裂了经济运动的合理联系，不仅损害了企业的积极性，而且影响了社会资源配置效率，调控效果很不理想。在社会主义市场经济条件下，市场在资源配置中发挥决定性作用，国家对于国有企业的管理不再依靠行政命令，而是以产权关系为纽带，以“管资本”为主。因此，国有企业通过市场机制发挥宏观调控作用，至少可以通过三个途径来实现：通过并购重组和有效投资，调控国有企业的总体规模，从而影响产品市场、金融市场和劳动力市场的供求总量；调整国有资本布局和产业结构，对社会总供给结构进行调控；通过战略合作、股权投资等方式支持、引导其他所有制经济发展。

（二）社会功能

承担社会责任是企业作为一个社会性组织的义务，国有企业自然也不例外。但是与其他企业相比，国有企业的社会责任不仅是义务，更是与生俱来的责任。国有企业不仅要同其他企业一道坚持依法经营诚实守信、加强资源节约和环境保护、积极参与社会公益事业，还要为整个国民经济的发展提供基础性、社会性公共产品服务，努力保障和改善民生。

1.提供社会公共服务的功能

国有企业作为社会公共基础设施与服务的主要提供者，直接参与关系国计民生和国家安全的重大工程建设。

首先，国有企业在供水、供电、供暖等基础性公共服务领域要承担主要的建设和运营责任。这些基础设施是国民经济发展的重要基础，而且建设过程长、耗期大、效益低，甚至长期亏损，私营部门无力承担，也不愿承担。国有企业负责这些基础设施不仅可以产生规模效应，而且能够避免私营部门因过度竞争而导致的资源浪费。在这些行业，国有企业不以追求经济效益为目标，而是为了实现公共利益的最大化。

其次，国有企业在一系列重大工程与基础研发类项目中承担了重要角色。重大科学技术的研究和开发、新兴工业部门和产业的创建，对于一国科技进步、产业升级以及国际竞争能力的提升具有深远意义，但这些项目往往投资大、回收期长、风险高。我国作为科技发展的后发国家，为尽快缩小与发达国家的科技差距，需要以国有企业为龙头实现全面创新发展，有效带动相关产业向产业链的高端转移，进而引领我国经济转型升级。

最后，国有企业承担维护国家安全和实现军民融合的重任。我国核心的军工类企业都是国有企业。新中国成立之后，国有企业凭借举国体制，充分发挥集中力量办大事的制度优势，研制出“两弹一星”等国防重器，有力地保障了国家安全。改革开放以来，这些军工领域的国有企业比一般国有企业承担了更大的改革与转轨的压力，但是它们没有忘记自己的责任，在新的历史时期大力发展高科技军品，承担国防军工建设重大工程及各项军事装备研制、生产、建设和技术保障任务，在一批国防核心关键技术攻关方面取得重要突破，为我军武器装备现代化建设做出了重要贡献。在履行好保军强军核心责任的同时，军工企业积极适应新形势的要求，坚持走军民融合发展道路，发挥自身的优势，大力推进军工技术的民用化、产业化，在重型装备等领域培育发展了一大批关系国计民生的高新技术民用产品，努力成为军民融合战略的践行者、推动者。

2. 保障和改善民生的功能

国有企业的发展与民生有着直接的天然联系，肩负着为社会创造财富、保障和改善民生、为人民造福的特殊责任。

在民生类产品供应上，国有企业要通过平抑市场价格、丰富市场供给、确保产品和服务质量、示范引领社会责任等方式，不断满足人民日益增长的美好生活需要。例如，依靠石油石化企业统筹协调产、运、销、储，有效保障生活生产油气供应；通过发挥电网企业跨区跨省优化配置资源的作用，加大对电力供应缺口较大地区的支援力度；依托粮、棉、油等生活资料生产企业构建国家战略储备体系，通过储备调运、储备吞吐调节，保障市场供应、稳定市场价格。

在民生保障类工程建设上，国有企业充分发挥了主力军作用，完成了一系列惠及民生的重大工程。例如，被誉为“天路”的青藏铁路，不仅具有很强的国家战略意义，也打通了藏区和内地间的民生通道；三峡工程发挥了抵御百年洪水的作用，造福了长江下游几千万民众的生计；高铁动车、北斗导航、4G 技术、西气东输、西电东送等重大工程为人民享受现代生活打下了坚实基础，创造了良好环境；一系列保障房建设工程保证了人民的基本住房需求，努力实现“居者有其屋”。

在保障就业上，国有企业承担着稳定就业的重要责任。就业是民生之本，是增加劳动者收入，提高生活质量，促进社会经济发展的重要保证。因此，实现充分就业成为各国政府宏观调控的重要目标。然而，在自由市场经济中，摩擦性失业、结构性失业和自愿失业不可避免。如果只依靠私人的自发投资与消费，不可能提供足以达到充分就业水平的总需求量。因此，由庞大的政府预算所支持的、为维持充足的总需求量所必需的公共支出，成为实现充分就业必不可少的先决条件。国有企业在保证和提升自身持续竞争力的同时，把就业作为保障和改善民生、维护社会稳定的头等大事，不仅自身吸纳了大量劳动力就业，而且拉动了上下游产业的发展，为民营经济发展和社会就业提供了机会。调查统计显示，在各种所有制企业中，国有企业的就业稳定性是最高的。与其他所有制企业相比，在国有企业工作更有归属感。①

在脱贫攻坚上，国有企业是助力精准扶贫、精准脱贫的中坚力量。国有企业在产业链中大都处于核心地位，拥有较强的规模优势，特别是在技术、人才、资金等方面拥有雄厚资源和比较优势，可以根据受援地区的资

① 国务院国有资产监督管理委员会研究中心课题组，李保民、王志钢、胡迟：《国有企业是改善民生的根本保障》，《经济研究参考》2013 年第 33 期，第 28—35 页。

源特征，以产业项目扶持、扶贫扶智扶志为抓手，积极扶持当地产业发展，促进劳动力就业，将受援地区的产业或企业纳入中央企业所处的产业链中，促进当地经济社会的全面发展。近年来，广大国有企业除积极参与社会捐助和公益性项目建设外，还通过投资运营、产业培育、资本整合等多种方式，不断加大国有资本对公益性事业的支持，在决胜脱贫攻坚关键时期发挥了重要作用。

（三）政治功能

与西方国家的国有企业相比，政治功能是中国国有企业所独有的功能。中国国有企业要体现"人民性"这一根本属性，就要在践行党和国家大政方针、实现发展成果全民共享、保证社会公平正义、维护和保障职工合法权益等方面发挥重要作用。

1. 践行党和国家大政方针的功能

国有企业作为中国特色社会主义的政治基础、我们党执政兴国的重要支柱和依靠力量，必须坚决拥护、坚定执行党中央、国务院的决策部署，保障国家战略贯彻落实。纵观中国革命与现代化建设的发展历程，国有企业始终是我们党领导的革命、建设和改革事业的坚决拥护者和忠实践行者。革命战争年代，为克服敌人的经济封锁，减轻人民的财政负担，我们党在革命根据地建立和发展公营经济，兴办了一批军需民用工业和商业，为确保革命胜利发挥了重要作用。新中国成立后，强国成为时代的主题。为改变我国经济落后、工业基础薄弱的面貌，一大批国有企业从无到有建立起来并迅速发展壮大，为构建独立完整的工业体系、推动国家工业化建立了不朽功勋。党的十一届三中全会之后，解放和发展生产力成为我国改革开放的首要任务，而国有企业改革成为经济体制改革的中心环节。国有企业在党的领导下艰辛改革，实现浴火重生，活力、竞争力、影响力和抗风险能力进一步增强，在保证国民经济持续健康发展中发挥了举足轻重的作用。党的十八大以来，随着经济发展进入新常态，我国既面临经济结构转型升级的巨大挑战，也面临日益激烈的国际竞争。面对新情况新形势，国有企业以实际行动贯彻落实党中央、国务院决策部署，不断深化重点领域和关键环节改革，全面贯彻落实新发展理念，深入推进供给侧结构性改革，积极参与“一带一路”建设，成为实施国家重大战略的排头兵。

2. 实现发展成果全民共享的功能

习近平在十八届中央纪律检查委员会第六次全体会议上指出，民心是最大的政治。以人民为中心的发展思想具有深厚的马克思主义理论渊源和中国特色社会主义实践基础，彰显了人民至上的价值取向。国有企业发展是为了人民，国有企业发展要依靠人民，国有企业发展的成果要由人民共享。发展壮大国有企业，是以人民为中心发展思想的物质保证；“取之于民，用之于民”，也是国有企业的初心和必然要求。在计划经济时期统收统支的利润分配体制下，国有企业必须将所获得的所有利润上缴财政，再由国家进行分配。在社会主义市场经济体制下，国有企业除了上缴税费之外，主要通过以下两个途径实现发展成果全民共享。

一是上缴国有资本收益。国有企业的资本收益是国民财富的重要积累。从 2007 年开始，以中石油、中石化上缴特别收益金为起点，中央企业逐步建立上缴资本收益制度。[①] 随着中央政策的调整，央企上缴的资本收益比例逐年提高，根据应交利润收取比例可划分为以下几类：第一类为中国烟草总公司，收取比例为 25%；第二类为石油、煤炭、电力和电信类企业，收取比例为 20%；第三类为一般竞争性企业，收取比例为 15%；第四类为文化、军工、转制科研院所企业，收取比例为 10%；第五类为中国储备粮管理总公司，按规定暂免交当年应交利润。与此同时，纳入中央国有资本经营预算实施范围的国企数量也进一步扩大。教育部、中国国际贸易促进委员会所属企业，农业部直属黑龙江北大荒农垦集团公司、广东省农垦集团公司，中国出版集团公司和中国对外文化集团公司，工信部、体育总局所

① 2007 年 12 月，财政部和国资委联合印发了《中央企业国有资本收益收取管理暂行办法》，规定国家以所有者身份依法取得中央企业的应交利润、股息股利、产权转让收入、清算收入等国有资本投资收益。中央企业国有资本收益按照国库集中收缴的有关规定直接上交中央财政，纳入中央本级国有资本经营预算收入管理。

属企业，中央文化企业国有资产监督管理领导小组办公室履行出资人职责的中央文化企业，卫计委、国资委所属部分企业，民航局直属首都机场集团公司等都相继被纳入实施范围。上缴的资本收益绝大部分被用于关系国计民生和国家经济安全的重点中央企业新设出资和补充国有资本、支持特大自然灾害中损失较重的中央企业灾后恢复重建、推进中央企业产业布局和结构调整等领域。

二是向社保基金划转股权。社保基金是全民的财富和未来保障，国有股权划转社保基金是全民共享国有企业保值增值成果的创新实践。为完善和壮大社保基金，国有企业做出了突出贡献。从国有股的减持、转持到划转，国有企业向社保基金充实了大量资产。为了抵补职工基本养老保险的转制成本，应对人口老龄化，早在2000年8月，中央就设立了全国社保基金作为国家社会保障储备基金。2001年6月，国务院正式发布《减持国有股筹集社会保障基金管理暂行办法》，规定凡国家拥有股份的股份有限公司向公共投资者首次发行和增发股票时，均应按融资额的10%出售国有股，所得收入全部上缴全国社会保障基金。但是，由于减持过程中对证券市场造成了重大的冲击，因而在实施过程中不得不屡次暂停。2009年6月，经国务院批准，财政部、国资委、证监会、社保基金会印发了《境内证券市场转持部分国有股充实全国社会保障基金实施办法》，规定股份有限公司首次公开发行股票并上市时，按实际发行股份数量的10%，将上市公司部分国有股转由社保基金会持有。社保基金会转持国有股后，享有转持股份的收益权和处置权，不干预国有上市公司日常经营管理。随着我国的发展进入新时代，“幼有所育、学有所教、劳有所得、病有所医、老有所养、住有所居、弱有所扶”成为新时代实现共同富裕的重大任务，社保在其中居于核心位置。拥有一个安全、统一、公平的保障体系，成为全社会的共同需求。在此背景下，2017年11月国务院印发《划转部分国有资本充实社保基金实施方案》，将中央和地方国有及国有控股大中型企业、金融机构纳入划转范围，划转比例统一为企业国有股权的10%。划拨国有资产充实社保基金，是增强社保基金可持续性的重大战略举措，也是国有企业体现其“全民所有”根本属性的应有之义，有利于全体人民共享国有企业发展成果，增进民生福祉。

3. 保证社会公平正义的功能

破解资源分配利用与人类需求多样性之间的矛盾问题，归根结底是能否有效解决公平公正性问题。生产资料占有方式的不同，解决问题的方式也不同。私有制决定了生产资料占有者与非占有者之间存在着内生的天然不平等，决定了资本主义社会是不可能从根本上有效解决资源利用分配的公平公正性。与之不同的是，生产资料公有制是在倡导整体利益最大化的前提下，尊重个体利益，满足个体利益，张扬集体法权与个人法权结合下的普遍公平。只有在生产资料最初占有处于相对平等的条件下，资源的利用分配才具有实质上公平公正的意义。只有在真实的集体的条件下，个人在自己的联合中并通过这种联合获得自由，才能真正实现人的自由全面发展。中国共产党的执政之基是社会主义公有制，而国有企业是公有制经济重要的实现形式。要保证党制定的方针政策能够真正代表人民，有利于人民，国有企业不仅要实现人人享有平等劳动权和发展权，为人的个体发展提供广阔的舞台，最大限度地满足人的劳动需求和发展需求，还要促进社会公平分配，实现共同富裕。这是社会主义制度优越性的体现，同样也是社会主义制度的本质要求。

工资收入是劳动者及其家庭生存和提高生活水平的重要基础，合理的收入分配是保证社会公平的重要条件。国有企业以生产资料公有制为基础，排除了生产资料占有方面的不平等，意味着每个劳动者都有参加社会主义劳动、进入企业与全民所有的生产资料相结合的平等机会；以劳动作为分配的尺度，遵循等量劳动获得等量报酬的原则，建立起劳动者按劳动的质和量领取报酬的新型公平关系，每个劳动者都享有按其所付出的劳动数量和质量分配个人消费品的平等权利和机遇，不会出现依靠生产资料的所有权无偿占有他人劳动成果的现象。近年来，国有企业不断完善企业内部工资分配管理，改革工资总额决定机制和管理方式，健全工资分配监管体制机制。一方面，国有企业特别是国有大型企业对管理层薪酬水平进行适当调控，合理确定并严格规范企业负责人履职待遇、业务支出；另一方面，不断增加劳动者特别是一线劳动者劳动报酬，努力使生产一线职工工资增长幅度适当高于职工平均工资增长幅度，逐步提高劳动报酬在初次分配中的比重。通过规范国有企业收入分配秩序，逐步实现薪酬水平适当、结构合理、管理规范、监督有效，真正提升了普通劳动者的“获得感”。

4. 维护和保障职工合法权益的功能

广大职工群众是国有企业的主人，切实维护和保障职工的合法权益是国有企业的天然职责。新中国成立之初，国有企业就构建起以职工代表大会为基本形式的职工民主管理制度。在计划经济体制下，职工代表大会作为兼具决策、管理和监督职能的企业权力机构，在企业运行中发挥了至关重要的作用。自党的十四届三中全会提出“建立现代企业制度”的国有企业改革方向之后，国有企业在不断完善现代企业制度建设的同时，坚决维护、充分保障职工的知情权、参与权、表达权、监督权等民主管理权利。国有独资、全资公司的董事会和监事会均设有职工代表，充分保证职工代表参与公司治理的权利；不断健全以职工代表大会为基本形式的企业民主管理制度，企业凡制定、修改或者决定直接涉及劳动者切身利益的规章制度或者重大事项必须经职工代表大会讨论通过；大力推进厂务公开、业务公开，加强企业职工民主监督，使职工参与和监督企业经营管理有了更多的机会和保障。除了保证职工的民主管理权利外，在当前全面深化改革的背景下，势必涉及利益关系的重大调整。国有企业只有把事关职工切身利益的问题处理好，才能为深化改革创造良好的环境。因此，国有企业始终将改革过程中企业下岗人员的就业和基本生活问题作为国企改革的重中之重，更好地引导广大职工理解改革、支持改革、参与改革。

二、中国国有企业功能使命的演变

我国国有企业的发展史就是一部国有企业功能使命变迁的历史。国有企业的功能使命既与自身属性相关，具有经济性、社会性和政治性，又与国家经济体制和发展阶段相联系，体现出历史性和动态性。

（一）计划经济时期（1949—1977）国有企业的功能使命

新中国成立之初，面对复杂、严峻的国内外形势，我们党在一片废墟上建立起强大的国营经济，在计划经济体制下开展了一系列社会主义建设的探索。社会主义国营经济的建立，对于彻底改变旧中国半殖民地半封建的社会性质，巩固人民民主政权的经济、社会、政治基础发挥了重要作用。

1. 国有企业领导国民经济恢复和发展

新中国成立之初，经过抗日战争和解放战争，国内经济遭到极大破坏。生产萎缩、通货膨胀、市场紊乱、财政金融崩溃，成为旧中国留给新生人民政权的主要经济“遗产”。从外部环境看，帝国主义及国民党残余势力在政治上对新生的人民政权不予承认，在经济上实行封锁禁运，在军事上进行武装干预，企图将刚成立的新中国扼杀于摇篮之中。新中国要迅速改变“一穷二白”的落后面貌，摆脱西方列强对新生政权的封锁、包围和扼杀，缩小与发达资本主义国家的差距，就必须在短时间内实现国民经济的恢复和发展。当时中国的民族资本力量弱小，社会资金匮乏。在这种情况下，像西方国家那样走市场经济发展的道路，单纯依靠市场自身力量实现经济发展几乎是不可能的，而且关于落后国家在革命胜利后走什么样的社会主义道路的问题，马克思、恩格斯没有进行过系统论证。苏联作为第一个建立社会主义制度的国家，依靠“计划经济 + 国有制”的经济模式在较短时间内摆脱了经济落后的面貌，完成了由农业国向工业国的跨时代飞跃，成为当时社会主义国家的学习榜样。1949 年 9 月，中国共产党组织召开中国人民政治协商会议第一届全体会议。在这次会议上，各民主党派代表一致要求将建立强大的国营经济写进具有宪法作用的《中国人民政治协商会议共同纲领》之中，并作为国家经济建设的指导方针，强调各种社会经济成分在国营经济领导下分工合作，各得其所，以促进整个社会经济的发展，并指出“居于领导地位的社会主义国营经济是向社会主义转变的物质基础”。

通过没收接管官僚资本、继承解放区公营经济以及其他途径，新中国在短时间内建立起具备一定规模的国营经济。其后，随着生产资料所有制的社会主义改造基本完成、大规模社会主义工业化建设稳步推进、国有资产第一次清产核资工作的顺利推行以及“一五”计划的完成，我国逐步建立起独立的、比较完整的工业体系和国民经济体系，并确立了国营经济在国民经济中的领导地位。社会主义国营经济领导地位的确立，使人民政府控制了国家经济命脉，保证了国家对国民经济的领导权，为民族工商业的社会主义改造以及引导个体农民、手工业者实现经济合作化，稳步地确立社会主义制度奠定了坚实的经济基础。

2. 国有企业提供社会福利保障

计划经济时期，在高度集中的经济体制下，社会的生产与消费等资源完全由国家统一配置，劳动者的就业和福利保障也由国家统包统管。国家运用行政权力对社会福利资源实行自上而下的指令性配置，成为福利制度的责任主体；福利制度的具体实施则主要依靠企业，特别是国营企业来完成，由此形成了“国家—企业”的福利运行模式。国营企业通过“企业办社会”的形式为企业成员提供从衣食住行到生老病死的各种生活福利、工资补贴、政府补助、社会服务和保险等社会福利保障。根据 1978 年的统计数字，国营企业职工福利平均每人每年 527 元，相当于当时平均工资水平的 82%。[①] 除此之外，国营企业还承担着企业成员子女的教育和就业等公共服务责任，通过“老厂办新厂、单位包家属”“接班”等制度安排，使企业成员的福利得以在代际间维系和传递。这种以国营企业为依托的福利保障机制是与当时的计划经济体制相适应的，虽然国营企业因此背上沉重的负担，牺牲了企业效率，但是劳动者的生存权和发展权得以保证，对新中国的经济发展和社会稳定起到了保驾护航的作用。

3. 国有企业保证工人阶级的领导地位

新中国成立后，工人阶级成为国家的领导阶级。为了更好地发挥广大

---

① 成海军：《计划经济时期中国社会福利制度的历史考察》，《当代中国史研究》2008 年第 5 期，第 48—55 页。

职工在企业中当家作主的作用，国营企业进行了一系列企业民主改革，从根本上废除抄身制、工头制等一系列原来官僚资本统治时期遗留下来的不合理制度，并积极探索民主管理制度。其中，国营工矿企业率先开展改革，相继建立起厂长、总工程师等生产负责人和同等数量的职工代表参加的工厂管理委员会，使广大职工通过自己的代表参加对厂内重大问题的讨论并参与生产管理。同时，各工矿企业还通过民主选举、建立职工代表会议、听取工厂管委会的报告，检查工厂经营管理情况和领导作风，并提出批评和建议。至1952年完成国民经济恢复时，全国国营企业普遍实行了以工厂管理委员会和职工代表会议为主要形式的企业领导制度和民主管理制度。为进一步扩大职工群众参加企业管理的权利，发挥职工群众对于企业行政的监督作用，1960年3月，毛泽东在中共中央批转《鞍山市委关于工业战线上的技术革新和技术革命运动开展情况的报告》的批示中，提出以苏联经验为借鉴，对我国社会主义企业的管理工作做出科学的总结。强调要推行民主管理，实行干部参加劳动、工人参加管理、改革不合理的规章制度，工人群众、领导干部和技术人员三结合，即“两参一改三结合”制度。1961年制定的“工业七十条”正式确认这个管理制度，并建立党委领导下的职工代表大会制度，使之成为扩大企业民主、吸引广大职工参加管理、监督行政、克服官僚主义的良好形式，并延续至今。通过这些改革，国有企业逐步建立起“党委领导下的厂长负责制”和“党委领导下的职工代表大会制”。工人群众不仅通过本阶级的政党和自己的代表实现对整个国家的领导，还通过多种形式参与企业管理，对企业进行监督。工人阶级的领导地位在企业中得以确立，有力地调动了广大工人恢复和发展生产的积极性和主动性，进一步完善了社会主义民主政治制度。

（二）体制转型时期（1978—1991）国有企业的功能使命

1978年12月，随着党的十一届三中全会胜利召开，党中央作出了把工作重点转移到国家经济建设上来的战略决策，自此全面开启了中国改革开放的历史新时期。作为经济体制改革的中心环节，国有企业在实现自身变革的同时也推动了整个国家经济体制的转型。

1. 经济体制改革的先行者和试验田

在传统的计划经济体制下，由于政企不分，国有企业缺乏自主经营管理权，企业和员工积极性被严重束缚。改革开放之后，国有企业成为城市经济体制改革的先行者和试验田，以“放权让利”为主题、以扩大企业自主权为突破口的改革序幕逐渐拉开。1984 年 10 月，党的十二届三中全会通过的《中共中央关于经济体制改革的决定》提出，“增强企业的活力，特别是增强全民所有制的大、中型企业的活力，是以城市为重点的整个经济体制改革的中心环节”，[①] 国有企业改革自此成为我国整个经济体制改革的中心环节。这一时期，改革的重点是将国有企业的生产经营权从所有权和政府职能中剥离出来，在国家统一计划的指导下赋予国有企业更多的经营管理自主权，从微观上探索搞活国有企业的机制。在“计划经济为主，市场调节为辅”的原则指导下，国有企业先后施行了厂长责任制、承包经营责任制、租赁经营制等多种改革，进一步明确了企业的利益主体地位。虽然这些改革措施未能突破传统计划经济体制的束缚，但企业自主权的扩大给国有企业注入了生机与活力。国有企业迈出了从面向计划到面向市场的第一步，初步实现了所有权与经营权的分离，为之后的社会主义市场经济体制改革积累了宝贵经验。

2. 经济赶超的助推器

改革开放实现了中国由封闭半封闭到全方位开放的历史转变，也使我们认识到与西方发达国家之间存在的巨大差距。长期高度集中的计划经济体制虽然让我国快速建立起独立的比较完整的工业体系，却导致国民经济体系整体效率低下。1978 年时，我国人均收入水平连撒哈拉以南非洲国家平均收入的 1/3 都不到。邓小平同志指出，贫穷不是社会主义，因此快速实现国强民富成为全国人民的共同愿望。改革开放初期，国有企业在国民经济中占据绝对主导地位，国有工业企业的产值在工业企业总产值中占到

① 《改革开放三十年重要文献选编》上，人民出版社 2008 年 版，第 348 页。

78%，资产总额占比更是高达 92%，[①] 实现民富国强的重任自然落在了国有企业肩上。这一时期，国有企业一方面通过试点稳步推进自身体制机制变革，不断增强经济活力；另一方面准确把握难得的历史机遇，成为发达国家产业转移的主要承接者，借此融入全球产业分工体系，不仅带动了中国加工贸易和对外出口的迅速增长，而且大大促进了中国加工制造业的发展和产业竞争力的提升。国有经济与其他经济成分一道，共同支撑了中国经济的快速发展，改变了国家的经济命运和世界经济格局。除此之外，为了缩小与发达国家之间的经济技术差距，国有企业集中资源开展了一系列基础性、实用性科技研发，提升了国家综合科技与经济实力，为赶超世界发达国家奠定了产业科技基础。

3. 改革过程中经济和社会成本的承担者

经济体制改革必然伴随着较高的经济成本和社会成本。改革开放初期，非公有制经济发展水平较低，政府公共服务供给不足，国家财力困难，这些成本主要由国有企业承担。20 世纪 80 年代初，个体企业数量占比低，集体企业纳税能力弱，国有企业成为国家财政收入的最主要来源。放权让利和推行企业经济责任制给国有企业带来了生机和活力，但同时也出现了企业增收、国家没有多得的现象。为改善政府财政状况，国务院从 1983 年开始进行“利改税”改革。国家财政对国营大中型企业普遍征收高达 55% 的所得税，而且对于企业上交所得税后的剩余利润高于原来留利水平的部分，视不同情况采取递增包干上交、固定比例上交以及缴纳比率不同的调节税等办法进行收缴。从 1984 年初开始，除了对国营企业继续征收所得税和调节税以外，还将原有的工商税分解为产品税、增值税和营业税，并增加了资源税、城市建设维护税等新的税种。“利改税”改革增加了政府对国有企业利润的分享，但广大国有企业也为此做出了巨大牺牲，出现了连续 22 个月利润滑坡的局面。此后，随着非公有制经济的不断壮大，国有企业的税收

① 刘艳红、郭朝先：《改革开放 40 年工业发展的“中国经验”》，《社会科学文摘》2018 年第 11 期，第 43—45 页。

创造功能有所下降，但仍然是国家财政收入的重要来源。此外，国有企业在很长时期内仍然延续计划经济时期“企业办社会”的模式，继续承担就业、教育、医疗和养老等社会功能，兴办了一批与企业生产经营没有直接关系、本应由社会化经营主体或公共机构承办的社会公益、生活后勤服务单位，较大程度上弥补了政府公共服务的不足。

（三）建设社会主义市场经济体制时期（1992—2011）国有企业的功能使命

1992 年 10 月，党的十四大总结了十一届三中全会以来 14 年的实践经验，进一步提出“中国经济体制改革的目标是建立社会主义市场经济体制”，标志着中国社会主义改革开放和现代化建设事业进入新的发展阶段。通过调整国有资本布局、建立现代企业制度等方式推动国有企业做强做优做大，实现国有资产保值增值，成为这一时期国有企业重要的历史使命。

1. 基本经济制度的基础

1992 年，党的十四大将社会主义市场经济体制确立为改革目标之后，如何在生产资料社会主义公有制的基础上发展市场经济成为当时面临的主要课题。1997 年 9 月，党的十五大首次提出“基本经济制度”概念，第一次把公有制为主体、多种所有制经济共同发展确立为我国社会主义初级阶段的基本经济制度，而且提出：“公有制的主体地位主要体现在：公有资产在社会总资产中占优势；国有经济控制国民经济命脉，对经济发展起主导作用。”[①] 国有经济的主导作用不再体现为数量上的绝对优势，而是要在涉及国家安全、自然垄断、提供重要公共产品和服务的行业，以及国民经济的支柱产业和高新技术产业占据支配地位，实现对国民经济的控制力。围绕这一要求，国有企业通过并购重组、资产无偿划转以及强强联合等方式，集中有限资源投入到关系国家安全和国民经济命脉的重要行业和关键领域。经过国有经济布局和结构战略性调整，国有企业原先存在的行业分布面过宽、

① 《改革开放三十年重要文献选编》下，人民出版社 2008 年版，第 900 页。

主业不够突出、资源配置不合理、核心竞争力不强等问题有所改进，国有资本逐渐集中到大企业层面，形成了一批主业突出、结构合理、具有自主知识产权的大公司和大企业集团，夯实了社会主义基本经济制度的微观基础。

2. 改革成独立的市场经济主体

在社会主义市场经济条件下，企业面临越来越激烈的国内外竞争，国有企业要生存、要发展，其管理体制和制度就必须适应市场经济的要求。1993 年，党的十四届三中全会提出国有企业的改革方向是“建立适应市场经济要求，产权清晰、权责明确、政企分开、管理科学的现代企业制度”，并在 1994 年出台了《中华人民共和国公司法》，国有企业改革进入以建立和完善现代企业制度为方向、以产权改革为核心的新时期。按照现代企业制度要求，国有企业从微观组织形式上普遍进行了公司制改造，公司治理水平不断提升，法人治理结构不断完善。多数国有企业形成了股东会、董事会、经理层和监事会等治理主体；董事会规范运作的制度体系基本形成并逐步落实；外部董事制度基本建立，大多数企业董事会中外部董事已经占到半数以上；决策机制发生根本性转变，决策的质量和科学性明显提高；风险管理体系开始建立，合规管理和风险管控水平有所提升。经过改革，国有企业与政府之间的边界逐渐清晰，政企进一步分开，企业法人财产权和经营自主权不断落实，国有企业逐渐成长为依法自主经营、自负盈亏、自担风险、自我约束、自我发展的独立市场主体。

3. 建设具有国际竞争力的世界一流企业①

随着中国改革开放的深入和世界经济的发展，特别是中国加入 WTO 后，中国融入经济全球化的进程加速了。2003—2008 年，在世界经济迅速发展的大环境下，国有企业在规模、效益等方面实现了快速发展。但是在经历了规模迅速扩张之后，如何进一步提升发展质量、培育竞争优势、保持持续竞争力成了国有企业面临的重要问题。特别是 2008 年国际金融危

① 2010 年，在中央企业负责人会议上，时任国务院国资委党委书记、主任王勇发表了题为《坚持科学发展　着力做强做优　培育具有国际竞争力的世界一流企业》的讲话，提出“做强做优中央企业、培育具有国际竞争力的世界一流企业”的目标任务。

机爆发后，世界经济由繁荣转向衰退，国有企业发展的目标逐渐由“做大”转为“做强做优”。所谓“强”，就是自主创新能力强、资源配置能力强、风险管控能力强、人才队伍强；所谓“优”，就是经营业绩优、公司治理优、布局结构优、企业形象优。在做强做优的基础上，要着力培育一批在国际市场上能与跨国公司同台竞争的大企业大集团。这些企业应该主业突出、公司治理良好，拥有自主知识产权的核心技术和国际知名品牌，具有较强的国际化经营能力和水平，在国际同行业中综合指标处于先进水平，形象良好，有一定的影响力。

纵观我国社会主义革命、建设和改革开放的各个历史时期，国有企业为壮大我国综合国力、促进经济社会发展、保障和改善民生做出了重要贡献，当之无愧地成为我们党执政兴国的重要支柱和依靠力量。

三、新时代中国国有企业的使命

习近平总书记 2016 年在全国国有企业党的建设工作会议上，提出国有企业要成为“六个力量”的要求，指明了新时代新征程国有企业的战略定位。国有企业要义不容辞地承担起自己的历史使命，努力做高质量发展的主力军、建设现代化经济体系的排头兵、建设创新型国家的突击队、“一带一路”建设的国家队。要加快培育具有全球竞争力的世界一流企业，在新征程上再创新辉煌。①

（一）做高质量发展的主力军

随着中国特色社会主义进入新时代，我国经济发展也进入了新时代，基本特征就是由高速增长转向高质量发展。推动高质量发展，是保持经济持续健康发展的必然要求，是适应我国社会主要矛盾变化和全面建成小康

① 李雯博：《新时代国有企业的战略定位与历史使命——本刊记者专访国务院国资委党委书记郝鹏》，《求是》2018 年第 3 期，第 26—28 页。

社会、全面建设社会主义现代化国家的必然要求，是遵循经济规律发展的必然要求。国有企业作为中国特色社会主义经济的“顶梁柱”，肩负着建设社会主义现代化强国重任，要按照从“有没有”转向“好不好”的要求，深刻把握我国社会主要矛盾变化，坚持质量第一、效益优先，以供给侧结构性改革为主线，率先实施质量变革、效率变革、动力变革，坚定做高质量发展的主力军。

近年来，广大国有企业认真落实党中央、国务院决策部署，坚持稳中求进工作总基调，全面贯彻落实新发展理念，以推进供给侧结构性改革为主线，以提高质量效益和核心竞争力为中心，取得了积极的进展和成效。通过调整结构、优化布局、瘦身健体、提质增效，企业经济运行的质量和效益持续提升，实体经济特别是工业经济盈利能力增强，战略性新兴产业和新动能加快成长，抗风险能力进一步提高。

但是从整体上看，国有企业仍存在行业分布过宽、主业不集中、核心竞争能力和自主创新能力不强等问题，影响了高质量发展的步伐。广大国有企业必须切实增强责任感、紧迫感，深刻把握我国社会主要矛盾变化，彻底摒弃规模和速度情结，努力推动质量变革、效率变革、动力变革，坚定做高质量发展的主力军。一是着力抓好实业主业发展，筑牢国有企业高质量发展坚实根基。实现高质量发展必须以实业为基础，国有企业特别是中央企业大多处于关系国家安全、关系国计民生的实体经济领域，要强化战略引领，明确主业发展目标和重点，推动技术、人才、资金等各类资源要素向主业集中，做强做实做精主业，不断增强核心业务盈利能力和市场竞争力。二是着力抓好结构调整，优化国有企业高质量发展整体布局。调整优化国有经济布局结构，是提升国有经济整体功能和效率的迫切需要，也是提高国有经济控制力、影响力、带动力，在高质量发展中更好发挥作用的内在要求。国有企业要扎实推进战略性重组，促进国有资本进一步向符合国家战略的重点行业、关键领域和优势企业集中；要积极开展专业化整合，以拥有优势主业的企业为主导，持续推动煤炭、钢铁、海工装备、环保等领域资源整合，进一步发挥协同效应，提升企业规模实力和核心竞争力，推动相关产业优化升级，提升资源配置效率；要大力推动瘦身健体，加快处置低效无效资产，积极化解过剩产能，加大“僵尸企业”处置和特困企业治理工作力度，切实解决历史遗留问题，有效提升企业运营质量和效率。三是着力抓好自主创新，激发国有企业高质量发展强劲动力。经济发展加快从要素驱动向创新驱动转变，是高质量发展的鲜明特征和必然路径，国有企业要实现高质量发展，必须依靠科技创新提供动力和支撑。国有企业要立足当前，着眼长远，聚焦产业链关键环节和制约行业企业发展的技术短板，以关键共性技术、前沿引领技术、现代工程技术、颠覆性技术创新为突破口，大力开展核心技术研发攻关，努力为实现高质量发展占据“桥头堡”和“制高点”。

（二）做建设现代化经济体系的排头兵

国家强，经济体系必须强。从世界各国现代化进程看，在经历高速增长阶段后，能否建成适应现代化发展要求的经济体系，从而实现经济发展从量的扩张转向质的提高，是实现现代化的关键。对于我国而言，建设现代化经济体系既是发展的战略目标，也是转变经济发展方式、优化经济结构、转换经济增长动力的迫切要求。国有企业作为中国特色社会主义市场经济的重要微观基础，是建设现代化经济体系不可或缺的组成部分，要按照跨越关口的要求，推动实体经济优化升级，做强实业、做优主业，在建设现代化经济体系中充分发挥排头兵作用。

近年来，国有企业按照建设现代化经济体系的基本要求，坚持建立和完善中国特色现代国有企业制度这一根本方向，以增强活力和提高效率为中心，大力推动体制机制创新，在国企改革重点领域和关键环节取得了显著进展和成效。在公司治理方面，不断完善国有企业法人治理结构，坚持党的领导和完善公司治理相统一，将党的领导融入公司治理各环节，进一步明确党组织在企业法人治理结构中的法定地位，持续推进董事会建设；在经营机制方面，努力构建灵活高效的市场化经营机制，完善管理人员选用和退出机制，落实市场化用工管理制度，试点探索经理层任期制和契约化管理，建立健全工资与效益联动机制，探索推进员工持股等各类中长期激励方式；在产权制度方面，通过改制上市、股权转让、增资扩股、合资新设、市场化重组以及基金投资等多种方式扎实稳妥推进混合所有制改革，企业内部改革同步深化。

但同时也必须看到，国有企业现代企业制度仍不健全，政资政企不分的问题依然存在，企业市场主体地位尚未真正确立，与现代化经济体系的要求还存在不小距离。未来，国有企业要继续深化改革，着力破除阻碍发展的体制机制障碍，筑牢现代化经济体系的微观基础。一是在微观主体层面，进一步完善现代企业制度。现代化经济体系与现代企业制度相辅相生，国有企业要坚持建设中国特色现代国有企业制度的改革方向，持续深化企业内部三项制度改革，落实董事会职权，建立健全与选任方式相匹配、与企业功能性质相适应、与经营业绩相挂钩的差异化薪酬分配制度，实现职务能上能下、人员能进能出、收入能增能减。二是在产权制度层面，积极稳妥推进股权多元化和混合所有制改革。现代化经济体系需要建立与现代经济相适应的产权制度，国有企业要稳妥推进中央企业集团层面股权多元化，分层分类推进混合所有制改革，切实把引进社会资本和转换经营机制有机结合起来，实现各种所有制资本取长补短、相互促进、共同发展，形成公有制经济与非公有制经济协同有序发展的良好经济体系，充分发挥多元包容、混合一体促进社会生产力发展的制度优势。三是在经济发展生态层面，切实理顺政企、政资关系。正确处理好政府与市场之间的关系是现代化经济体系的关键，国资监管部门和国有企业要以管资本为主加快转变国资监管职能，进一步明确出资人监管职责边界，改革国有资本授权经营体制，深化国有资本投资运营公司试点，形成市场、企业、政府新型协同共生体系，促进国有资产保值增值。

（三）做建设创新型国家的突击队

加快实施创新驱动发展战略，以全球视野谋划和推动自主创新，努力建设成为创新型国家，既是我国中长期发展的动力与目标，也是当前面临复杂国内外形势下保持经济持续稳定发展的必然选择。国有企业作为国民经济发展的重要支柱，是践行创新发展理念、实施国家重大科技创新部署的骨干力量，要全力推动创新发展，在加快建设创新型国家中发挥突击队作用。

党的十八大以来，国有企业大力实施创新驱动发展战略，突破了一大批关键核心技术，形成了一大批具有世界先进水平的标志性科技创新成果。党的十九大报告中提到的天宫、蛟龙、天眼、悟空、墨子、大飞机等重大科技成果，主要研发工作都是由中央企业承担的，这些重大科技成果已经居于或领先于国际先进水平，使我国在部分科技领域从跟跑者变为同行者、甚至领跑者，前所未有地提振了全社会的创新自信；“蓝鲸 1 号”深海钻井平台、北斗系统等一大批具有前瞻性突破性的科技创新，引领了行业产业发展；页岩油气资源开发、可燃冰开采、新一代核反应堆、新型运载火箭、大型运输机、无人驾驶汽车、网联汽车等方面的前瞻性布局研发，有效带动了相关产业向产业链价值链高端转移，促进了中国经济向中高端迈进。除此之外，国有企业积极开展各种“双创”活动，带动社会创新，牵头产业技术创新战略联盟 159 个，搭建各类双创平台 518 个，涌现出航天云网、中航爱创客、欧冶云商等一批代表性创新型企业，有效汇聚了全社会创新资源。

当然，我们必须认识到国有企业的创新能力与世界一流企业相比还有不小的差距，在创新发展中的引领带动作用还有待提升，必须继续坚持科技创新与体制机制创新双轮驱动，聚焦国家发展战略布局创新资源，为建设创新型国家和世界科技强国提供更多支撑。一要积极承担国家重大战略科研任务，努力牵头承担更多关键共性技术攻关任务，充分发挥中央企业在技术创新中的引领带动作用。要不断增强原始创新和自主创新能力，尽快攻克更多前瞻性、原创性、颠覆性的关键核心技术。二要充分发挥创新要素合力。加快建立以企业为主体、市场为导向、产学研深度融合的技术创新体系，形成企业与科研机构、大学、国家实验室等功能互补、良性互动的协同创新新格局。完善产业创新链，加快科技成果向现实生产力转化。积极融入全球创新网络，主动牵头或参与国际大科学计划和工程，把握全球科技竞争先机。三要着力打造“双创”升级版。积极推进国家“双创”示范基地建设，搭建更多创新资源开放共享平台。研究探索大中小企业融通发展新模式，完善多层级创新发展基金系，探索资源共享、资本扶持、团队合作等多种方式，孵化培育“特尖专精”的创新型小微企业。四要持续激发创新活力。通过实施股权、期权、分红等激励措施，充分调动各类人才积极性和创造性，营造尊重劳动、尊重知识、尊重人才、尊重创造的良好风尚。

（四）做“一带一路”建设的国家队

“一带一路”倡议是中国经济发展到新阶段，积极参与经济全球化，推进人类命运共同体建设的中国方案和伟大实践。作为中国特色社会主义的物质基础和政治基础，国有企业要把握好我国改革开放的大格局大趋势，在参与“一带一路”建设中发挥国家队作用。

在推进“一带一路”建设，实现开放共赢的发展过程中，国有企业以共商、共建、共享为原则，充分运用自身的技术、资金、人才等各方面优势，不断深化沿线国家在装备、技术、管理等领域的交流合作，努力打造命运共同体和利益共同体。根据财政部相关数据显示，2013 年以来，中央企业通过参与、参股、投资或与外企合作等形式共建项目 1676 个，尤其在基建、能源、交通、通信等基础设施互联互通领域发挥了重要的引领作用。在与所在国家战略需求息息相关的领域中，在风险高、回报周期长的项目中，在为他国提供国际援助的过程中，国有企业主动作为，通过各种项目和各类园区建设促进了当地经济社会的发展，改善了当地人民的生活水平，为“一带一路”建设提供了重要支撑。通过积极实施国际化经营战略，探索国际化经营新模式，国有企业在海外建设了一批技术居国际领先水平的大型工程项目，带动了一大批中小企业集群式“走出去”，在国际竞争力上取得明显进步。与此同时，国有企业积极开展国际化经营，努力融入全球产业分工体系，中国高铁、特高压电网、中国核电、中国航天、中国装备等，已经成为中国高端装备“走出去”的金字招牌，成为“国家名片”。

尽管国有企业在“一带一路”建设和国际化发展中取得了丰硕成果，但竞争力、影响力、带动力仍然相对较弱，必须着眼长远发展，不断加大开放合作力度，努力在更广领域取得更多务实成果。一是继续在开放合作中实现共同发展。国有企业要吸引各国、各种所有制企业参与企业改革、结构调整等方面工作，在产业整合、转型升级、股权投资、科技创新、人才培养等多领域开展深度合作，相互学习、相互借鉴、相互促进，形成你中有我、我中有你的良好局面。二是在开放合作中提升跨国资源配置水平。国有企业要积极参与“一带一路”建设，持续完善产业链、价值链、创新链全球化布局，推动实现技术、管理、金融等资源全球化配置，把对外投资和促进国内装备、服务、技术、标准全方位走出去有机结合起来，加快形成面向全球的生产服务网络，不断打造国际合作竞争新优势。三是在开放合作中展现负责任良好形象。国有企业要模范遵守国际通行规则和所在国法律，尊重当地文化习俗，坚持诚信经营，为当地经济社会发展作出积极贡献。

（五）培育具有全球竞争力的世界一流企业

大国强企，基业长青。当今世界，在经济发展领域，国与国之间的较量主要表现为大企业的较量，而我国能够在国际市场上与西方大型跨国公司抗衡的，除了极少数民营企业外，主要还是大型国有企业。党的十九大站在新的历史起点上对国有企业改革发展作出重大部署，明确提出“培育具有全球竞争力的世界一流企业”的宏伟目标，为国有企业改革发展指明了方向。国有企业要努力推进国际产能和装备制造合作，积极参与全球技术标准、行业规范、经贸规则的制定，更好融入全球创新和产业分工体系，加快培育主业突出、技术领先、管理先进、绩效优秀、全球资源配置能力强的世界一流企业。

经过多年的改革发展，国有企业影响力和竞争力得到大幅提升。一批国有企业不仅规模达到了世界级水平，而且在技术、管理、国际化水平等各方面也在努力走向世界前列。2019 年 1 月，国务院国资委选择航天科技、中国石油、国家电网、中国三峡集团、国家能源集团、中国移动、中航集团、中国建筑、中国中车集团、中国广核集团等10家中央企业作为创建世界一流示范企业。这些企业在公司治理、国际资源配置、引领行业发展、人才队伍等方面优势比较突出，海外业务量大，拥有一定的核心技术优势，已经具备了成为世界一流企业的基础条件。

与此同时，我们要清醒地认识到，我国的国有企业同世界一流企业相比，在经营理念、管理水平、核心竞争力等方面都还有相当的差距，必须进一步增强责任感、紧迫感，努力做到“三个领军”“三个领先”“三个典范”。① 一是要成为在国际资源配置中占主导地位的领军企业，成为引领全球行业技术发展的领军企业，成为在全球产业发展中具有话语权和影响力的领军企业。国有企业要加快融入国际分工，走向国际市场；要在更大范围、更宽领域、更深层次配置资源，加快建成面向全球的资源配置和生产服务系统；要提高海外市场份额，优化全球布局结构，打造国际知名品牌，形成国际竞争新优势；要努力突破战略性、前瞻性领域关键核心技术，积极培育能够支撑国家战略需求、引领未来科技变革方向、参与国际竞争合作的创新力量，切实增强企业核心竞争能力。二是要在全要素生产率和劳动生产率等方面领先，在净资产收益率、资本保值增值率等关键绩效指标上领先，在提供的产品和服务品质上领先。国有企业要推动企业理念、目标、制度、标准、经营、全方位适应高质量发展要求，通过生产要素的合理流动和优化组合、企业兼并重组，全面提高投入、产出效率；推进企业增品种、提品质、创品牌，大力提升产品服务质量、标准档次和品牌影响力。三是要成为践行绿色发展理念的典范，成为履行社会责任的典范，成为全球知名品牌形象的典范。国有企业要从全生命周期、全产业链系统优化工艺路线，着力提高资源利用效率，持续减少污染排放，提升安全环保水平，形成低消耗、低排放、高效率的产业发展方式，把企业发展与社会需要相结合，积极投身扶贫开发和公益慈善活动，让企业的发展成果更多更好地惠及全体人民，更好满足人民群众对美好生活的向往和需求。

---

① 翁杰明：《围绕“三个三”目标 培育世界一流企业》，《企业管理》2018年第10期，第10页。

第三章

中国国有企业布局

国有企业是国有资本的重要载体，国有企业布局是国有资本布局的微观基础，回答的是国有企业向何处、在何处发力的问题，是制定企业发展战略的依据。国有资本、国有企业应遵循“有所为，有所不为”的原则，以国有企业的性质、功能与使命为基础，科学规划在国民经济中的比重、产业领域的分布、区域的分布、中央企业和地方国有企业比例、国有资本持股比例以及企业组织规模的选择等。这是巩固和加强我国以公有制为主体、多种所有制经济共同发展的基本经济制度下的结构性安排，是引导国有资本更多投向关系国家安全和国民经济命脉的重要行业和关键领域的主要途径，是实现国有经济对国民经济控制力、影响力的基础。

一、中国国有企业布局的演变

（一）国有企业布局的内涵

从理论上讲，布局是指系统内各要素分布的状况，即分布的位置、分布的数量。国有企业布局，本质上是解决国有企业“向哪里分布”以及“分布多少”的问题。具体涉及三个层面的内容：一是以服务国家战略和落实国家产业政策为内在要求，科学规划国有企业在国民经济各行业或产业上的分布，保证国有资本在关系国家安全和国民经济命脉的重要行业和关键领域占据主体地位；二是以落实国家区域协调发展战略为基本原则，科学规划国有企业在国内各个地区的分布，合理引导资金投向，促进区域协调发展；三是以贯彻“一带一路”倡议、“走出去”战略为契机，找准国有企业发展战略与国家战略的结合点，优化国有资本在国际区域间的分布。

从产业和行业来看，国有企业布局与社会生产力发展水平、国家赋予国有企业的使命紧密相关。新中国成立之初，以毛泽东同志为核心的第一代中央领导集体，立足于当时生产关系和生产力之间矛盾的实际情况，把过渡时期的着眼点放在了对生产关系的变革上，即生产资料私有制的社会主义改造。国家通过没收官僚资本、改造民族资本和大规模的经济建设，逐步建立起了与社会主义生产资料公有制相适应的、高度集中的、计划经济体制下的国有企业运行模式，实现了在高度集中的计划经济体制下，国有资本占绝对比重、国有企业遍及各行业各地区的大一统格局。改革开放后，我们党的新一代领导集体立足于我国生产力结构多层次的实际，尊重生产关系一定要适应生产力发展水平的科学规律，突破单一所有制格局，确立了以公有制经济为主体、多种所有制经济共同发展的中国特色社会主义所有制结构。在这一时期，发挥市场在资源配置中的基础性作用、适当扩大非公所有制经济在整个国民经济中的比重成为经济结构调整的重点。大部分国有企业通过重组、引进战略投资者、整体上市等方式实现投资主体多元化和产权主体多元化，大批国有企业从一般性竞争领域有序退出，为非公经济主体发展让出空间。与此同时，国有资本所具有的独特作用更多体现在对国民经济的控制力和影响力上，即国家运用国有资源和政策手段促进产业结构调整和提供社会保障。

从区域来看，国有企业布局与国家战略的选择密切相连。新中国成立之初，我国的经济发展水平十分低下，工业也十分落后。为了尽快改变不合理的经济结构，提高工业化水平，我国选择了优先发展重工业的道路。从 1953 年开始实施的第一个五年计划（简称“一五”计划），是我国工业化的起点。“一五”期间，工业建设的基本任务是集中力量进行苏联帮助中国设计的156个项目的建设。以毛泽东同志为核心的第一代中央领导集体意识到，如果把156项工程全部集中在东北和沿海大城市，那么其对中国工业的均衡布局和国家建设的全面展开显然是不利的。尤其是国防工业，都建在与正在打仗的朝鲜相邻的东北地区和易受美国飞机袭击的沿海大城市，更不妥当。在此背景下，106项民用工业企业的21项和44项国防工业企业中的21项建在了西部地区。这一决策的实施使过去几乎没有工业的西部地区建起了一批轻、重工业。其中，钢铁、电力、煤炭、石油、有色金属、兵器、航空、建材、电子电气等国有企业初具规模，并且初步形成了相互衔接的工业体系。通过“一五”计划，我国形成了以钢铁和机器制造工业为中心的鞍山、武汉、包头三个区域，以石油化工、有色金属和机器制造工业为中心的兰州区域，以动力设备、重型机械制造工业为中心的哈尔滨、沈阳、齐齐哈尔、西安区域，以化学工业为中心的吉林区域，以煤炭和采矿设备制造为中心的抚顺、大同区域，以机器制造工业为中心的洛阳、成都区域，[①]初步奠定了国有企业区域分布的雏形。

从对外开放和国际化来看，国有企业布局是落实国家发展战略的重要抓手。党的十八大以来，以习近平同志为核心的新一届中央领导集体高瞻远瞩，以更大气魄、更大力度推进新一轮改革开放，提出了共建“一带一路”与人类命运共同体的新倡议。习近平总书记多次强调，国有企业要成为实施“走出去”战略、“一带一路”建设等重大战略的重要力量。作为国家实力和形象的代表，国有企业在基础设施、能源资源开发、国际产能合作等领域承担了一大批具有示范带动性的重大项目和工程；在推动战略落地中，踊跃开发海外市场，带动建筑、劳务、设备及技术出口，为中国积极参与国际治理、争取国际话语权夯实了根基；在拓展对外贸易、培育贸易新业态新模式、推进贸易强国建设中，充分利用其产品性价比高、建设

① 洪向华、石建国:《“一五”计划：新中国工业化的奠基之作》,《北京日报》2019年6月17日。

能力强等优势，主动对接国际市场需求，积极参与全球竞争与合作；在进一步扩大开放中，加强合作、拓展空间，无愧于国家战略的“先遣队”和“探路者”的责任担当，为推进构建人类命运共同体的宏伟蓝图、发展更高层次的开放型经济、推动形成全面开放新格局、全面推进中国特色大国外交营造了良好的国际氛围。

（二）国有企业布局的意义

1. 完善社会主义市场经济体制的必然要求

市场经济是交换关系的总和，是一种资源配置方式，不是资本主义所独有，也可以为社会主义所用。在西方，国有企业是市场经济中弥补私人投资不足的主要手段。20 世纪 70 年代以前，电力、电信、自来水、管道燃气、铁路等自然垄断行业，因为其投资规模大、回收期长，私人部门一般无力或不愿投资，在战后或经济萧条期间尤其如此。为了弥补私人投资的不足，西方各国如英、法、德、意等均采用了公共生产模式，由政府创建国有企业进行垄断性经营，保证公共产品的供应。此外，最近的一些研究表明，西方国家已不仅将国有企业布局于提供公共产品等领域，越来越多的市场经济国家开始将国有企业布局于支持国家经济和战略利益等领域。根据经济合作与发展组织（OECD）2018 年的最新报告，包括阿根廷、智利、芬兰、德国、比利时、韩国、瑞典、瑞士、加拿大、以色列、意大利、日本、英国等在内的 30 个国家中，有 15 个国家将国有企业基本功能定位于支持国家经济和战略利益。

我国实行的是社会主义市场经济体制。1993 年发布的《中共中央关于建立社会主义市场经济体制若干问题的决定》明确指出：“建立社会主义市场经济体制，就是要使市场在国家宏观调控下对资源配置起基础性作用。为实现这个目标，必须坚持以公有制为主体、多种经济成分共同发展的方针。”在占主体的公有制经济中，国有企业起主导作用。一方面，国有企业集中体现了社会主义先进生产力的发展方向，这就决定了它能够发挥公有制的制度优势，体现社会主义市场经济的基本要求，保证社会主义市场经济的发展方向。另一方面，配置资源的基础作用是市场，政府要在市场失灵领域发挥调控作用。与市场相比，政府在纠正自然垄断、矫正外部效应、保证收入公平分配、平抑经济周期等方面具有更大的优势和作用。国有企业作为国家宏观调控的微观基础，是国家直接掌握的资源配置方式，将国有企业布局于市场失灵领域，是市场经济国家赋予国有企业的重要任务。①

2. 新技术革命引导下产业升级的动力使然

继机械化、电气化、自动化等产业技术革命浪潮之后，以信息网络技术加速创新与渗透融合为突出特征的新一轮工业革命正在全球范围内孕育兴起，数字经济正成为全球经济增长的重要驱动力。制造业加速向数字化、网络化、智能化方向延伸拓展，软件定义、数据驱动、平台支撑、服务增值、智能主导的特征日趋明显，新产品、新模式、新业态、新产业层出不穷，全球制造业正处于转换发展理念、调整失衡结构、重构竞争优势的关键节点，围绕工业互联网平台的竞争愈演愈烈。在新技术革命与我国实施制造强国战略形成的历史性交汇期，必须把握变革趋势和时间窗口，做好信息化与工业化深度融合，努力抢占新一轮产业竞争制高点。

国有企业作为国家先进生产力、综合实力和国际竞争力的代表，在推进产业升级中发挥着重要的带头作用。一方面，国有企业技术装备水平高，具有规模经济效应，分布于国民经济重要产业和关键领域，能够率先实现集约化、集团化和跨国化，以产业规模和素质优势成为推动产业升级的领头雁。另一方面，国有企业科技创新能力强，在一些优势行业和领域掌握一批关键核心技术，形成一批在全球产业发展中具有话语权和影响力的领军企业，通过发挥这些领军企业的示范引领作用，推进产业升级，带动产业向价值链高端迈进。

3. 经济全球化的形势所需

当前，世界正处于大发展大变革大调整时期。② 从国际上看，2008 年

① 中国社会科学院工业经济研究所：《论新时期全面深化国有经济改革重大任务》，《中国工业经济》2014 年第 9 期。

② 本书编写组：《党的十九大报告辅导读本》，人民出版社 2017 年版，第 57 页。

金融危机的深层次影响持续显现，世界经济复苏艰难曲折，全球贸易增速连续5年低于世界经济增速，跨国投资尚未恢复到危机前水平，经济疲软、发展失衡、治理困境、公平赤字等问题更加突出，反全球化思潮涌动，单边主义和保护主义有所抬头，给世界经济发展蒙上了阴影。从国内看，我国经济正处于转变发展方式、优化经济结构、转换增长动力的攻关期，劳动力成本持续攀升，资源约束日益趋紧，环境承载能力接近上限，传统发展模式遭遇瓶颈。面对严峻复杂的国内外形势，党中央适应经济全球化新趋势、准确判断国际形势新变化，确立实施共建"一带一路"倡议，提出加快构建开放型经济新体制，倡导发展开放型世界经济。

国有企业作为国民经济的骨干和中坚力量，在推进开放型经济新体制中肩负着推动优势产业走向世界的使命。为了在激烈的国际经济竞争中培育我国经济的新优势，在产业链、价值链中占据中高端，我们必须要有一批具有较强国际竞争力的大企业大集团。目前，能够在国际市场上与西方大型跨国公司抗衡的，除了极少数民营企业，主要还是我国的大型国有企业。国有企业大多处在关系国家安全和国民经济命脉的重要行业和关键领域，经过多年来的改革发展，活力和竞争力得到大幅提升，许多企业在某些方面接近或达到世界先进水平，具备发展成为具有全球竞争力世界一流企业的基础和条件。国有企业领衔发展的高速铁路、特高压、核电、清洁能源、智能电网等已成为国家的"名片"，是我国引领全球行业技术发展的领军企业。因此，需要继续发挥集中力量办大事的制度优势，集中力量、集中资源在战略性新兴产业发挥国有企业探路者、排头兵、开拓者的作用，做强做优做大一批在国际市场上能与跨国公司同台竞争的大企业大集团，提升我国的综合国力。

（三）中国国有企业布局的演变历程

在理论继承上，马克思主义唯物史观始终强调，经济基础对上层建筑起决定作用。共产党领导的社会主义国家，为确保国家各项事业稳定健康发展，要靠公有制主体地位。纵览我们党的历史文献，在坚持公有制主体地位这个事关我们党的执政地位、社会主义前途命运的重大问题上，以毛泽东同志、邓小平同志等为主要代表的中国共产党人，都始终坚定不移、毫不动摇，有着一脉相承的理论根脉。[①]新中国成立之初，以毛泽东同志为核心的第一代中央领导集体强调，国营经济是整个国民经济的领导力量，提出以“一化三改”为核心的过渡时期总路线。[②]改革开放以来，我们党的新一代领导核心强调，公有制占主体及共同富裕是我们必须坚持的社会主义根本原则；强调毫不动摇地巩固和发展公有制经济，毫不动摇地鼓励、支持和引导非公有制经济发展，要求将两者“统一于社会主义现代化建设的进程中”。

在实践发展中，国有企业作为公有制的主要载体，其布局的演变内嵌于探索社会主义发展道路的过程中，与中国特色社会主义制度发展的整体脉络相辅相成。新中国成立之初，我国的工业化起点很低，1952 年现代工业在我国工农业总产值中的比重只有 26.6%，重工业在工业总产值中的比重只有 35.5%，以毛泽东同志为核心的第一代中央领导集体意识到，改变我国工业特别是重工业极端落后状况的客观要求极其紧迫。在此背景下，工业建设的基本任务是集中主要力量进行以 156 个建设项目为中心、由 694 个限额以上建设项目[③]组成的工业建设。国家通过大力扶持国有经济的发展，迅速建立起门类比较齐全的工业体系。具体而言，在 156 项建设中，国防军事工业占了相当大比重，共 44 项，其中航空 12 项、电子 10 项、兵器 16 项、航天 2 项、船舶 4 项；冶金 20 项，其中钢铁 7 项、有色金属 13 项；化学工业 7 项；机械加工工业 24 项；能源工业 52 项，其中煤炭 25 项、电力 25 项、石油 2 项；轻工业和医药工业 3 项等，[④]这些项目奠定了国有企业

---

① 郝鹏：《新时代国有企业党的建设的根本指南》，《智慧中国》2018 年第 12 期。

② 一化三改：“一化”指的是逐步实现国家的社会主义工业化，“三改”指的是逐步实现国家对农业、手工业、资本主义工商业的社会主义改造。

③ 我国“一五”时期对建设项目按项目投资总额的大小实行分级管理，划分为“限额以上”和“限额以下”两类。当时限额以上建设项目指的是单个项目建设总投资额 300 万元以上（含 300 万元）的基本建设项目。

④ 董辅礽：《中华人民共和国经济史》（上卷），经济科学出版社 1999 年版，第 268、269 页。

布局的雏形。改革开放后，我国适应最大限度发展生产力的需要，围绕如何建立中国特色社会主义进行了积极探索，在改革过程中诞生了个体和私营经济，在开放过程中诞生了外贸经济[①]，高度集中的计划经济体制被逐步打破，平等竞争、优胜劣汰的市场机制逐步确立，国有企业开始走向市场，成为自主经营、自负盈亏、自我发展的市场主体。

1. 改革开放后至党的十五大召开前国有企业的布局

1952年，我国提出过渡时期总路线，明确了从新民主主义向社会主义过渡的具体途径和步骤。在过渡时期总路线的指引下，我国进入了大规模的社会主义改造和建设时期。一方面，国家开始大力投资建设国有企业，扶持国有企业发展；另一方面，将具有资本主义工商业性质的企业改造为全民所有制性质的国有企业，极大地推动了国有企业的成长。从1953年开始实施的第一个五年计划，是我国工业化的起点。以156项重点工程为主干、由694个建设单位组成的工业化建设项目，加快了我国重工业发展的历史进程，奠定了我国工业化的初步基础和国有企业布局的雏形。到1956年底，国家对农业、手工业和资本主义工商业的社会主义改造基本完成，确立了社会主义公有制的主体地位。计划经济条件下的公有制作为一种资本动员方式，是在特定的经济发展阶段中一种有效的生产力布局和国有资本布局方式，是对特殊资源、重要产业和关键技术的安排手段。全民所有制和集体所有制作为社会主义公有制经济的重要组成部分和社会主义生产关系的主要载体，为社会主义经济建设发挥了重要作用。截止到1957年底，全国工业企业共计16.59万个，其中国有企业4.96万个，集体企业11.99万个。[②]公有制经济（国有和集体企业）在工业领域占比达到100%，实现了对国民经济所有行业的全覆盖。

1978年12月，党的十一届三中全会确立了对内改革、对外开放的政

① 外贸经济：指国外投资者和港澳台投资者根据我国有关涉外经济的法律、法规，以合资、合作或独资的形式在大陆境内开办企业而形成的一种经济类型。包括中外合资经营企业、中外合作经营企业和外资企业三种形式。

② 陈鸿：《国有经济布局》，中国经济出版社2012年版，第123页。

策。在这一年的国务院务虚会上，首次提出了“计划经济与市场经济相结合”的观点。[①] 在经济体制改革的过程中，作为国民经济支柱的国有企业由于历史包袱重、无法灵活应对复杂多变的市场环境、难以形成有效的激励机制，企业亏损越来越严重。[②] 在此背景下，改变过于集中的经济管理体制开始成为政策主导。党的十一届三中全会指出：“现在我国经济管理体制的一个严重缺点是权力过于集中，应该有领导地大胆下放，让地方和工农企业在国家统一计划的指导下有更多的经营管理自主权。”沿着这一思路，我国分两个阶段推进了计划经济体制下的国有企业改革。从 1978 年到 1984 年为第一阶段，主要是对国有企业进行“放权让利”；第二阶段是从 1984 年到 1991 年，主要是推进国有企业“两权分离”。[③] 在这一时期，国有企业在各行各业的分布均有所下降。在工业领域，国有企业占全部工业产值的比重，由 1978 年的 77.6% 下降到 1990 年的 54.6%。在建筑业和商业领域，与 1978 年相比，1990 年的国有资本占比明显下降，国有建筑业企业的产值比重从 70.2% 降到 65.7%，商业零售额比重从 51.4% 降到 41.3%。1985—1990 年，国有企业行业产值比重低于 50% 的行业从 10 个增加到 11 个，低于 30% 的行业从 4 个增加到 7 个。[④] 总体来看，虽然国有企业的分布有所收缩，但公有制经济仍然居国民经济的主体地位，这种主体地位主要体现在公有资产仍然在社会总资产中占据绝对优势，国有经济仍然控制着国民经济命脉，对经济发展起主导作用。

2. 党的十五大召开后至党的十八大召开前国有企业的布局

1997 年，党的十五大报告提出：“国有经济起主导作用，主要体现在控制力上。要从战略上调整国有经济布局。对关系国民经济命脉的重要行业

---

① 白永秀、吴丰华：《新中国 60 年社会主义市场经济理论发展阶段研究》，《当代经济研究》2009 年第 12 期。

② 张文魁、袁东明等：《国有企业改革与中国经济增长》，中国财政经济出版社 2015 年版，第 15 页。

③ 同上书，第 14 页。

④ 中国企业改革 30 年课题组：《国有经济布局演进轨迹、影响因素与未来动向》，《宏观经济》2009 年第 3 期。

和关键领域，国有经济必须占支配地位。在其他领域，可以通过资产重组和结构调整，以加强重点，提高国有资产的整体质量。”1999 年，党的十五届四中全会通过的《关于国有企业改革和发展若干重大问题的决定》进一步指出：“国有经济应保持必要的数量，更要有分布的优化和质的提高；在经济发展的不同阶段，国有经济在不同产业和地区的比重可以有所差别，其布局要相应调整。”此后，党的十六大、党的十六届三中全会都延续或者发展了这一精神要求，提出要“完善国有资本有进有退、合理流动的机制，进一步推动国有资本更多地投向关系国家安全和国民经济命脉的重要行业和关键领域，增强国有经济的控制力”。2007 年，党的十七大报告再次强调：“优化国有经济布局和结构，增强国有经济活力、控制力、影响力。”

党的十五大以来，要求从战略上调整国有资本布局，在坚持社会主义基本经济制度条件下，不断完善社会主义市场经济体制，通过国有资产的流动和重组，改善国有资本的配置结构和国有企业的组织结构。在党中央明确的方针指导下，一方面，国有资本开始向关系国家安全和国民经济命脉的重要行业和关键领域集中，向基础工业、支柱产业和高新技术产业集中。在金融、基础通信、电力、大型公用设施等基础设施和基本服务领域，在石油、电力、煤炭等基础能源领域和航天、国防军工等关系国民经济命脉的领域，国有企业比重高于 50%，仍然是行业的主体。① 国有资本向大型企业集中趋势明显。从效益上看，中央企业户均资产由 2003 年的 425 亿元增加到 2009 年的 1538 亿元，户均资产涨幅高达 262%。从规模上看，进入财富世界 500 强的中央企业由 2003 年的 6 户增加到 2010 年的 30 户，平均每年增加 3 户多。② 另一方面，国有资本分布范围明显收缩，国有资本比重日趋下降，国有企业数量大为减少。国有企业单位数由 1995 年的 11.8 万个下降到 2011 年的 1.71 万个，所占比重由 19.9% 下降到 5%。③ 在工业领

---

① 中国企业改革 30 年课题组：《国有经济布局演进轨迹、影响因素与未来动向》，《宏观经济》2009 年第 3 期。

② 陈鸿：《国有经济布局》，中国经济出版社 2012 年版，第 155 页。

③ 数据来源：《中国工业经济统计年鉴》，2012 年。

域，国有企业产值比重低于 50% 的行业已达 30 个，超过工业领域行业数的 70%。在诸如农副食品、纺织、塑料制品等一般竞争性产业中，国有资本比重已经下降到 10% 以下。2012 年，国有、集体与股份合作制企业的总资产分别为 2004 年的 219%、95% 和 296%，慢于外资企业的发展速度。外资企业 2012 年的资产总额达到 45 万亿元，是 2004 年的 3.3 倍。①

3. 党的十八大以来国有企业的布局

2012 年，党的十八大报告提出："推动国有资本更多投向关系国家安全和国民经济命脉的重要行业和关键领域，不断增强国有经济活力、控制力、影响力。"2013 年，党的十八届三中全会通过的《中共中央关于全面深化改革若干重大问题的决定》进一步指出："国有资本投资运营要服务于国家战略目标，更多投向关系国家安全、国民经济命脉的重要行业和关键领域，重点提供公共服务、发展重要前瞻性战略性产业、保护生态环境、支持科技进步、保障国家安全。"强调在明确坚持公有制主体地位、发挥国有经济主导作用的前提下，准确界定国有资本的功能定位，优化国有资本的布局。

党的十八大以来，国有资本布局调整迈出了坚实步伐。首先，国有资本不断向基础行业和社会服务领域集中。截止到 2015 年底，国有企业资产分布在公共产品服务业②中的比重由 1999 年的 2.9% 上升到 2015 年的 11.8% 左右，交通运输、信息基础设施、公用设施服务业等基础行业中国有企业资产的增长速度明显高于其他行业。③其次，国有资本向优势产业、高端制造业集中趋势初显。2017 年，中央企业在机械、交通运输、石油石化等战略性和支柱性产业中固定资产投资同比分别增长 13.8%、11.3% 和 8.7%，推动部分行业效益快速增长。④最后，国有资本加速从过剩产业中退出。与 2013 年相比，国有企业 2017 年在煤炭、钢铁、化工等产能过剩

① 裴长洪：《中国公有制主体地位的量化估算及其发展趋势》，《中国社会科学》2014 年第 1 期。

② 公共产品服务业：涵盖基础教育、基础科研、卫生防疫等服务业。

③ 国务院国资委研究中心：《中国国企国资改革发展报告》，2018 年。

④ 同上。

行业的固定资产投资额分别下降48.6%、33.9%和33.3%。[①]国家能源集团、华润集团、诚通、中煤和国新五家国有企业共同设立专项基金，积极探索市场化的煤炭资源整合方式。[②]

二、中国国有企业布局的现状与问题

党的十八大以来，国有企业牢牢把握稳中求进的工作总基调，紧紧围绕服务国家战略，积极落实国家产业政策、重点产业布局调整和区域经济协调发展总体要求，坚持突出主业，大力发展实体经济，深化供给侧结构性改革，深入开展瘦身健体、提质增效，大力推动国有企业重组整合，积极发展战略性新兴产业，化解过剩产能、处置“僵尸企业”，提高国有资本配置效率，有效地发挥了国有经济的主导作用，推动我国经济发展实现中高速增长、迈向中高端水平。

（一）国有企业布局的现状

1. 国有资本比重大幅下降，经济效益明显提高

随着我国所有制结构的不断优化和经济体制改革的逐步深化，现阶段国有资本总量持续增加，在国民经济中所占比重相对减少；国有企业数量大幅减少，企业规模不断扩大，经济效益明显提高。图3—1选取了1978—2014年国有及国有控股工业企业总产值占比数据，作为衡量国有资本总量变化的代理指标。从绝对数量上看，一方面，国有资本总量持续增加，由1978年的3289亿元增加到2014年的244458亿元，扩大了73倍多，但是国有资本所占比重却由1978年的78%下降到2014年的26%。这种下降是相对下降，是国有资本在不断发展和优化结构情况下的下降。另一方面，

① 相关数据来源于国家统计局网站。

② 引自国务院国资委在十三届全国人大二次会议上就“国有企业改革发展”答记者问时的讲话，2019年3月13日。

自1999年以来，经过持续的重组合并、破产退出、小企业出售等方式，国有企业数量大幅减少，由1999年的21.7万户减少到2008年前后的11万户，之后又有所增长，到2014年底上升到16.1万户。从企业规模上看，企业平均资产规模不断扩大，由1999年的2480万元/户扩大到2014年的2.60亿元/户，14年扩大了25倍。①从经济效益上看，来自国务院国资委的数据显示，2017年，国资监管系统企业累计实现营业收入50.0万亿元，同比增长14.7%，实现利润总额2.9万亿元，同比增长23.5%。其中，中央企业累计实现营业收入26.4万亿元，同比增长13.3%，实现利润总额1.4万亿元，同比增长15.2%，创下五年来最好水平。②截至2017年底，中央企业资产总额达到54.5万亿元，较2012年增长73.8%。③ 2013—2017年，中央企业累计实现利润6.5万亿元，上缴税费10万亿元，分别比上一个五年

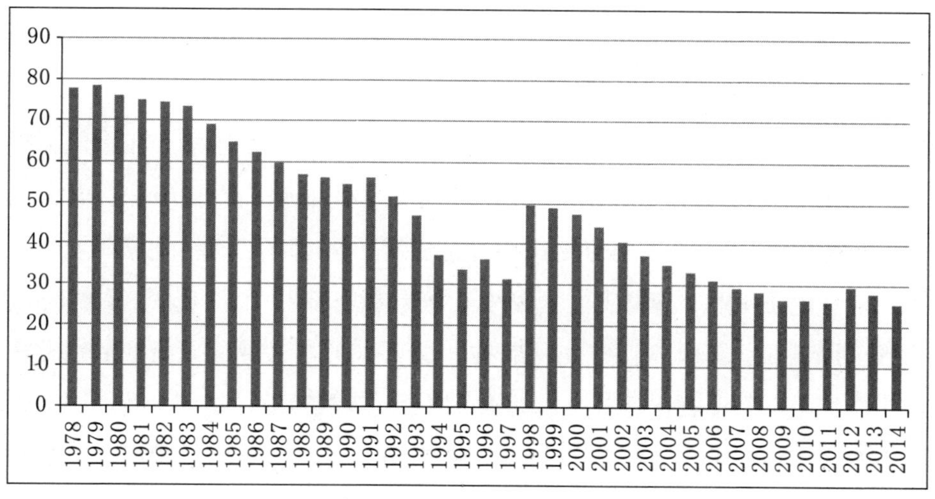

图3—1 1978—2014年国有及国有控股工业企业总产值占比变化（%）

数据来源：中国工业统计年鉴、中国统计年鉴、新中国六十年统计资料汇编。

① 张文魁等:《混合所有制与现代企业制度政策分析及中外实例》，人民出版社2017年版，第109页。

② 《央企资产总额54.5万亿 去年收入利润均实现两位数增长》，《人民日报》2018年1月16日。

③ 《央企资产总额达54.5万亿元 较2012年底增长73.8%》，新华社，2018年2月21日。

增长 27%和 41.4%。[①]

2. 国有资本在竞争性行业布局收缩，但在少数垄断性行业仍保持较高比重

当前，国有资本在市场化程度比较高、竞争比较激烈的加工业和一般竞争服务业的布局收缩明显。表 3－1 统计了 2004—2013 年具有代表性行业的国有企业固定资产投资所占比重的变化情况。与 2004 年相比，国有资本除了在建筑业、房地产业以及居民服务、修理和其他服务业三个行业占比保持上涨趋势之外，其余行业均呈现出不同程度的下跌，其中下降幅度比较大的有采矿业，信息传输、软件和信息技术服务业，以及制造业，分别由 2004 年的 74.34%、78.26%、29.96% 下降到 2013 年的 46.53%、55.90%、9.76%，降幅均超过 20 个百分点。此外，在钢铁、有色金属、装备制造、建筑、化工等支柱产业领域，国有资本比重已大幅下降；以钢铁行业为例，国有企业收入占行业总收入的比重由 1999 年的 76.2% 下降到 2014 年的 31.3%。[②]

但在一些垄断性行业，国有资本仍保持着较高的渗透率。在重化工行业，如果按照财政部的划分标准，将工业划分为石油和石化工业、电力工业、机械工业（含汽车工业）、冶金工业、煤炭工业、烟草工业、化学工业、军工工业、电子工业、建材工业、医药工业、纺织工业、食品工业、森林工业、市政公用工业、其他工业等 16 大行业，那么 2003 年以来工业行业的国有资本主要集中在石油石化、电力、机械、冶金、煤炭行业，这 5 个行业国有资本占整个工业行业国有资本的比例之和在 2003 年、2008 年、2013 年、2014 年分别为 66.03%、75.54%、73.31%、71.55%。其中石油石化和电力一直是国有资本占比最大的两个行业，比重基本稳定在 45%—50% 之间。[③] 在服务

① 《经济跃上新台阶　发展站上新起点——我国五年来经济社会发展成就巡礼》，新华社，2018 年 3 月 1 日。

② 根据国家统计局数据计算得出。

③ 黄群慧：《“十三五”时期新一轮国有经济战略性调整研究》，《北京交通大学学报（社会科学版）》2016 年第 2 期。

业方面，如通信领域，中国移动、中国电信、中国联通三家电信企业控制了国内全部基础电信服务和大部分增值服务。在航空运输领域，国航集团、东航集团、南航集团、海航集团四大国有航空公司控制了全国 90% 以上的航空运输总量。

表 3—1　2004—2013 年各行业国有企业固定资产投资所占比重（%）

行业 / 年份	2004	2005	2006	2007	2008	2009	2010	2011	2012	2013	变化趋势
农、林、牧、渔	23.24	23.63	25.11	24.25	21.94	24.61	22.86	25.18	23.14	28.44	小幅上升
采矿	74.34	67.25	62.46	58.80	56.11	51.67	48.27	48.54	45.78	46.53	小幅下降
制造	29.96	21.79	16.85	16.32	16.62	14.68	13.73	12.98	10.62	9.76	大幅下降
电、热、燃气及水生产和供应	77.31	74.94	74.84	74.90	74.17	74.41	71.05	71.75	70.09	68.05	小幅下降
建筑	38.02	34.08	32.23	38013	42.69	43.74	46.43	54.51	57.42	58.24	大幅上升
交通运输、仓储和邮政	86.68	84.07	83.57	81.53	81.03	82.49	80.84	81.55	78.56	76.93	小幅下降
信息运输、软件和信息技术服务	78.26	75.40	62.92	64.32	61.33	71.16	67.67	63.13	59.55	55.90	小幅下降
批发和零售	28.95	19.17	14.28	13.52	12.49	11.82	10.96	10.66	12.16	11.46	大幅下降
住宿和餐饮	22.14	15.48	14.99	16.12	14.23	13.26	12.43	13.22	13.45	12.94	小幅下降
金融	58.48	67.41	66.31	64.64	69.68	69.02	69.69	62.77	60.36	50.00	小幅下降
房地产	19.58	16.01	16.59	15.42	15.52	17.71	18.05	18.89	21.71	23.39	小幅上升
租赁和商务服务	45.86	39.53	42.17	46.50	42.91	47.42	45.74	38.94	34.53	29.52	小幅下降
科学研究和技术服务	80.60	81.98	72.83	68.10	60.22	60.12	83.50	52.45	48.95	38.74	大幅下降
水利、环境和公共设施管理	89.64	88.58	82.78	80.34	79.05	77.79	77.12	79.72	78.63	77.69	小幅下降
居民服务、修理和其他服务业	15.62	16.62	11.99	15.48	12.36	17.68	23.32	26.75	31.30	29.53	大幅上升
教育	79.96	76.94	80.09	78.52	76.60	77.08	77.42	79.94	75.80	74.08	基本持平
卫生和社会工作	77.44	75.88	77.16	75.07	73.40	74.30	76.02	77.57	73.88	71.95	基本持平
文化、体育和娱乐	53.02	57.80	62.31	64.06	59.34	52.17	49.77	48.52	47.40	45.41	小幅下降
公共管理、社会保障和社会组织	78.30	70.61	75.17	71.06	65.43	66.16	65.37	72.91	73.05	72.57	基本持平

数据来源：中国统计年鉴。

3. 国有资本主要分布于第二产业，但已呈现向第三产业调整的趋势

单从中央企业来看，2013 年中央企业在第一、二、三产业的资产总额占全部中央企业资产总额分别为 0.2%、64.5%、35.3%。[①] 从全国国有企业来看，在农林牧渔、批发零售、房地产、信息技术服务、社会服务业、卫生体育服务业、教育文化、科研技术、机关社会及其他等 14 个大行业中，2014 年国有工业企业数量占比、资本数量均达到最高值，分别为 26.6% 和 33.32%。按照中国社会科学院工业经济研究所的观点，如果简单地将工业、建筑业和地质勘探业划分为第二产业，那么在 2014 年国有企业的总资本中，大约有 40% 分布在第二产业。可以说，我国国有资本的产业结构与整体国民经济产业结构基本吻合，并在总体上与我国经济服务化的结构性演变趋势相适应，如公共产品服务业的国有资本从 2007 年的 9.05% 上升到 2014 年的 24.07%，涨幅高达 166.7%。[②]

4. 地方国有企业的资产总量不断增大，有力地促进地方经济发展

从隶属关系和区域分布来看，地方国有资本的比重近年来不断攀升，高于中央企业国有资本比重。财政部有关数据显示，截止到 2014 年，我国地方国有企业共有 106373 户，占全部国有企业总数的 67.1%。地方国有企业的国有资本总量为 198911.8 亿元，高于中央企业的国有资本总量，占全部国有资本总量的 54.8%。[③] 从规模上看，地方国有企业的户均资产总额不断攀升，由 2012 年的 4.44 亿元 / 户上升到 2017 年的 10.32 亿元 / 户，5 年扩大了 1.32 倍。[④] 从功能上看，地方国资国企的功能主要体现在三个方面：一是承担供水、供气、公共交通等公共服务功能；二是承担城市发展和基础设施的建设开发以及土地、资金等要素供给功能，如重庆市国有企业资产总量的 30% 集中在公共基础设施领域，湖北省仅交通投资集团一家企业

---

① 宋群：《深化中央企业布局和结构调整研究》，《全球化》2014 年第 7 期。

② 黄群慧：《“十三五” 时期新一轮国有经济战略性调整研究》，《北京交通大学学报（社会科学版）》2016 第 2 期。

③ 数据来源：财政部国有企业财务决算报告。

④ 根据 2013 年全国国有企业财务决算报告和国务院关于 2017 年度国有资产管理情况的综合报告计算得出。

的资产就占省属经营性资产总量的 50% 以上；三是承担培育支柱产业的功能，如上海市属经营性资产的 80% 以上集中在战略性新兴产业、先进制造业、现代服务业等关键领域和地方优势产业，湖南省属国有企业资产的 71% 集中在机械制造和冶金产业，陕西、河南省属国有企业资产主要集中在能源化工、装备制造、有色金属等行业。①

5. 国有企业海外资产不断扩张，国际化转型步伐加快

从国际化布局上看，根据商务部、国家统计局、国家外汇管理局 2014 年 9 月联合发布的《2013 年度中国对外直接投资统计公报》，2012 年底和 2013 年底，在非金融类对外直接投资存量中，国有企业分别占 59.8% 和 55.2%。2013 年，非金融类对外直接投资流量为 927.4 亿美元，其中国有企业占 43.9%，有限责任公司占 42.2%，股份有限公司占 6.2%，股份合作企业占 2.2%，私营企业占 2%，外商投资企业占 1.3%，其他占 2.2%，国有企业已然成为国家实施“走出去”战略的重要力量。其中，中央企业发挥了更为关键的作用，2005—2010 年中央企业海外并购金额在全部企业并购金额中的比重分别为 83%、86%、80%、91%、76%、74%。② 从数量上看，截止到 2014 年底，共有 107 家中央企业在境外设立 8515 家分支机构，分布在全球 150 多个国家和地区，其中 80 多家央企已在“一带一路”沿线国家设立分支机构。③ 这些中央企业的境外业务逐步由能源、矿产资源开发拓展到高铁、核电、特高压建设运营等领域。从经营能力上看，2005—2015 年，中央企业每年境外投资额在 700 亿美元左右，约占我国非金融类对外直接投资总额的 70%。对外承包工程营业额 800 多亿美元，约占我国对外承包工程营业总额的 60%，中央企业境外营业收入年均增长 37%。10 年期间，资产总额年均增长 48.9%，利润总额年均增长 10.4%。④

---

① 黄群慧：《“十三五”时期新一轮国有经济战略性调整研究》，《北京交通大学学报（社会科学版）》2016 年第 2 期。

② 易纲：《中国企业走出去的机遇、风险和政策支持》，《中国市场》2012 年第 12 期。

③ 国务院国资委新闻中心：《“一带一路”中国企业路线图》，人民网，2015 年 7 月 15 日。

④ 彭华岗：《国有企业改革前景及治理模式》，搜狐网，2017 年 1 月 16 日。

6. 国有企业创新成果丰硕，核心竞争力显著提高

从创新资产分布来看，国有企业尤其是中央企业集中了大量的优质创新资源，取得了大量高水平的研发成果。从创新资源来看，截止到2016年底，中央企业拥有各类研发机构2694个，国家级研发平台596个，拥有科技人员157万人，工程院院士187人（占全国总数的22.2%）。[①]中央企业研发经费累计投入22457亿元，年均增长43.9%。《国家中长期科学和技术发展规划纲要》确定的我国需要突破的11个重点领域，中央企业都有涉及。16个国家科技重大专项，中央企业参与了15个。863计划的参与率达到29.5%，科技支撑计划参与率达到23.3%，即使在基础研究领域的973计划中，中央企业的参与率也达到了13.5%。从创新产出来看，截止到2015年底，中央企业累计拥有有效专利40.4万项，占全国的4%，其中有效发明专利13.2万项，占全国的9%。2005—2011年，中央企业共获得国家科技奖励467项，占国家科技奖励总数的24.6%；其中，获得国家科技进步特等奖3项，占特等奖比例高达100%，获得一等奖44项，占57.9%，获得国家技术发明一等奖3项，占37.5%。在载人航天、绕月探测、特高压电网、支线客机、4G标准、时速350公里高速动车、3000米深水钻井平台、12000米钻机、实验快推、高牌号取向硅钢、百万吨级煤直接液化等领域和重大工程项目中，中央企业已经取得了一大批具有自主知识产权和国际先进水平的创新成果。[②]

（二）国有企业布局存在的问题

现阶段，虽然国有资本配置效率显著提高，一批具有较强竞争力的大公司大企业集团脱颖而出，但是总体来看，国有资本布局和结构仍不尽合理，与国有资本在国民经济发展中应该发挥的主导作用相比还有不小的差距，突出表现在以下五个方面。

---

① 彭华岗：《国有企业改革前景及治理模式》，搜狐网，2017年1月16日。

② 李政：《中央企业自主创新报告2012》，中国经济出版社2013年版，第10页。

1. 行业分布面仍然较宽与新兴产业分布不足

一方面，国有资本存在着行业分布面仍然较宽的问题。在国民经济20个门类中，中央企业所属三级以上企业经营的产业都有分布。在国民经济95个大类行业中，中央企业所属三级以上企业涉足86个，行业覆盖面达90%。[①]在398个国民经济行业中，国有资本涉足380多个。[②]这些国有资本的行业集中度和企业集中度不高，管理层级过长、法人单位过多造成了企业决策程序烦琐、管理穿透力衰减、市场反应迟钝，大大削弱了管理职能。另一方面，在有关节能环保、新兴信息产业、生物产业、新能源、新能源汽车、高端装备制造业和新材料等战略性新兴产业中，国有资本比重较低，中央企业在这类企业中仅占10.62%。[③]根据中国工程科技发展战略研究院发表的《2015年中国战略性新兴产业发展报告》，截止到2014年上半年，位于战略性新兴产业的上市公司中，63.5%属于民营企业，13.6%为中央企业，13.2%为地方国有企业。从创业板上市公司的角度来看，截止到2014年底，我国创业板上市企业总资产为5660亿元，其中国有企业创业板上市公司的总资产约为190亿元，仅占3.19%。[④]

2. 企业低水平过度竞争与高端竞争力不强

一方面，部分国有企业涉足的领域过多，主业不突出，业务之间缺乏有机联系，非主业领域投资和跨行业收购的现象时有发生，业务趋同、交叉重叠低水平重复建设、同业过度竞争的现象比较普遍。另一方面，目前我国大部分产品还处于国际产业链中低端，高端设备的关键零部件仍然大量依赖进口，在很多高技术领域仍然存在受制于人的短板和卡脖子的地方，优势产业和核心主业并不突出。与跨国公司相比，国有大型企业总体规模相对偏小，机械装备、电子信息等部分重点行业缺少排头兵企业和重要骨干企业。国有企业普遍面临技术创新能力不强，缺乏自主知识产权、知名

① 陈鸿:《国有经济布局》，中国经济出版社2012年版，第209页。

② 本书编写组:《党的十九大报告辅导读本》，人民出版社2017年版，第57页。

③ 宋群:《深化中央企业布局和结构调整研究》，《全球化》2014年第7期。

④ 袁东明:《新世纪十五年国有资本布局特征》，《中国企业报》2016年10月11日。

品牌和核心竞争力等共性问题。

3. 区域分布不均与地方产业结构趋同

分区域来看，一方面，2014 年东部地区的国有企业数量和国有资本总量均占总额的 56%，中部和西部的国有企业数量分别占 20.1% 和 23.4%，国有资本总量分别占 18.0% 和 25.7%，东部地区无论是国有企业数量还是国有资产总量都占据绝对优势。另一方面，尽管东、中、西部三大地带的资源和经济技术环境存在着很大差别，但在工业产品结构中，趋同程度却很高。据有关部门测算，东部地区与中部地区经济结构的相似率为 93.5%，中部地区与西部地区经济结构的相似率更高达 97.9%。[①] 趋同化涉及的产业和产品众多，涵盖了从初级产品到家用电器、医药产品，再到支柱产业。值得注意的是，这种产业结构趋同的问题在同一地区内部也普遍存在，严重制约了地区比较优势的有效发挥。

4. 创新成果还不能满足建设创新型国家的战略要求

一项实证研究表明，到 2009 年，中国工业行业中 58.8% 的行业已经达到或者接近 OECD 主要国家水平，但有 11.8% 的工业行业还大幅落后于 OECD 主要国家水平。[②] 这些行业主要是两类：一类是在世界范围内创新活动频繁的领域，以医药和光电设备制造为代表的新型工业，包括医药制造、电气机械及器材制造业，通信设备、计算机及其他电子设备制造业，仪器仪表及文化、办公机械制造业；另一类是垄断性强的工业，包括石油加工、炼焦及核燃料加工业，煤炭选采业，石油天然气开采业，烟草制品业，电力、热力的生产和供应业，燃气生产和供应业，水的生产和供应业。这意味着尽管国有企业创新成果丰硕，但还远远不能满足建设创新型国家的战略要求。特别是在当前全球新一轮科技革命和产业变革孕育兴起的关键期，如何激发创新活力，缩小同发达国家的技术差距，力争在重要科技领域实现跨越发展，国有企业仍然任务艰巨。

---

① 陈鸿：《国有经济布局》，中国经济出版社 2012 年版，第 210 页。

② 陆铭、柳剑平、程时雄：《中国与 OECD 主要国家工业行业技术差距的动态测度》，《世界经济》2014 年第 9 期。

5. 对国际分工的深度参与不够

尽管中央企业开始参与国际产业的分工与经营，但仍缺乏参与的深度，尤其是充分利用国际产业转移而加快产业全球布局的格局还没有真正形成。目前，国有企业“走出去”战略的海外布局，主要还是集中在中国香港、美国、澳大利亚、新加坡、英国等区域。截止到2016年末，在对外直接投资存量中，排名前五位的分别是：中国香港占57.5%，美国占4.4%，澳大利亚占2.5%，新加坡占2.5%，英国占1.3%。[①] 从贸易结构看，2013年“一带一路”国家的进出口贸易总量占我国进出口总量的25%，我国进出口总量占“一带一路”国家进出口贸易总量的11.5%。[②] 作为贯彻落实国家“一带一路”倡议的主力军，国有企业任重道远。

三、新时代中国国有企业的布局优化

习近平总书记指出，中国特色社会主义进入了新时代，这是我国发展新的历史方位。国有企业依然是中国特色社会主义的支柱，是推进中国进入历史新时代的强大推动力。党的十九大报告强调，加快国有经济布局优化、结构调整、战略性重组，促进国有资产保值增值。这是在新的历史起点上，以习近平同志为核心的党中央对国有企业布局作出的重大部署，为新时代国有企业布局指明了方向，提供了根本遵循。

（一）国有企业布局优化的指导思想

新时代提出新课题。当前，我国经济已由高速增长阶段转向高质量增长阶段，正处在转变发展方式、优化经济结构、转换增长动力的攻关期。经济新常态下，国有企业发展面临的困难和挑战明显增大，对国有企业布局和结构调整提出了新要求：一是以互联网产业化、工业智能化、工业一

① 国家发展改革委员会编写：《中国对外投资报告（2017年11月）》，人民出版社2017年版。

② 程军：《构建金融发展大动脉、助推“一带一路”经贸大发展》，《中国金融》2015年第5期。

体化为代表的新一轮科技革命和产业变革蓬勃兴起，要求国有企业把握机遇、找准方向，加快培育具有国际竞争力世界一流企业的步伐，加大自主创新力度，积极发展战略性新兴产业，为我国抢占未来科技和产业发展制高点而努力。二是我国经济转型、经济发展转向更多依靠内需，特别是消费需求拉动的新趋势，要求国有企业更多关注内需变化，更加关注消费市场，不断优化产品结构，丰富产品系列，业务更多向产业链的两端转移，在终端消费领域培育一批知名品牌。三是我国日益突出的制造业产能过剩问题，要求国有企业带头淘汰落后产能，加快资源整合力度，优化区域布局，增强发展的整体性。国有资本应更多投向战略性新兴产业，投向产业链高端领域，加大共性关键技术开发力度。四是生态环境约束日趋严峻，要求国有企业更加注重绿色发展，面对能源资源和环境制约经济社会发展的严峻形势，国有企业要带头增强危机意识和紧迫感，推动能源生产和利用方式变革。①

新课题催生新思想。党的十八大以来，以习近平同志为核心的党中央坚持解放思想、实事求是、与时俱进、求真务实，紧密结合新的时代条件和实践要求，以全新的视野深化对国有企业改革发展的规律认识，对新时代国有企业布局提出了更高要求。新时代下的国有企业布局要高举中国特色社会主义伟大旗帜，全面贯彻党的十八大和十八届三中、四中、五中全会精神，深入学习领会党的十九大和十九届四中全会精神，全面统筹推进“五位一体”总体布局、协调推进“四个全面”战略布局，贯彻落实党中央、国务院的决策部署。宏观层面，坚持公有制主体地位，发挥国有经济主导作用，以优化国有资本配置为核心，积极稳妥发展混合所有制经济，形成国有资本有进有退、合理流动的机制，推进国有经济布局优化和结构调整，不断提升国有经济的竞争力、创新力、控制力、影响力、抗风险能力；微观层面，以重组整合为抓手，深入推进供给侧结构性改革，推动强强联合、专业化整合和企业内部资源整合，清理退出一批不具有发展优势

① 本书编写组：《党的十九大报告辅导读本》，人民出版社 2017 年版，第 175 页。

的非主营业务，加强科技创新，加快转型升级，加大国际化经营力度，提升国有企业发展质量和效益，推动国有企业在市场竞争力中不断发展壮大，更好发挥国有企业在保障国民经济持续健康安全发展中的骨干作用。

新思想引领新实践。思想源于实践又指导实践，国有企业布局优化必须从国有资本结构调整与战略性重组的实践出发，一方面，要紧紧围绕服务国家战略，全面增强国有经济的整体功能和效率。既要在重要行业和关键领域发挥好主导作用，满足社会公共需求，维护国家安全，保障国家经济独立自主与高层次开放兼容并蓄，夯实现代化产业体系基础，又要在前瞻行业和战略领域发挥影响力和带动力，加快创新发展，培育实体经济动力，合理引导社会资金投向，推动区域协调平衡发展。另一方面，要紧密结合“三去一降一补”五大任务[①]，深入推进国有企业瘦身健体、提质增效，减少无效供给，扩大有效供给，提高供给结构对需求结构的适应性，带动全社会供给侧结构性改革走向深入，发挥好促进经济转型升级和持续健康发展的主力军作用。

（二）国有企业布局优化的主要目标

紧紧围绕服务国家战略，积极落实国家产业政策、重点产业布局调整和区域经济协调发展总体要求，不断优化国有资本重点投资方向和领域，大力推动国有资本“三个集中”。[②]

1. 向关系国家安全、国民经济命脉和国计民生的重要行业和关键领域、重点基础设施集中

国有资本向重要行业和关键领域集中，是我国基本经济制度的内在要求，有利于增强国有经济的控制力、影响力、带动力，有利于更好地发挥国有经济的主导作用。2007 年，国务院国资委发布《关于推进国有资本调整和国有企业重组的指导意见》，强调国有经济需要控制的重要行业和关键

---

① 本书编写组：《国企改革若干问题研究》，中国经济出版社 2017 年版，第 182 页。

② 国务院国资委研究中心：《中国国企国资改革发展报告》，2018 年。

领域主要包括："涉及国家安全的行业，重大基础设施和重要矿产资源，提供重要公共产品和服务的行业，以及支柱产业和高新技术产业中的重要骨干企业。"2016 年 7 月，国务院办公厅印发《关于推动中央企业结构调整与重组的指导意见》进一步强调，国有资本要"在国防、能源、交通、粮食、信息、生态等关系国家安全的领域保障能力显著提升"。

一是对战略物资储备、战略武器装备科研生产等领域实行国有独资或控股。中国储备粮管理集团以"守住管好天下粮仓"为己任，将建仓工作作为"百年大计"工程，总仓容、罐容接近 1 亿吨，中央储备粮自储比例提高至 85%，智能化粮库建设实现直属粮库全覆盖。二是逐步退出不具有竞争优势的非主业，集中优势发展优势产业。神华集团树立打造国内国际一流矿井的发展目标，对不符合战略要求的落后产能进行改造升级，对无法改造达标的产能有序安排退出，2013 年以来，主动关停了 11 座煤矿，停建、缓建煤矿 5 个。三是通过组建平台公司，探索煤炭、通信、航材、健康养老等领域国有企业资源整合、资产整合、资本整合的有效途径。三大基础电信运营商整合铁塔资源，组建铁塔公司，三年减少铁塔重复建设 56.8 万座，节约投资 1003 亿元，节约土地 2.77 万亩，新建铁塔共享水平由过去的 14.3% 提升到目前的 73%。

2. 向促进经济持续健康的前瞻性、战略性产业集中

战略性新兴产业代表新一轮科技革命和产业变革的方向，是培育发展新动能、获取未来竞争新优势的关键领域。2010 年，国务院发布《关于加快培育和发展战略性新兴产业的决定》，明确指出要将节能环保产业、新一代信息技术产业、生物产业、高端装备制造产业、新能源产业、新材料产业、新能源汽车产业七大产业作为重点发展方向。2016 年，国务院印发《"十三五"国家战略性新兴产业发展规划的通知》，进一步强调要加大构建信息技术产业、高端装备与新材料产业、生物产业、新能源汽车、新能源和节能环保产业、数字创意产业等现代产业新体系，超前布局空天海洋领域、信息网络领域、生物技术领域、核技术领域等一批战略性产业，打造未来发展新优势。

一是积极探索有效的国有资本投资模式，通过改组组建国有资本投资、运营公司，开展投资融资、产业培育、资本整合。目前，国新系基金总规模超过 5000 亿元，国投系基金吸引了国家部委、地方政府、社保基金、保险、银行、外资和其他社会资本的加入，项目投资的二级引导放大效应达 52 倍。二是积极布局集成电路芯片、军工、人工智能、军民融合、清洁能源、智能城市等前瞻性战略性领域。中国航天科工集团、中国航天建设集团、中国建筑工程总公司等企业深耕环保板块，业务范围涵盖土壤修复、污水治理、农环治理、环境服务等。中国电力建设集团、中国机械工业集团、中国船舶重工集团等中央企业加速布局海水淡化、污水处理等新兴业务。三是地方国有企业要立足地情企情，聚焦产业聚集和转型升级。海峡环保、厦门水务、北京环卫等企业利用市场化转型，极大地提升了为本地环境治理提供公共服务的效率。

3. 向服务国家战略的核心优势企业集中

贯彻落实“一带一路”“长江经济带”“粤港澳大湾区”“京津冀协同发展”“雄安新区”等区域发展国家战略，紧密结合“中国制造 2025”“互联网 +”“大数据”“宽带中国”“军民融合”等产业振兴国家战略，顺应制造业智能化、绿色化、服务化、国际化发展趋势，加快突破关键技术与核心部件。发展面向制造业的信息技术服务，构筑核心工业软硬件、工业云、智能服务平台等制造新基础。推进重点领域大数据高效采集、有效整合、公开共享和应用拓展，着力培育建立应用牵引、开放兼容的核心技术自主生态体系，加快构建高速、移动、安全、泛在①的新一代信息基础设施。

一是通过“横向合并”，推进装备制造、建筑工程、电力、钢铁、有色金属、航运、建材、旅游和航空服务等领域企业重组，催生规模效应。宝钢武钢重组，粗钢产量超过 6000 万吨，位居世界第二。重组而成的中国远洋海运集团综合运力、干散货船队、油轮船队和杂货特种船队规模实现“四个世界第一”，集装箱船队进入第一梯队，成为平衡航运界东西半球的

① “泛在”网络：来源于拉丁语 Ubiquitous，字面意思为广泛存在的，无所不在的网络。

重要力量。二是通过“纵向联合”，优化煤炭、电力、冶金等产业链上下游资源，充分发挥产业链协同效应。中国国电与神华集团重组，实现煤电一体化运营，解决了长期以来困扰行业发展的“煤电顶牛”矛盾。中电投集团与国家核电技术公司重组，形成了技术开发、工程建设、投资运营一体化的核电产业链条，系统集成、综合服务能力显著提升。三是积极构建航天、航空、船舶、兵器、电子等领域开放式军民融合平台，推动军民技术双向转化，推进军民融合重要能力、关键技术、重大工程建设。“星天地创客空间”作为中国首家航天特色创客空间，为社会公众提供航天主题馆、科普课程、文创产品和科普活动等各式航天文化相关产品和服务，搭建起中国航天和普罗大众沟通和互动的桥梁。四是积极响应“一带一路”倡议，加快培育在国际资源配置中占据主要地位的领军企业、引领全球行业发展的标杆企业和拥有产业充分话语权和影响力的代表企业的步伐。以优势企业为核心，通过市场化运作方式，搭建优势产业上下游携手“走出去”平台、高效产能国际合作平台、商产融结合平台和跨国并购平台，提升企业国际市场竞争力。中国移动集团采用世界领先的安全技术，建设全长超过65000公里，足以围绕地球1.5圈的海、陆缆通信传输系统，将“一带一路”沿线的64个国家全部纳入“1/2/3元区”，被OECD评为优秀实践案例。

表3—2 国有企业布局优化的主要目标

宏观规划	微观聚焦
向关系国家安全和国民经济命脉和国计民生的重要行业和关键领域、重点基础设施集中	国防、能源、交通、粮食、信息、生态、基础设施、公共产品和服务、清洁能源、智能城市等
向促进经济持续健康的前瞻性、战略性产业集中	节能环保、信息技术、高端装备制造、新能源、新材料、空天海洋、信息网络、生物技术、核技术领域等
向服务国家战略的核心优势企业集中	装备制造、建筑工程、电力、钢铁、有色金属、航运、建材、旅游和航空服务、军民融合产业等

（三）国有企业布局优化的重点工作

对于一般国有企业的布局优化，2015年8月，《中共中央、国务院关于深化国有企业改革的指导意见》(以下简称“22号文件”)强调，“坚持以市场为导向、以企业为主体，有进有退、有所为有所不为，优化国有资本布局结构，增强国有经济整体功能和效率”，提出“发挥国有资本投资、运营公司的作用，清理退出一批、重组整合一批、创新发展一批国有企业”。对于中央企业的布局优化，2016年7月，国务院办公厅印发《关于推动中央企业结构调整与重组的指导意见》强调：“坚持公有制主体地位，发挥国有经济主导作用，以优化国有资本配置为中心，着力深化改革，调整结构，加强科技创新，加快转型升级，加大国际化经营力度，提升中央企业发展质量和效益，推动中央企业在市场竞争中不断发展壮大，更好发挥中央企业在保障国民经济持续健康安全发展中的骨干中坚作用。”并在22号文件的基础上，提出通过“巩固加强一批、创新发展一批、重组整合一批、清理退出一批”，推动中央企业结构调整与重组。

1. 巩固加强一批

巩固安全保障功能。对主业处于关系国家安全、国民经济命脉的重要行业和关键领域、主要承担国家重大专项任务的中央企业，要保证国有资本投入，增强保障国家安全和国民经济运行能力，保持国有资本控股地位，支持非国有资本参股。对重要通信基础设施、重要江河流域控制性水利水电航电枢纽等领域，以及粮食、棉花、石油、天然气等国家战略物资储备领域，实行国有独资或控股。对战略性矿产资源开发利用，石油天然气主干管网、电网等自然垄断环节的管网，核电、重要公共技术平台、地质等基础数据采集利用领域，国防军工等特殊产业中从事战略武器装备科研生产、关系国家战略安全和涉及国家核心机密的核心军工能力领域，实行国有独资或绝对控股。对其他服务国家战略目标、重要前瞻性战略性产业、生态环境保护、共用技术平台等重要行业和关键领域，加大国有资本投资力度，发挥国有资本引导和带动作用。

2. 创新发展一批

搭建调整重组平台。改组组建国有资本投资、运营公司，探索有效的运营模式，通过开展投资融资、产业培育、资本整合，推动产业集聚和转型升级，优化中央企业国有资本布局结构；通过股权运作、价值管理、有序进退，促进国有资本合理流动。将中央企业中的低效、无效资产以及户数较多、规模较小、产业集中度低、产能严重过剩行业中的中央企业，适度集中至国有资本投资、运营公司，做好增量、盘活存量、主动减量。

搭建科技创新平台。强化科技研发平台建设，加强应用基础研究，完善研发体系，突破企业技术瓶颈，提升自主创新能力。构建行业协同创新平台，推进产业创新联盟建设，建立和完善开放高效的技术创新体系，突破产业发展短板，提升集成创新能力。建设“互联网+”平台，推动产业互联网发展，促进跨界创新融合。建立支持创新的金融平台，充分用好各种创投基金支持中央企业创新发展，通过市场化方式设立各类中央企业科技创新投资基金，促进科技成果转化和新兴产业培育。把握世界科技发展趋势，搭建国际科技合作平台，积极融入全球创新网络。鼓励企业搭建创新创业孵化和服务平台，支持员工和社会创新创业，推动战略性新兴产业发展，加快形成新的经济增长点。鼓励优势产业集团与中央科研院所企业重组。

搭建国际化经营平台。以优势企业为核心，通过市场化运作方式，搭建优势产业上下游携手走出去平台、高效产能国际合作平台、商产融结合平台和跨国并购平台，增强中央企业联合参与国际市场竞争的能力。加快境外经济合作园区建设，形成“走出去”企业集群发展优势，降低国际化经营风险。充分发挥现有各类国际合作基金的作用，鼓励以市场化方式发起设立相关基金，组合引入非国有资本、优秀管理人才、先进管理机制和增值服务能力，提高中央企业国际化经营水平。

3. 重组整合一批

推进强强联合。统筹走出去参与国际竞争和维护国内市场公平竞争的需要，稳妥推进装备制造、建筑工程、电力、钢铁、有色金属、航运、建材、旅游和航空服务等领域企业重组，集中资源形成合力，减少无序竞争和同质化经营，有效化解相关行业产能过剩。鼓励煤炭、电力、冶金等产业链上下游中央企业进行重组，打造全产业链竞争优势，更好发挥协同效应。

推动专业化整合。在国家产业政策和行业发展规划指导下，支持中央企业之间通过资产重组、股权合作、资产置换、无偿划转、战略联盟、联合开发等方式，将资源向优势企业和主业企业集中。鼓励通信、电力、汽车、新材料、新能源、油气管道、海工装备、航空货运等领域相关中央企业共同出资组建股份制专业化平台，加大新技术、新产品、新市场联合开发力度，减少无序竞争，提升资源配置效率。

加快推进企业内部资源整合。鼓励中央企业依托资本市场，通过培育注资、业务重组、吸收合并等方式，利用普通股、优先股、定向发行可转换债券等工具，推进专业化整合，增强持续发展能力。压缩企业管理层级，对五级以下企业进行清理整合，将投资决策权向三级以上企业集中，积极推进管控模式与组织架构调整、流程再造，构建功能定位明确、责权关系清晰、层级设置合理的管控体系。

积极稳妥开展并购重组。鼓励中央企业围绕发展战略，以获取关键技术、核心资源、知名品牌、市场渠道等为重点，积极开展并购重组，提高产业集中度，推动质量品牌提升。建立健全重组评估机制，加强并购后企业的联动与整合，推进管理、业务、技术、市场、文化和人力资源等方面的协同与融合，确保实现并购预期目标。并购重组中要充分发挥各企业的专业化优势和比较优势，尊重市场规律，加强沟通协调，防止无序竞争。

4. 清理退出一批

大力化解过剩产能。严格按照国家能耗、环保、质量、安全等标准要求，以钢铁、煤炭行业为重点，大力压缩过剩产能，加快淘汰落后产能。对产能严重过剩行业，按照减量置换原则从严控制新项目投资。对高负债企业，以不推高资产负债率为原则严格控制投资规模。

加大清理长期亏损、扭亏无望企业和低效无效资产力度。通过资产重组、破产清算等方式，解决持续亏损三年以上且不符合布局结构调整方向的企业退出问题。通过产权转让、资产变现、无偿划转等方式，解决三年以上无效益且未来两年生产经营难以好转的低效无效资产处置问题。

下大力气退出一批不具有发展优势的非主营业务。梳理企业非主营业务和资产，对与主业无互补性、协同性的低效业务和资产，加大清理退出力度，实现国有资本形态转换。变现的国有资本除按有关要求用于安置职工、解决历史遗留问题外，集中投向国有资本更需要集中的领域和行业。

加快剥离企业办社会职能和解决历史遗留问题。稳步推进中央企业职工家属区“三供一业”分离移交，实现社会化管理。对中央企业所办医疗、教育、市政、消防、社区管理等公共服务机构，采取移交、撤并、改制或专业化管理、政府购买服务等多种方式分类进行剥离。加快推进厂办大集体改革，对中央企业退休人员统一实行社会化管理。

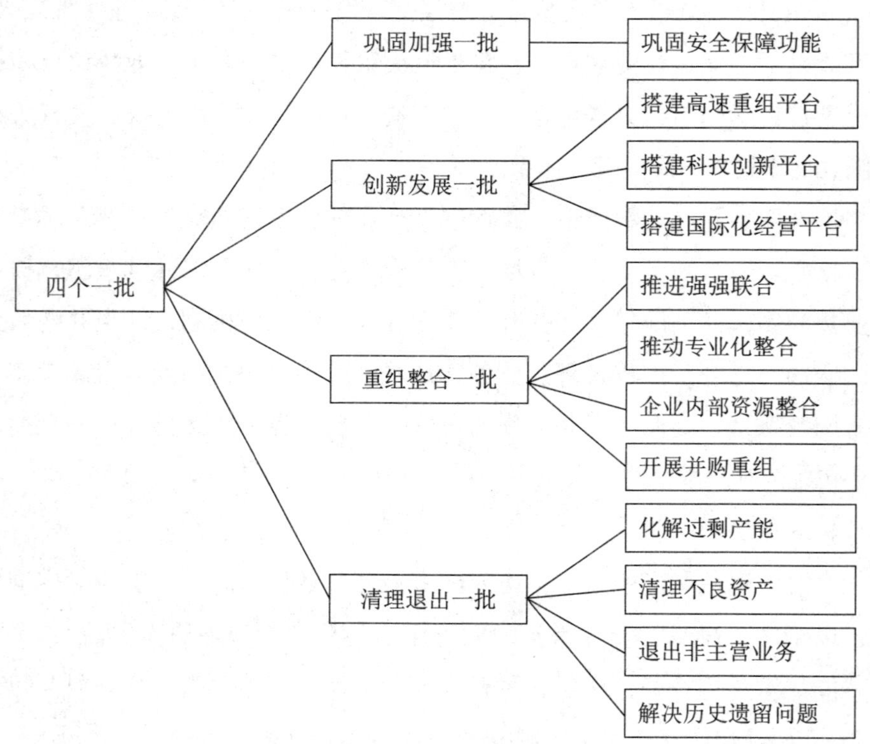

图 3—2　国有企业布局优化的重点工作

第四章

中国国有企业发展

我国国有企业是国民经济的重要支柱，是壮大国家综合实力、保障人民共同利益的重要力量，肩负着重大历史使命和责任，要理直气壮地发展好，要坚定不移地把国有资本做强做优做大。本章将分析当前我国国有企业发展环境，明确国有企业发展目标、发展理念和基本原则，重点梳理国有企业发展战略，着力推动国有企业高质量发展。

一、国有企业发展环境

在经济发展新常态下，国有企业必须准确把握国内外发展环境的深刻变化。只有正确认知国有企业发展基础，抓重点、补短板、强基础、扬优势，才能适应新常态，抓住发展机遇，进一步推进国有企业发展壮大。

（一）国有企业发展面临形势

新一轮科技革命和产业革命与我国加快转变经济发展方式形成历史性交汇，国际产业分工格局正在重塑，而我国经济发展进入新常态，经济发展环境发生重大变化，国有企业面临复杂多变的国内外发展环境。

1. 新一轮科技革命和产业革命为我国发展带来重要机遇

当前，信息技术、新能源、新材料、生物技术等重要领域和前沿方向的革命性突破和交叉融合，正在引发新一轮科技革命和产业变革。历史上，一个国家在科技革命和产业革命中扮演的角色与其在国际格局中的地位有着明显的因果关系，抓住科技革命和产业革命机遇的国家的实力大大增强，成为国际格局的引领者。英国是第一次科技革命的发生地，这同其开始成长为世界强国的时间恰好吻合。[①] 英国继续引领了第二次科技革命及随后发生的第一次产业革命，崛起为世界头号强国，其势力在19世纪初达到鼎盛。这两次科技革命造就了英国全球霸主的地位。法国紧随英国开展产业革命，也逐步成长为世界上最有影响力的国家之一。以电力、铁路为代表的第三次科技革命及其引发的“第二次产业革命”，造就了德、美等国的世界强国地位。德国一度成为世界上最强盛的国家，而美国也由此开启步入世界头号强国的旅程。[②] 日本也利用这次机遇，增强了国家实力。然而，由于失去了继续对科技革命和产业革命的引领，英、法两国实力下降。英、法的衰退和美、德的扩张，引发了国际格局的重组。第四次科技革命进一步发展了近代物理学，美国独领风骚，奠定了其在航空航天、核能、舰船等领域的领先地位。以电子、计算机和信息网络为主要标志的第五次科技革命及其引发的“信息产业革命”，仍由美国独家引领，美国实力由此显著增强，成为超级大国。日本虽然遭遇二战的失败，但是抓住了科技革命的机遇，步入发达国家行列，经济总量一度排名世界第二。一些西方小国也利用此次科技革命的机遇升级为发达国家。苏联在此期间加大科技投入，一度与美国抗衡。[③]

虽然在以往的科技革命和产业革命中，我国没能很好地抓住机遇，但是从新中国成立后，我国开始重视发展科技。近年来，我国决定加快培育战略性新兴产业，制定了发展新能源、节能环保、新能源汽车、新材料、

① 石建国：《“不能等待、不能观望、不能懈怠”——浅谈习近平对新一轮科技革命和产业变革的判断与思考》，《党的文献》2017年第2期。

② 韩毅：《美国工业现代化的历史进程（1607—1988）》，经济科学出版社2007年版，第121页。

③ 隋玉龙：《科技革命、产业革命及其影响》，《国际研究参考》2013年第6期。

高端装备制造、生物和新一代信息技术等新兴产业的宏伟计划。如今，我国在相当一些领域与世界前沿科技的差距都处于历史最小时期，已经有能力并行跟进这一轮科技革命和产业变革，因此我国要抓住机遇，在新一轮国际竞争中赢得先机，赢得主动。

2. 全球产业竞争格局重大调整，国际贸易规则正在重构，我国发展面临巨大挑战

在新一轮科技和产业革命等诸多因素的综合影响下，全球产业分工格局正在发生重大调整。2014 年，中共中央、国务院印发的《国家新型城镇化规划（2014—2020 年）》在分析我国城镇化发展面临的日益严峻的外部挑战时指出："在全球经济再平衡和产业格局再调整的背景下，全球供给结构和需求结构正在发生深刻变化。"由于国际金融危机的影响，发达国家开始纷纷调整科技和产业战略。众多发达国家开始由发展虚拟经济转向重视实体经济，加速"再工业化"和"制造业回归"。比如，美国发布《先进制造业伙伴计划》与《制造业创新网络计划》，德国发布《工业 4.0》，英国发布《英国制造 2050》等，发达国家把培育制造业竞争优势作为重塑国际竞争优势的重要手段。目前，制造业向发达国家的回流已经开始。有报道称，苹果电脑已在美国本土设厂生产，日本制造企业松下将把立式洗衣机和微波炉生产从中国迁回日本国内。与此同时，一些发展中国家也积极参与全球产业再分工，承接产业及资本转移，加快拓展国际市场空间。比如，越南、印度等一些东南亚国家依靠资源、劳动力等比较优势，开始在中低端制造业上发力，以更低的成本承接劳动密集型制造业的转移，如耐克、优衣库、三星、船井电机、富士康等知名企业已在东南亚和印度投资建厂。我国经济发展中劳动力成本低，资源、能源消耗大和以牺牲环境为代价的原有优势已不复存在。发达国家高端制造回流与中低收入国家争夺中低端制造转移同时发生，对我国形成"双向挤压"的严峻挑战。

国际贸易保护主义强化与全球贸易规则挑战不断，我国面临国际贸易环境变化的新挑战。一是国际贸易保护主义加剧。美国总统特朗普挑起中美贸易摩擦。2017 年，美国以知识产权保护不力为由，对中国重启"超

级 301 条款”。2018 年，针对“301 调查”结果，美国总统特朗普签署备忘录——将对从我国进口的商品大规模征收关税，对中资投资美国设限，并在世界贸易组织（WTO）采取针对中国的行动。美国商务部还向世界贸易组织递交了报告，基于美国法律六要素，不承认中国市场经济地位；欧美日也都以不同形式对中国根据《入世议定书》第 15 条获得市场经济地位的要求予以拒绝。美国《国家安全战略报告》将中国定义为“修正主义”国家，将中国定位为美国“战略上的竞争对手”。二是全球贸易规则受到冲击和挑战，单边主义加剧。[①] 美国特朗普政府曾多次在公开场合抨击世贸组织规则及其运行机制，更拒绝支持多边贸易体制，消极参与全球经济治理。在《2017 年总统贸易政策议程》中，特朗普政府就强调：“美国不得不重新评估其构建的开放、多边的国际规则体系在运转和实现自身国家利益方面的效率。”这都预示着我国今后面临的全球贸易环境更趋复杂。

3. 我国经济发展进入新常态，资源环境和要素成本约束日益趋紧，经济发展环境发生重大变化

2014 年中央经济工作会议指出：“我国经济正在向形态更高级、分工更复杂、结构更合理的阶段演化，经济发展进入新常态。”新常态的三大主要特点是：速度——“从高速增长转化为中高速增长”，结构——“经济结构不断优化升级”，动力——“从要素驱动、投资驱动转向创新驱动”。[②] 这表明我国经济发展不能再片面地追求总量扩张，而是要走出一条高质量发展的新路。然而，我国经济发展的资源能源、要素成本等都在发生动态变化。在资源需求方面，需求总量稳定上升，人均资源消费量增长迅速，资源结构变化较快。但在资源供给方面，国内可供给比重逐步下降，资源能源进口越来越多，资源短缺瓶颈制约因素短时期内不会明显改变。在环境方面，生态恶化相当严重，生态环境承载能力已经达到或接近上限，治理环境污染的呼声很高。在要素成本方面，我国已进入少子化、人口老龄化社会，

---

① 李克强：《2019 年国务院政府工作报告》，2019 年 3 月 5 日。

② 习近平：《谋求持久发展　共筑亚太梦想——在亚太经合组织工商领导人峰会开幕式上的演讲》，人民网，2014 年 11 月 9 日。

人口红利消失，要素成本全面上升，我国原有的比较优势逐渐削弱。我国经济潜在增长率下降，资源压力加大，环境承载能力接近上限，这对我国经济发展提出了新的挑战。

4. 国家作出一系列重大战略部署，内需潜力和改革红利不断释放，为我国经济发展开辟广阔空间

十八大以来，党中央、国务院作出了一系列事关我国经济社会发展全局的重大部署。一方面，新型工业化、信息化、城镇化、农业现代化同步发展，新的增长动力正在孕育形成，新的增长点、增长极、增长带不断成长壮大，国内消费需求进一步扩大。例如，按照目前的城镇化速度，未来每年将有 1000 余万农村人口转变为城镇人口。据测算，城镇化率每年提高 1 个百分点，将带动 1000 多亿元的消费需求和 5 万亿元固定资产投资。另一方面，全面深化改革和全面推进依法治国释放了新动能，激发了新活力。经济体制改革是全面深化改革的重点，核心问题是处理好政府和市场的关系，使市场在资源配置中起决定性作用和更好发挥政府作用。坚持和完善基本经济制度、加快完善现代市场体系、加快转变政府职能、深化财税体制改革、健全城乡发展一体化体制机制、构建开放型经济新体制等改革措施，将有助于破除我国经济发展的体制机制障碍，激发市场活力。近一时期，下放和取消行政审批权限、减轻企业税费负担、降低融资成本、推进创新创业等一大批支持实体经济发展的改革举措相继出台，一个更加宽松公平、更加开放、鼓励竞争，更有利于企业创新和发展的营商环境开始形成，为我国经济发展提供了持续动力和坚强保障。

总的来看，世界竞争格局正在加快重塑，我国既面临赶超跨越的历史机遇，也面临差距拉大的严峻挑战。在这样特殊的时期，承担着重要责任和使命的国有企业，特别是中央企业，必须从战略的、世界的视角去考量如何发展。

（二）国有企业发展基础

面对错综复杂的国际环境和艰巨繁重的改革发展稳定任务，国有企业

妥善应对一系列重大风险挑战，主动适应经济发展新常态，开创了改革发展新局面，涌现出了一批具有核心竞争力的骨干企业，为增强我国经济实力、科技实力、国防实力和国际影响力作出了巨大贡献。

1. 整体实力显著增强

其一，国有企业经济运行继续保持较好态势。从资产规模来看，截止到 2018 年，全国国有及国有控股企业[①]资产总额达到 178.7 万亿元，较 2013 年增长 96.2%。从企业效益来看，2018 年全国国有企业及国有控股企业累计实现营业总收入近 58.8 万亿元，同比增长 10%，实现利润总额近 3.4 万亿元，同比增长 12.9%。六年间营业总收入和利润总额分别增长 26.4%、40.9%。

其二，国有企业自主创新能力和科技实力明显增强。国有企业尤其是中央企业，作为推动行业技术进步和国家技术创新的主力军，不断完善自主创新体系和创新激励机制，加大科技投入，壮大科技人才队伍，搭建高水平科技创新平台，夯实了科技创新基础，在许多重点领域突破和掌握了关键核心技术，也取得了丰硕成果。一是涌现出一大批具有世界先进水平

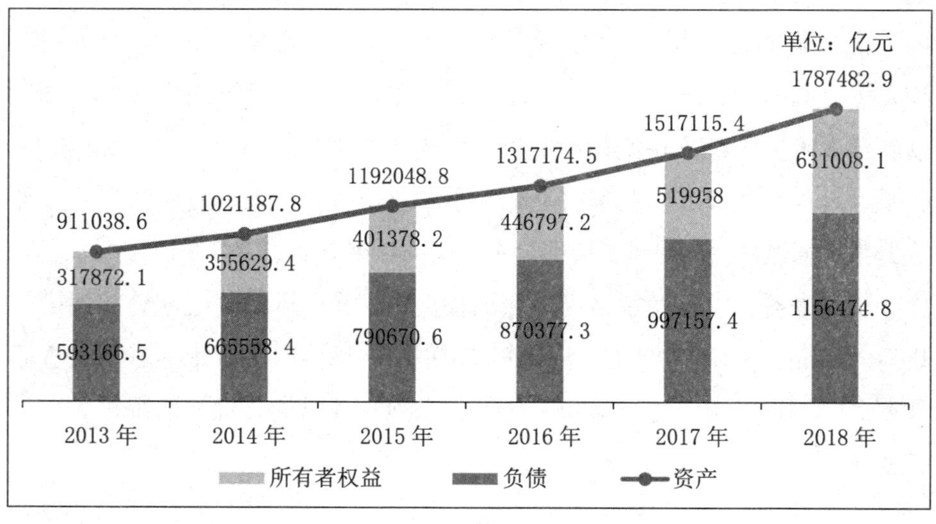

① 全国国有及国有控股企业，包括中央企业和 36 个省（自治区、直辖市、计划单列市）的地方国有及国有控股企业，不含国有金融类企业。

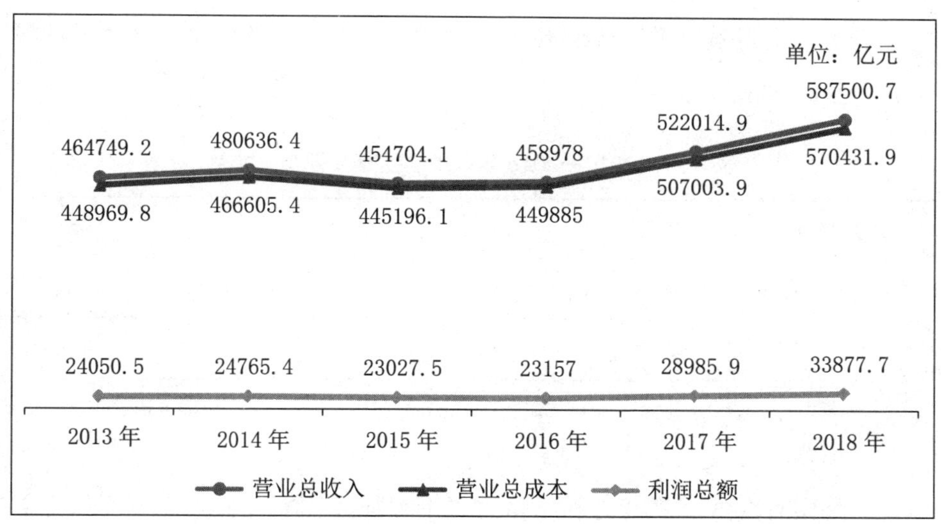

图 4—1　2013—2018 年国有企业主要经济效益指标情况

的标志性的重大科技成果。如载人航天、深海探测、高速铁路、特高压输变电、移动通信、国产航母、国产大飞机等，都具有世界一流水平。二是有一大批具有前瞻性、突破性的科技创新引领了行业和产业的发展。如港珠澳大桥、“蓝鲸 1 号”深海钻井平台、北斗系统、页岩油气资源开发、可燃冰开采、天地一体化信息网络、新一代核反应堆、新型运载火箭、大型运输机等成果，都有效带动了相关产业向产业链的高端转移。

其三，国有企业国际知名度进一步提升。据 2018 年 7 月发布的《财富》世界 500 强排行榜显示，在上榜公司数量上，美国公司 126 家，继续位居第一，中国公司达到 120 家，比 2017 年增加了 5 家，稳居第二，日本以 52 家位列第三。其中，国务院国资委出资、监管的 48 家中央企业入围，24 家地方国有企业上榜。中央企业上榜数量正好相当于目前央企总数的一半，占比达到历史最高水平。2018 年上榜的 48 家央企平均利润为 15.92 亿美元，盈利能力持续增强。部分上榜中央企业通过合并重组不仅大大提升了经营规模，而且有效改善了发展质量。在上榜的地方国有企业中，盈利能力较强的均分布在沿海地区，主要分布在汽车、贸易、金融等领域。上榜的中西部地方国有企业则主要分布在冶炼、煤炭、石油等领域，与前几年相比数量上有所减少。我国国企国资调整产业布局的效果日益凸显，国有企业上榜数量从“零”到“有”，再力争“多”，一定程度上增强了我国国有企业的国际知名度。

表 4—1　2014—2018 年入围世界 500 强企业数量

总数 / 年份	2014	2015	2016	2017	2018
入围总数	100 家	106 家	110 家	115 家	120 家
入围央企总数	47 家	47 家	50 家	48 家	48 家

2. 国有企业发展需要正视的问题

一是国有企业创新能力和竞争力仍不够强大。国有企业普遍面临自主创新能力不强，研发投入、研发能力和水平与跨国公司相比有很大差距的问题。重要产业对外技术依赖度比较高，不少核心关键技术还受制于人，创新型人才比较缺乏，科技创新尚未成为国有企业发展的强大支撑力量。许多行业还处在国际产业链的低端，在产业链高端不具备竞争优势。

二是国有企业国际竞争力有待提升，国际化经营模式亟待优化。从整体上看，国有企业的核心竞争力和国际竞争力还不强，缺乏具有较强影响力的国际知名品牌，国际化人才不足，组织框架和经营模式不能很好地适应国际化经营的需要。在国际标准和竞争规则的制定中，影响力还比较小。

三是部分国有企业管理水平和资源配置效率不高。一些企业管理链条过长，集团管控能力弱，缺乏对重要子企业和境外资产的有效监控和管理。一些企业盲目铺摊子，主业不够突出，主营业务盈利能力较弱或盈利基础不牢固，财务风险和经营风险较大。一些企业历史包袱仍然很重，企业办社会职能和历史遗留问题还需解决。

四是国企国资改革有待深化。国有资产管理体制有待进一步完善，国资监管的针对性和有效性还需增强，有效制衡的法人治理结构有待进一步健全。灵活高效的市场化经营机制还没有普遍形成，调动干部职工的积极性、激发企业内生活力、培育企业家精神、提升发展质量和效率、涉险滩、破障碍的任务仍很艰巨。改革进展不平衡、政策落实不到位、相互协调不够等问题还不同程度地存在，有的地区和企业改革进度滞后，改革的积极性、主动性还不够。

二、国有企业发展目标、发展理念和基本原则

新时代明确新方向，党的十九大报告提出要培育具有全球竞争力的世界一流企业，为我国国有企业发展提供了方向引领。新时代坚持新理念，创新、协调、绿色、开放、共享的新发展理念为我国国有企业发展提供了理念遵循。

（一）国有企业发展目标

我国国有企业的发展目标是其使命的具体体现。伴随着国有企业使命的动态调整，我国国有企业的发展目标也呈现出明显的阶段性特征。进一步追溯国有企业发展目标演变历程，明确新时代国有企业发展方向，将有利于促进国有企业的发展。

1. 国有企业发展目标的演变历程

我国经济发展经历了计划经济、体制转型，以及建立和完善社会主义市场经济体制三个时期。每个时期国有企业功能使命的变化，标志着其发展目标的动态演进。总的来看，我国国有企业大致经历了从“产值最大化”“利润最大化”“做强做优做大”到“培育具有全球竞争力的世界一流企业”等多种目标的演变历程。

第一阶段是计划经济时期（1949.10—1978.12）。国营企业作为国民经济计划的执行者，主要任务是执行和完成国家下达的计划指标。国营企业不需要考虑产品的销售和市场的需求，产品由物资商业部门收购，利润上交财政，亏损由财政补贴，对国营企业及其领导人业绩的考评以产值计划完成情况为依据。虽然这一阶段没有明确提出国营企业发展目标，但实际上国营企业把追求产值最大化作为主要目标。

第二阶段是体制转型时期（1978.12—1992.10）。党的十二届三中全会提出："社会主义经济是在公有制基础上的有计划的商品经济"，"要使企业真正成为相对独立的经济实体，成为自主经营、自负盈亏的社会主义商品生产者和经营者，具有自我改造和自我发展的能力，成为具有一定权利和义务的法人"。在该阶段初期，国家逐渐减少计划范围与力度，对国营企业的产销活动实行"计划调节为主，市场调节为辅"或"计划调节与市场调节相结合"的制度。在利润分配上经历了几次变革，曾先后试行过企业基金制度①（1978—1980）、利润留成②和盈亏包干制度③（1980—1983）、利改税制度④（1983—1986）、承包经营责任制⑤和股份制⑥（1987—1992）。这一阶段主要是在保证国营企业所有权条件下扩大企业的经营管理权、加强对企业的经济刺激，以调动国营企业生产经营积极性。因此，在此阶段，利润最大化成为国营企业的主要目标。

第三阶段是建立和完善社会主义市场经济体制时期（1992.10—）。1992年10月，党的十四大报告明确提出建立社会主义市场经济体制，这标志着我国国有企业发展进入新阶段。在此阶段，国有企业发展的目标不断明晰。1999年9月22日，中共十五届四中全会通过的《关于国有企业改革和发展若干重大问题的决定》明确提出，到2010年，国有企业改革和发展的目标是：适应市场经济体制与经济增长方式两个根本性转变和扩大对外开放的要求，基本完成战略性调整和改组，形成比较合理的国有经济布局和结构，建立比较完善的现代企业制度，经济效益明显提高，科技开发能力、市场

---

① 国务院：《关于国营企业试行企业基金的规定》（国发〔1978〕246号），1978年11月25日。

② 国务院：《关于国营企业实行利润留成的规定》，1979年7月13日；国务院：《国营工业企业利润留成试行办法》，1980年1月22日。

③ 财政部、国家经委：《关于国营工交企业实行利润留成和盈亏包干办法的若干规定》（〔81〕财企字第563号），1981年12月26日。

④ 财政部：《关于对国营企业征收所得税的暂行规定》，1983年4月29日。

⑤ 国务院：《关于深化企业改革增强企业活力的若干规定》（国发〔1986〕103号），1986年12月5日。

⑥ 国家体改委、国家计委、财政部、人民银行、国务院生产办：《股份制企业试点办法》（体改生〔1992〕30号），1992年5月15日。

竞争能力和抗御风险能力明显增强，使国有经济在国民经济中更好地发挥主导作用。2003 年，国务院国资委、地方国资委相继成立，确定了国资委代表国家履行出资人职责的国有资产管理体制，为社会主义市场经济体制下国有企业发展把准方向。2010 年 12 月 23 日，中央企业负责人会议确定了“十二五”时期中央企业改革发展的核心目标，即“做强做优中央企业、培育具有国际竞争力的世界一流企业”。围绕这一目标，会议还提出“五大战略”和“三大保障”，为中央企业改革发展明确了方法和路径。2015 年 12 月 7 日，国务院国有资产监督管理委员会、财政部、国家发展和改革委员会联合印发的《关于国有企业功能界定与分类的指导意见》将国有企业分为商业类和公益类，初步界定了国有企业发展目标：商业类国有企业以增强国有经济活力、放大国有资本功能、实现国有资产保值增值为主要目标。其中，主业处于关系国家安全、国民经济命脉的重要行业和关键领域、主要承担重大专项任务的商业类国有企业，要以保障国家安全和国民经济运行为目标。公益类国有企业以保障民生、服务社会、提供公共产品和服务为主要目标。商业类国有企业和公益类国有企业作为独立的市场主体，经营机制必须适应市场经济要求。国有企业分类目标的确定是新形势下深化国有企业改革的重要内容，对促进国有企业发展具有深远影响。2017 年 10 月，党的十九大报告明确提出要培育具有全球竞争力的世界一流企业，这为新时代国有企业发展指明了方向。

2. 新时代国有企业发展目标

培育具有全球竞争力的世界一流企业是党的十九大站在新的历史起点上为我国国有企业发展提出的宏伟目标。这一目标是基于我国经济发展内在要求、国有企业功能使命、国有企业发展现状等多方面综合考虑的结果，既具有必要性，也具有可行性。

培育具有全球竞争力的世界一流企业是新时代我国经济发展的内在要求。新时代我国经济要培育新增长点、形成新动能，要实现更高质量、更有效率发展，要在激烈的国际经济竞争中拥有一席之地，需要一批管理水平高、产品品质优、生产效率高、经营业绩好的世界一流企业。我国作为全球第二大经济体，经济实力虽已显著上升，但企业品质不优、效益不好、竞争力不强的问题始终存在，并已成为我国经济迈向高质量发展的障碍。因此，新时代我国经济的发展，需要一批具有全球竞争力的世界一流企业作为“领头羊”，带动我国供给体系质量的整体提升。

培育具有全球竞争力的世界一流企业是国有企业在新时代的历史担当。伴随着我国经济发展的阶段性变化，国有企业的功能与使命也在不断调整，从过去主导国民经济转向现在服务于国家战略目标。[①] 在新时代我国经济实力日益强起来的大环境下，在我国经济增长动力转换、发展方式转变的迫切要求下，国有企业不仅要在关系国家安全、国民经济命脉的重要行业和关键领域保持控制力，更要依靠创新增强发展后劲，依靠国际化经营拓展发展空间，充分发挥其在推动技术进步和经济转型升级的引领作用，在我国开创对外经济新格局中发挥更大的作用。世界一流企业具有较强的创新能力、较高的国际化经营能力和水平，国有企业将世界一流企业作为奋斗目标，对其更好地服务国家自主创新战略、“走出去”战略意义重大。

我国国有企业特别是中央企业，具备了培育成为具有全球竞争力的世界一流企业的基础和条件。近年来，我国国有企业规模实力显著增强，竞争力进一步提升。从规模来看，我国进入世界500强的国有企业达到82家，在数量仅次于美国。一批大企业在技术、管理等各方面也在努力走向世界前列，尤其是在高铁、通信、互联网、装备制造、工程建筑等领域，已培育出一批具有自主知识产权、自主品牌和较强竞争力的优势企业。一些国有企业海外投资运营经验丰富，培养了一批国际化人才，初步具备了全球业务整合、管理整合、文化整合等国际化经营的能力。种种情况都表明，我国国有企业有基础、有条件发展成为世界一流企业。

我国国有企业要培育成为具有全球竞争力的世界一流企业，必须在“三个领军”“三个领先”“三个典范”上下功夫。2019年，国务院、国资委

① 袁东明：《把国有大企业培育成为具有全球竞争力的世界一流企业》，《中国经济时报》2017年12月4日。

《关于中央企业创建世界一流示范企业有关事项的通知》将世界一流企业界定为“三个领军”“三个领先”和“三个典范”。“三个领军”，即在国际资源配置中占主导地位、引领全球行业技术发展、在全球产业发展中具有话语权和影响力的领军企业；“三个领先”，即在全要素生产率和劳动生产率等效率指标、净资产收益率和资本保值增值等效益指标、提供优质产品和服务等方面的领先企业；“三个典范”，即在践行新发展理念、履行社会责任、拥有全球知名品牌形象的典范企业。在现阶段，国有企业要深刻把握世界一流企业特征，认清我国国有企业与世界一流企业的差距，补短板、建优势、强能力，加速培育具有全球竞争力的世界一流企业的进程。

（二）国有企业发展理念

发展理念是发展行动的先导，从根本上决定着发展的方向乃至成效。在党的十八届五中全会上，习近平总书记系统论述的创新、协调、绿色、开放、共享的新发展理念，是在深刻总结国内外发展经验、教训的基础上提出的，是对中国特色社会主义发展规律的新认识、新概括，是致力于破解发展难题、增强发展动力、厚植发展优势的治本之策，是我国国有企业发展的理念遵循。国有企业要深入领会这五大发展理念的深刻内涵，切实贯彻落实到企业发展实践之中，真正发挥好新发展理念的指挥棒作用。

创新是引领发展的第一动力。我国已经成为全球经济大国和贸易大国，但经济规模大而不强、经济增长快而不优、科技发展水平总体不高、关键领域核心技术受制于人的局面没有根本改变，这已成为我国经济发展的“阿喀琉斯之踵”。在国际竞争日趋激烈的形势下，只有坚持创新发展，才能解决发展动力转换问题。所以，必须把创新摆在国家发展全局的核心位置，不断推进理论创新、制度创新、科技创新、文化创新以及其他各方面创新，以创新这个引领发展的第一动力推动我国经济保持中高速增长、迈向中高端水平。① 国有企业要实现经济发展新常态的新作为，其根本是激发

① 本书编写组：《党的十九大报告学习辅导百问》，党建读物出版社、学习出版社 2017 年版，第 43 页。

创新活力，强化科技创新的引领作用，进一步建立健全创新体制机制，着力从创新人才队伍打造、创新文化和企业家精神培育、创新资源整合等方面，实现发展动力转换，提高发展质量和效益。

协调是持续健康发展的内在要求。我国发展不平衡、不协调、不可持续问题是过去一个时期发展观念不正确、发展方式粗放导致的，特别是区域发展不平衡、城乡发展不协调、产业结构不合理、经济发展和社会发展“一条腿长、一条腿短”等矛盾十分突出，已成为制约长期可持续发展的重要因素。只有坚持协调发展，才能够解决发展不平衡问题。所以，必须牢牢把握中国特色社会主义事业总体布局，正确处理发展中的重大关系，促进城乡、区域经济社会等协调发展，推动新型工业化、信息化、城镇化、农业现代化同步发展，使我国经济提质增效行稳致远。[①] 国有企业要提高资源配置效率和运营能力，更加合理地进行产业布局、产能布局，使企业各种要素能够自由有序地流动；要积极承担社会责任，充分利用自身优势，促进整体协调发展。

绿色是永续发展的必要条件和人民对美好生活向往的重要体现。随着发展步伐的加快和发展体量的增大，我国资源约束趋紧、环境污染严重、生态系统退化、发展与人口资源环境之间的矛盾日益突出，已成为经济社会可持续发展的重大瓶颈制约。生态环境恶化及其对人民健康的影响已成为我们的心头之患，人民群众对清新空气、干净饮水、安全食品、优美环境的要求越来越强烈。只有坚持绿色发展，才能建设美丽中国、解决人与自然的和谐共生问题。所以，党的十九大报告强调，必须树立和践行绿水青山就是金山银山的理念，坚持节约资源和保护环境的基本国策，坚定走生产发展、生活富裕、生态良好的文明发展道路，推动形成人与自然和谐发展现代化建设新格局。[②] 国有企业要进一步强化绿色发展理念，切实增强降本增效、与社会与自然和谐发展的意识；要在推动低碳循环发展，建设清洁低碳、

---

① 本书编写组：《党的十九大报告学习辅导百问》，党建读物出版社、学习出版社 2017 年版，第 43 页。

② 同上书，第 43、44 页。

安全高效的现代能源体系中发挥重要作用，做负责任、有担当的典范。

开放是国家繁荣发展的必由之路。当前，国际经济合作和竞争局面正在发生深刻变化，全球经济治理体系和规则正在面临重大调整。从总体上看，我国对外开放水平还不够高，用好国际国内两个市场、两种资源的能力还不够强，应对国际经贸摩擦、争取国际经济话语权的能力还比较弱，运用国际经贸规则的本领还不够强。只有坚持开放发展，才能进一步提升开放型经济水平、解决发展内外联动问题。所以，必须顺应我国经济深度融入世界经济的趋势，坚定不移奉行互利共赢的开放战略，更好利用两个市场、两种资源，把我国开放型经济提升到新水平。[①] 国有企业要抓住“一带一路”等机遇，积极主动作为，进一步完善国际优先发展战略，努力形成与世界各国深度融合的互利合作格局，积极参与全球经济治理和公共产品供给，为经济全球化及各个国家互利共赢发展新格局的形成发挥重要作用。

共享是中国特色社会主义的本质要求。改革开放以来，我国人民生活水平、居民收入水平、社会保障水平持续提高，人民群众获得感不断增强，但仍存在收入差距较大、社会矛盾较多、部分群众生活比较困难等问题和短板。同时，人民对美好生活的需要日益广泛，不仅对物质文化生活提出了更高要求，而且对民主、法治、公平、正义、安全、环境等方面的要求日益增长。只有坚持共享发展，才能不断增进人民福祉、促进社会公平正义。所以，必须坚持人民主体地位，把人民对美好生活的向往作为奋斗目标，让改革发展成果更多更公平惠及全体人民，朝着实现全体人民共同富裕的方向不断迈进。[②] 国有企业要进一步提升民主管理水平，健全科学的工资增长机制、支付保障机制，尊重职工群众的首创精神，保护职工群众合法权益，激发职工群众建设全面小康社会的愿望与决心。

---

① 本书编写组：《党的十九大报告学习辅导百问》，党建读物出版社、学习出版社 2017 年版，第 44 页。

② 同上书，第 44、45 页。

（三）国有企业发展的基本原则

在现阶段，国有企业发展必须遵循以下五条基本原则：

一是坚持以人民为中心。人民是推动发展的根本力量，实现好、维护好、发展好最广大人民的根本利益是发展的根本目的。国有企业要坚持以人民为中心的发展思想体现在企业发展的各环节，把增进人民福祉、促进人的全面发展作为发展的出发点和落脚点，充分调动人民的积极性、主动性、创造性；要坚定不移贯彻新发展理念，提高企业发展质量和效益，努力实现更高质量、更有效率、更加公平、更可持续的发展，使发展成果更多更公平惠及人民。

二是坚持市场导向。尊重市场经济规律，正确处理政府和市场的关系，注重以经济手段、市场化方式推进国有经济布局结构调整和国有企业股权多元化改革，充分发挥市场在资源配置中的决定性作用。国有企业要正确认识市场导向的基本要求，认真研究并把握市场经济规律要求，以市场为导向制定企业发展的措施和政策，并通过市场来检验企业发展的成果。

三是坚持深化改革。改革是发展的强大动力。必须按照完善和发展中国特色社会主义制度、推进国家治理体系和治理能力现代化的总目标，健全使市场在资源配置中起决定性作用和更好发挥政府作用的制度体系，以经济体制改革为重点，加快完善各方面体制机制，破除一切不利于科学发展的体制机制障碍，为发展提供持续动力。① 国有企业要深入贯彻习近平总书记系列重要讲话精神，主要深化四个方面的改革，激发企业的内生活力和动力：要以实现各种所有制资本取长补短、相互促进、共同发展为目标，稳妥推进混合所有制改革；要以市场化为方向，推进国有企业经营机制改革；要以管资本为主，深化国有资产管理体制改革；要以充分发挥党委（党组）领导作用为目标，加强企业党的建设。

四是坚持依法治企。法治是发展的可靠保障。国有企业是我国国民经

① 《中华人民共和国国民经济和社会发展第十三个五年规划纲要》，2016 年 3 月 16 日。

济的重要支柱，是落实全面依法治国战略的重要主体，应当在建设社会主义法治国家中发挥重要作用。按照全面依法治国战略部署，国有企业必须坚定不移走中国特色社会主义法治道路，要坚持依法治理、依法经营、依法管理共同推进，坚持法治体系、法治能力、法治文化一体建设，加强制度创新，以健全公司法人治理结构为基础，以促进依法经营管理为重点，以提升企业法律管理能力为手段，切实加强对企业法治建设的组织领导，大力推动企业法治体系和法治能力现代化，[①]促进国有企业健康可持续发展。近年来，虽然国有企业深入推进法治建设，依法经营管理水平不断提升，依法治企能力明显增强，但是，其法治工作与全面依法治国的要求相比还有不小的差距。在新时代培育具有全球竞争力的世界一流企业的目标导向下，国有企业必然需要加强法治建设，为改革发展提供重要的支撑保障。

五是坚持加强党的领导。国有企业是中国特色社会主义的重要物质基础和政治基础，是我们党执政兴国的重要支柱和依靠力量。习近平总书记指出，坚持党的领导、加强党的建设，是我国国有企业的光荣传统，是国有企业的“根”和“魂”，是我国国有企业的独特优势。新形势下，国有企业要坚持党对国有企业的领导不动摇，充分发挥企业党组织的领导核心作用，保证党和国家方针政策、重大部署在国有企业贯彻执行；坚持服务生产经营不偏离，把提高企业效益、增强企业竞争实力、实现国有资产保值增值作为国有企业党组织工作的出发点和落脚点，以企业改革发展成果检验党组织的工作和战斗力；坚持党组织对国有企业选人用人的领导和把关作用不能变，着力培养一支宏大的高素质企业领导人员队伍；坚持建强国有企业基层党组织不放松，确保企业发展到哪里、党的建设就跟进到哪里、党支部的战斗堡垒作用就体现在哪里，为做强做优做大国有企业提供坚强组织保证。

---

① 国务院国有资产监督管理委员会：《关于全面推进法治央企建设的意见》（国资发法规〔2015〕166号），2015年12月8日。

三、国有企业发展战略

在新时代，国有企业要紧紧围绕培育具有全球竞争力的世界一流企业这一目标，大力实施创新驱动发展、高质量发展、绿色发展和国际化经营四个重点战略。

（一）创新驱动发展战略

创新是引领企业发展的第一驱动力，也是打造国有企业发展新动力、培育竞争新优势的关键。党中央、国务院一直高度重视国有企业创新工作，并对加快实施创新驱动发展战略做出一系列重要战略部署，陆续出台了一系列政策文件，“十三五”规划纲要、党的十九大报告也都明确提出实施创新驱动发展战略。创新驱动发展战略已成为我国经济发展的核心战略，为国有企业发展提供了思路。

1. 创新驱动发展的内涵及其相关理论

对创新驱动发展内涵的阐述主要来自政府相关政策和学术研究两个领域。在政府的政策文件和重要领导人讲话中，对创新驱动发展的阐述以《国家创新驱动发展战略纲要》为代表，指出创新驱动发展就是“使创新成为经济发展的第一动力，包括科技、制度、管理、商业模式、业态和文化等多方面创新的结合，推动经济发展方式转向依靠知识、技术与劳动力素质提升，使经济形态更高级、分工更精细、结构更合理”[①]。学术研究领域关于创新驱动发展内涵的阐述可总结为三个方面：其一，创新驱动发展将创新作为经济发展的主要动力；其二，创新驱动发展依靠知识、信息等创新要素投入，打造经济发展优势；其三，创新驱动发展的目标是实现内生的可持续的经济发展。[②]

---

① 中共中央、国务院：《国家创新驱动发展战略纲要》，2016 年 5 月。

② 王海燕、郑秀梅：《创新驱动发展的理论基础、内涵与评价》,《中国软科学》2017 年第 1 期。

关于创新驱动发展的理论和研究有很多，影响力比较大的主要有约瑟夫·熊彼特的创新理论和迈克尔·波特的创新驱动理论。

——约瑟夫·熊彼特的创新理论。20世纪初，美籍奥地利学者约瑟夫·熊彼特在其著作《经济发展理论》中首次以动态的视角提出“创新”，指出创新是生产函数或者供给函数的变化，是对现有资源的重新组合。他认为创新是经济成长的核心，企业家担任着创新背后的推手。创新的五种形式包括：引入一种新产品、采用新的生产方法、开拓新的市场、获得一种原料或半成品新的供给来源，以及实行一种新的企业组织形式。① 借鉴熊彼特的创新理论，企业要以良好的企业家成长环境为基础，以改进企业创新体系为途径。

——迈克尔·波特的创新驱动理论。迈克尔·波特指出，国家竞争优势的发展必然或顺序或交叉并行地经历要素驱动、投资驱动、创新驱动和财富驱动四个发展阶段；顺序发展意味着经济体的发展依次由要素、投资、创新或财富四个因素之一驱动，交叉并行意味着经济体的发展可能同时由四个要素中的两个以上驱动，且发展阶段之间没有明确的划分，比如经济体可能同时处于要素驱动和投资驱动发展阶段。② 创新驱动发展阶段是继要素驱动和投资驱动发展阶段之后的更高级的发展阶段，主要特征体现为以企业创新为主导、更加强调生产效率和先进的技术水平。在创新驱动发展阶段，企业要营造更有利于自主创新的环境，发挥好人力资本、创新激励体制机制等因素的积极作用，从而实现企业创新主导。

2. 走创新驱动发展之路是国有企业的必然和现实选择

创新驱动发展是我国经济发展的必然选择。改革开放以来，我国经济已经历了近40年的高速增长和发展。但此期间的增长和发展，基本上是通过大规模的要素投入方式实现的，即依靠密集的劳动力投入和密集的资本投入，以及巨大的土地成本和环境成本实现的。目前我国经济发展环境发

---

① ［美］约瑟夫·阿洛伊斯·熊彼特：《经济发展理论》，九州出版社2006年版，第73、74页。

② ［美］迈克尔·波特：《国家竞争优势》，华夏出版社2002年版，第218—234页。

生重大转变，社会少子化、人口老龄化致使人口红利消失，廉价劳动力不复存在；而以投资为主要驱动力的发展也开始受到资本报酬递减规律的抑制，外资引入的规模也逐渐趋于稳定；更严重的是能源、资源短缺短时期内不会明显改变，生态环境承载能力已经达到或接近上限。这一系列重要因素决定我国经济的传统增长模式已经难以为继，我国要加快转变经济发展方式、实现经济转型升级。习近平总书记指出："实施创新驱动发展战略，是加快转变经济发展方式、破解经济发展深层次矛盾和问题、增强经济发展内生动力和活力的根本措施。"可以说，当前我国经济发展需要创新，创新比历史上任何一个时期都具有紧迫性。

国有企业的性质和使命要求国有企业在国家创新战略中发挥主导作用。我国作为社会主义国家，国有经济是国民经济的重要组成部分，那么其功能相对资本主义国家必然会有一定的特殊性，既要有市场经济要求下的一般功能，又要有社会主义市场经济要求下的特殊功能，即保持控制力、发挥主导作用以及保障社会公平。所以，与非国有企业不同，营利性只是国有企业的基本要求，不是唯一目标，贯彻落实国家重大发展战略是国有企业要承担的重要责任。当前，受国内外经济形势的影响，提高自主创新能力、以创新驱动实现经济发展转型，成为中国日益紧迫的重大课题，成为经济社会发展的重中之重。国有企业有义务在提升自主创新能力、建设创新型国家、以创新驱动实现发展转型方面发挥引领作用。

创新驱动发展是国有企业"培育具有全球竞争力的世界一流企业"的必由之路。一方面，国内非公有制企业异军突起，与国有企业形成鼎力之势；另一方面，随着经济全球化的发展和"走出去"战略的实施，国有企业的主要竞争对手已经不是本土企业，而是世界著名跨国公司。这些跨国公司在企业规模、技术水平、研发能力等方面拥有竞争优势，控制了所在行业或领域的科技制高点。如果不能尽快提高自主创新能力、掌握核心技术，国有企业就会受制于人，就难以突破跨国公司的限制，就难以向国际产业分工的高端移动，以致在国际竞争中处于劣势地位，因而无法实现其"培育具有全球竞争力的世界一流企业"的发展目标。可见，国有企业实施创新驱动发展战略，提升自主创新能力，增强核心竞争力，不仅是实施建设创新型国家战略的需要，也是其自身生存和发展的需要。

3. 国有企业实施创新驱动发展战略的具体举措

党的十八大以来，国有企业认真落实中央、国务院的决策部署，深化改革、锐意创新、攻坚克难，在科技创新和重大工程建设方面取得了丰硕成果，创新能力和水平提升明显。新时代，国有企业必须结合当前经济形势和企业实践，采取积极措施，坚定不移推动企业创新驱动发展战略实施进程。

其一，立足国际和行业发展趋势，明确方向寻求突破。一方面，国有企业要顺应国际发展趋势，瞄准世界科技前沿领域，强化前瞻性研究，特别是重点加强高水平研发机构和国家级研发平台建设，力争在国家重点实验室、工程实验室、工程中心建设等方面取得突破性进展。另一方面，国有企业，尤其是中央企业要在承担国家重大专项、重大科技项目、重大工程、重点研发计划和技术创新中心建设项目的过程中积极主动发挥骨干作用，有力支撑国家战略实施。

其二，坚持建立中国特色现代国有企业制度这一改革方向，以增强活力和提高效率为中心，大力推动国有企业制度创新。一是进一步完善国有企业法人治理结构，将党的领导融入公司治理各环节，持续推进董事会建设，积极试点探索经理层任期制和契约化管理。二是进一步健全灵活高效的市场化经营机制，完善管理人员选用和退出机制，落实市场化用工管理制度，建立健全工资与效益联动机制，探索推进员工持股等各类中长期激励方式。三是进一步深化国有资本投资运营公司试点，推动投资公司开展综合改革试验，打造国有资本运营平台。四是进一步积极稳妥推进混合所有制改革，持续深化重点领域混改试点，通过产权市场、股票市场等多途径推动混改有序展开。

其三，加强产学研深度合作，促进创新成果转化。国有企业要积极开展产业共性技术研发，努力推进与产业链上下游企业之间的联合创新；注重整合国内外技术资源，积极发展与国际研究机构及跨国企业的战略合作伙伴关系，努力融入全球创新网络，增强对其他国家外溢科学技术的吸收能力；要高度重视与科研机构的对接合作，加快建立以企业为主体、市场为导向、产学研深度融合的技术创新体系，有效促进科技成果转化。

其四，大力推进“双创”工作，强化创新发展基金引导作用。国务院国资委在完善多层级创新发展基金系的基础上，要进一步扎实推进国家“双创”示范基地建设，搭建更多创新资源开放共享平台，探索大中小企业融通发展新模式，探索资源共享、资本扶持、团队合作等多种方式，孵化培育“特尖专精”的创新型小企业。国有企业要按照市场化方式设立产业创投基金，利用众创、众包、众扶、众筹等创新模式，加快建立各类孵化器、创新创业基地和网上众创空间，加快创新发展平台建设，推动大众创新全面发展。

其五，推动产业融合发展和结构优化升级，培育企业发展新动能。国有企业要高度重视信息技术产业的发展，努力提升信息化水平，继续加大技术改造革新力度，重点突破一批对产业竞争力整体提升具有全局性影响、带动性强的关键共性基础性技术。与此同时，国有企业要继续以工业化和信息化“两化融合”为抓手，以智能制造为主攻方向，促进制造业与互联网深度融合，着力利用新一代信息技术重塑产业链、供应链、价值链，促进制造业的垂直整合、水平跨界与融合发展，让传统产业重新焕发出生机和活力。

其六，树立“容人、容错、纠错”理念，建立配套机制积极鼓励创新。习近平总书记在党的十九大报告中提出：“坚持严管和厚爱结合、激励和约束并重，完善干部考核评价机制，建立激励机制和容错纠错机制，旗帜鲜明为那些敢于担当、踏实做事、不谋私利的干部撑腰鼓劲。”这有利于国有企业营造鼓励创新、宽容失败的氛围，让改革创新者大胆创新、勇于突破，有效激发企业创新的动力和活力。国有企业要以完善的科技创新管理体制机制为引导，建立健全创新容错纠错机制，鼓励科技创新主体大胆试错，营造包容失败的内部容错环境，积极培育改革创新精神，使改革创新者释放出更多的创新活力。

（二）高质量发展战略

高质量发展是当前乃至今后一段时期国有企业发展的根本要求。党的十九大报告指出：“要在继续推动发展的基础上，着力解决好发展不平衡不充分的问题，大力提升发展质量和效益。”2018年全国两会《政府工作报告》明确提出，“2018年要大力推动高质量发展”，“国有企业要通过改革创新，走在高质量发展前列”。国有企业要积极响应国家要求，以供给侧结构性改革为主线，加快实现国有企业高质量发展。

1. 高质量发展的内涵及其相关理论

在经济学意义上，高质量发展是指能够更好满足人民不断增长的真实需要的经济发展方式、结构和动力状态。①高质量发展的衡量标准主要体现在四个方面：一是反映创新及经济增长新动能，即新兴经济增加值的占比；二是反映效率，包括资本产出率、劳动生产率和全要素生产率等；三是反映产品质量，即中高端产品的占比；四是反映社会资源的充分利用，包括单位GDP的能源消耗、产能利用率等。对于企业而言，高质量发展包括四个方面的高质量：一是企业的结构高质量。业务结构、财务结构等的质量要高，这是企业的基础。二是技术水平和创新能力高质量。企业要提升技术和内在创新能力，推动产品向供应链高端发展。三是产品和服务高质量。企业要为客户提供最优的产品和服务，这是做企业最根本的态度。四是团队人才高质量。企业通过培训学习，加大人才培养力度，提升人才质量。②

由企业高质量发展的内涵不难看出，高质量发展涉及企业发展的多个层面，因此，其背后的理论基础也比较丰富，被提及较多的是有限多元化战略、质量战略、品牌战略和产业转型升级理论。

——有限多元化战略。安索夫在《多元化战略》一文中强调多元化是“用新的产品去开发新的市场”。因此，多元化战略被定义为企业同时经营

① 金碚：《关于“高质量发展”的经济学研究》，《中国工业经济》2018年第4期。

② 宋志平：《高质量阶段企业的发展战略》，中国日报网，2018年4月10日。

两种以上基本经济用途不同的产品或服务的一种发展战略。企业进行多元化经营，意味着企业将组织新的发展方向，即企业将从现有的产品和市场中分出资源和精力，投入到企业不太熟悉或毫不熟悉的产品和市场上，试图建立新的利润增长点，因此，不可避免地也会带来风险。多元化战略包括相关多元化战略、不相关多元化战略和有限多元化战略。其中，相关多元化战略是指进入与公司现有业务在价值链上拥有竞争性的、有价值的“战略匹配关系”的新业务。不相关多元化战略是指企业新发展的业务与原有业务之间没有明显的战略协同性，所增加的产品是新产品，所增加的服务领域也是新市场。有限多元化战略就是在多元化的理念下，有限制、有限度地实行产业或产品相关联的扩张，一般情况下，努力在“多元”中寻找“一体化”，或者在“一体化”中有多元。可以说，有限多元化是企业多元化战略发展到一定阶段的必然思考，也是对行业、企业综合权衡后的理性决策方向，为企业寻求长远发展开拓了思路。

——产业转型升级理论。产业转型升级是指随着需求结构与要素结构的变化，整个经济活动从低技术水平、低附加值状态向高技术水平、高附加值状态的全面提升，包括市场结构、产业结构、地区结构和产业链上的功能结构以及发展方式的转换，这是顺应经济规律、符合生产力发展的内在要求。现有研究多将产业转型升级分为“产业转型”和“产业升级”两个方面。产业转型升级中的“转型”，一是指发展方式的转型，即由外延粗放型增长转向内涵集约型增长；二是指发展动力的转换，即产业发展由依靠资源、土地等物质要素投入转向依靠技术进步、高素质人力资本和管理创新等创新要素驱动。产业转型升级中的“升级”，既包括产业之间的升级，如在整个产业结构中由第一产业占优势比重逐级向第二、第三产业占优势比重演进，或是主导产业由劳动密集型产业向资本密集型产业、技术知识密集型产业依次演进；也包括产业内的升级，即通过工艺流程升级、产品升级和功能升级等方式实现技术集约化、产品高级化与价值链高端化。产业转型升级理论为企业重塑竞争优势、提升社会价值、实现高质量发展提供了可循依据。

——质量战略。将质量管理与企业战略相结合的质量战略一词，公认最早提出自1992年北京举行的“迎接21世纪挑战——中国质量战略高层研讨会”。在会议上，时任副总理的朱镕基提出“速度和质量都是战略问题”。专家学者明确提出，国家应当在战略上重视质量问题，将质量思想贯彻到国家的治国方针中，以质量兴国。质量战略的概念一经提出，立即受到质量管理学者和高级经营管理者的普遍认可和赞同。多数学者认为质量战略是关于质量的规划、目标、发展方向和政策，但也有些学者将质量战略定义为企业在运营中坚持质量的首要地位所采取的经营措施。在企业战略体系中，质量战略最早属于职能战略，是质量部门的战略，但是随着质量的重要性日益增加，质量已扩展到公司经营的各个方面，提升到了企业的经营战略层次。

——品牌战略。品牌战略是指企业将品牌作为核心竞争力，将品牌建设提升到企业经营战略的高度，是以建立强势品牌、创造品牌价值为目标的企业经营战略。企业站在整体发展的战略角度上，经过对内外部环境的分析，为了生产出更能让消费者喜爱的产品，提高品牌的知名度、美誉度和顾客忠诚度，在生产、研发、营销、管理等企业的各个方面，实行整体战略管理和谋划，继而实现企业的良好形象塑造，最终实现增强企业核心竞争力的目标。品牌战略包含内容较多，如品牌定位、品牌延伸、品牌架构、品牌塑造、品牌管理、品牌国际化等。在资源有限的条件下，企业可以依托品牌战略，更大程度地获取顾客价值，进而提高市场占有率，成为在行业发展中具有引领作用和话语权的企业。

2. 迈向高质量发展是国有企业在新时代的必然选择

高质量发展是中国经济发展的阶段性要求。改革开放40多年来，我国经济社会发展取得了举世瞩目的伟大成就，实现了从富起来到强起来的飞跃，中国特色社会主义进入了新时代。与这个飞跃高度吻合的是，我国经济发展也进入了新时代，基本特征就是我国经济发展已经由高速增长阶段转向高质量发展阶段。作为中国特色社会主义的重要物质基础和政治基础，国有企业能否在实现高质量发展上迈出实质性步伐，对于建设现代化经济体系、推动我国经济实现高质量发展、促进我国经济由大向强转变具有重要影响。可以说，推动国有企业高质量发展，已经成为一项具有战略性、全局性、时代性的紧迫任务。

国有企业高质量发展是适应我国社会主要矛盾变化的必然要求。新时代我国社会的主要矛盾已转化为人民日益增长的美好生活需要与不平衡不充分的发展之间的矛盾。发展不平衡不充分的表现形式多种多样，但究其根本，这些不足都可归结为发展质量不高。国有企业作为解决“不平衡不充分”矛盾的主要力量，要严格遵循高质量发展这个新时代的战略导向。

国有企业推行高质量发展有助于加快“培育具有全球竞争力的世界一流企业”的进程。中国特色社会主义进入新时代，党中央对国有企业改革发展提出“培育具有全球竞争力的世界一流企业”这一新的更高要求。世界一流企业具有“三个领先”特征，是指在全要素生产率和劳动生产率等效率指标、净资产收益率和资本保值增值等效益指标、提供优质产品和服务等方面领先的企业。高效率、高效益以及优质产品和服务的要求正是高质量发展内涵的集中体现。因此，切实推进国有企业高质量发展，有助于打造世界一流企业。

3. 国有企业实施高质量发展战略的具体举措

推进供给侧结构性改革是高质量发展的治本之策。国有企业要坚持以供给侧结构性改革为主线不动摇，率先实施质量变革、效率变革、动力变革，全面提高供给体系质量，引领由中国制造向中国创造转变、由中国速度向中国质量转变、由中国产品向中国品牌转变，努力厚植国有企业发展质量优势。

其一，聚焦主业，把突出主业放在发展的重要位置。具有全球竞争力的跨国公司大多有一个共同的特征，就是专注主业、突出主业。盲目铺摊子，不突出主营业务，即使在短期内能有成效，但长期看也会缺乏后劲。所以，在长期发展的过程中，国有企业，特别是中央企业，必须明确主业的发展目标和重点，坚定不移聚焦主业、突出主业，开展并购重组和专业化整合，推动技术、人才、资本等各类资源要素向主业集中，不断增强核心业务的资源配置效率、盈利能力和市场竞争力。

其二，以供给侧结构性改革为主线，推动高质量发展。国有企业要扎实推进“三去一降一补”五大任务，向管理提升、亏损“止血”、产业调整、资源整合、市场拓展要效益，减负担，转方式，提质量，增效益，瞄准全球价值链的高端。一是向管理提升要效益，通过完善运行机制、优化业务流程、强化业务协同、推进组织变革等方式，大力控成本、降费用、压支出。二是向亏损“止血”要效益，除僵扶困减负担。将处置“僵尸企业”作为解决企业结构性矛盾、推动国有企业布局结构优化、推动国有企业向高质量发展的重要措施之一。与此同时，将重点困难企业的改革脱困作为重要抓手，一方面狠抓冗员分流、债务重组、资产盘活等措施落实，迅速改善短期效益，及时“止血”；另一方面深入推进资产业务结构转型升级和体制机制改革，增强“造血”能力。三是在调整和优化国有经济布局结构的宏观政策指导下，向产业结构调整要效益，借转型升级进行产业链重组，将转型升级传统企业与布局新兴产业有机融合化一，迈向产业乃至全球价值链中高端。四是向资源整合要效益，促进企业协同发展。通过优化配置同类资源、搭建协同经营平台，解决同质化经营、重复建设、无序竞争等问题，提升国有资本运行效率。五是向市场拓展要效益，瞄准全球价值链中高端。在瘦身健体、提质增效的前提下，以供给端改革引领需求升级变化，精耕传统市场、抢占新兴市场、开拓国际市场，抓住“一带一路”等国家重大战略机遇，及时调整生产经营策略和产品结构，瞄准产业价值中高端，开展“增品种、提品质、创品牌”活动，努力提升市场份额，稳步提升市场竞争力。

其三，打造国际知名品牌，加速培育在全球行业发展中的引领能力和国际话语权。一是积极实施品牌战略，塑造国际知名品牌。国有企业要加强品牌建设的顶层设计和战略部署，不断完善品牌建设的机构和制度；要重视顾客感知，不断提升产品和服务的质量，将高品质作为品牌的基石。与此同时，国有企业需明晰品牌创建路径，如依靠核心技术培育自主品牌、通过并购重组创建知名品牌等，从而加速国有企业品牌建设进程。二是积极引领全球行业标准制定，逐步形成全球产业发展话语权。国有企业要积极参与国际标准的制定工作，推动中国标准更多地向国际标准转化，以“标准”为突破口，逐步引领行业技术发展方向。与此同时，国有企业应积极主动布局新兴产业，延展、布局产业链上下游，加速形成新价值链条并占领制高点，进而形成整个产业话语权。

其四，有效防范和化解重大风险。增强国有企业的抗风险能力，是高质量发展的重要内容之一。国有企业要坚持底线思维，提早防范，采取过硬措施，切实有效化解各类“黑天鹅”和“灰犀牛”引发的重大风险。一是要把梳理排查风险隐患的视野放得更宽广。在经济全球化背景下，要高度关注国际经济形势变化，要加强可能对我国企业带来影响的因素的研究，努力做到预案在先。二是处置“僵尸企业”，治理特困企业，积极排除过剩产能造成的风险隐患。三是严控各类债务风险。国有企业的平均资产负债率在 60% 以上，虽然总体上处于可控范围内，但少数企业的资产负债率仍然偏高，是需要重点防范和化解的风险。要推动国有企业股权多元化和混合所有制改革，大幅提升直接融资比重，降低负债规模和负债率，推进市场化债转股。四是严控投资风险，严禁超越自身承受能力的投资行为。国有企业要积极防范从事金融业务的风险，要明确搞金融主要是为了推进产融结合，而不是为了拿到金融全牌照。①

其五，毫不动摇地坚持共享发展，全面履行国企责任。共享是社会主义的本质要求，要坚持发展为了人民、发展依靠人民、发展成果由人民共享，认真履行国有企业肩负的经济责任、政治责任、社会责任。一是在与利益相关方的合作中坚持互利共赢，确保实现国有资产保值增值。二是积极参加新疆、西藏、青海等对口支援工作，认真做好精准扶贫。三是实现企业与职工共同发展，关爱职工成长和生活，多渠道建立职工成长平台和通道，增强职工的企业归属感。

其六，建立新的发展方式和高质量发展的评价指标体系，创建和完善

① 卢永真:《新时代新理念引领国企国资高质量发展》,《经济参考报》2018 年 4 月 2 日。

高质量发展的制度环境。[①] 2017年中央经济工作会议指出："必须加快形成推动高质量发展的指标体系、政策体系、标准体系、统计体系、绩效评价、政绩考核，创建和完善制度环境，推动我国经济在实现高质量发展上不断取得新进展。"国有企业作为高质量发展的排头兵，要积极改变不相适应的发展方式，积极参与标准体系等的制定和完善工作，积极推动与高质量发展相关的政策、制度的完善和创建。同时，要积极发挥企业家作用，明确企业家在制定和实施重大政策、制度方面的重要性，加快形成市场机制有效、微观主体有活力、宏观调控有力度的制度保障。

（三）绿色发展战略

绿色发展是企业引领新常态的需要，是国有企业持续健康发展的必要条件。党的十九大报告明确指出："必须树立和践行绿水青山就是金山银山的理念，坚持节约资源和保护环境的基本国策，形成绿色发展方式和生活方式。"新常态下，我国不再过度重视增长速度，高效率、低成本、高质量、可持续成为关注焦点。以可持续为核心的绿色发展战略，在推进国有企业履行社会责任的同时，能够有效实现企业、社会和环境的可持续发展。

1. 绿色发展的内涵及其相关理论

绿色发展作为五大发展理念之一，不同于传统的发展理念，它着眼于生态环境的实际容量和资源的实际承载能力，追求经济社会的可持续发展。虽然绿色发展的思想源远流长，但我国学术界对绿色发展概念的研究起步较晚，所提出的观点也存在差异。对这些观点的核心内容进行合理的概括和提炼，可以将绿色发展界定为：建立在资源承载力与生态环境容量的约束条件下，通过"绿色化""生态化"的实践，达到人与自然日趋和谐、绿色资产不断增值、人的绿色福利不断提升，从而实现经济、社会、生态协调发展的过程。对于企业而言，绿色发展战略是指企业以绿色发展理念为指导，沿着绿色化发展方向，在企业的各个方面、各个层次采取行动，并

① 李锦：《全面推动国企走高质量发展之路》，《紫光阁》2018年第1期。

取得全面进步的根本性、长远性、可持续性的谋划。简言之，企业绿色发展战略就是在绿色发展理念指导下的企业发展战略。

绿色发展理念有着深厚的思想渊源，其中，可持续发展理论、绿色经济发展理论和低碳发展理论具有重要的借鉴意义。

——可持续发展理论。不同于宏观意义上的可持续发展，企业可持续发展是指企业在追求自身经济价值增值的过程中，在充分考虑社会和生态环境可持续发展的基础上，既要实现当前的经营目标，同时又要保持企业长期的竞争优势，持续地增加盈利能力和扩大企业规模，实现长盛不衰的战略目标。它涉及管理水平、产业发展、人力资源、科技创新、生态环境、社会环境等众多因素，是一个多层次的、复杂的系统问题。宏观意义上的可持续发展是要实现一种经济、社会及生态的均衡发展，而企业可持续发展是要在非平衡的动态环境中求得企业的持续竞争优势，并兼顾社会、资源、环境的协调一致。在当前自然资源有限、生态环境的承受程度濒临极限的大环境下，可持续发展理论理应成为企业思考长远发展的理论基石。

——绿色经济发展理论。绿色经济的概念可以追溯至20世纪60年代美国著名学者鲍尔丁提出的“宇宙飞船经济理论”。经过二十多年的发展，英国经济学家皮尔斯发表了《绿色经济蓝皮书》，第一次提出了“绿色经济”一词，认为人类的经济活动必须尊重自然环境的承受力，建立一种“可承受的经济”发展模式。简而言之，绿色经济是在可持续发展的理念指导下，在节约资源、保护环境的前提下达到经济、社会、环境的综合效益，是维护人类生存环境，合理利用资源、能源以及有益于人类健康发展的一种可持续发展状态。在国内，绿色经济一般被理解为：“以促进经济活动的全面‘绿色化’‘生态化’为重点内容，以绿色投资为核心、以绿色产业为新的增长点，它强调可持续性，充分考虑生态环境容量和自然资源的承载能力。”其内涵主要体现在以下两个方面：第一，以保护生态环境、维系生态平衡为前提，既要经济也要环保，建设“环保型经济”“环境友好型经济”；第二，合理、高效地利用自然资源，以社会、经济、生态环境协调发展为目的的可持续增长方式，即从环保活动中获得经济效益。

——低碳发展理论。低碳发展是一种以低能耗、低污染、低排放为特点的发展模式，是低碳产业、低碳技术、低碳生活和低碳发展等经济形态的总称。其实质是提高能源利用效率和构建清洁能源结构，开发低碳技术、生产低碳产品和提供低碳服务，其核心是开发能源的高效率使用和构建清洁能源的结构。与传统发展模式的经济形态相比，低碳发展作为一种全新的经济理念和发展模式，有利于培育可持续竞争力。尤其是在全球气候变暖的背景下，低碳发展意义更为深远，是我国实现绿色发展的重要突破口。

2. 坚持绿色发展是国有企业持续健康发展的必然选择

绿色发展理念是准确把握我国经济社会发展阶段性特征的科学发展理念。经过多年的经济高速增长，中国成就了世界第二大经济体的奇迹，但是也产生了一系列深层次的矛盾和问题。我国资源能源不堪重负，大范围雾霾、水体污染、土壤重金属超标等环境问题突出。资源环境承载能力逼近极限已经成为制约我国经济可持续发展的瓶颈，这也导致传统的“高投入、高消耗、高污染”的发展模式不可延续。习近平总书记强调，单纯依靠刺激政策和政府对经济大规模直接干预的增长，只治标、不治本，而建立在大量资源消耗、环境污染基础上的增长则更难以持久。这也进一步表明，传统的粗放型发展方式不能适应和满足新常态下我国经济发展的要求，只有坚持绿色发展，才能进一步突破资源环境的制约。绿色发展是实现经济结构调整、发展方式转变的必然要求，是实现我国经济可持续发展的必然选择。

实施绿色发展战略是国有企业可持续发展的现实必然要求。当前，大多数国有企业已经对传统的“高投入、高消耗、高污染”的发展模式产生了路径依赖，向更高层次的经济发展模式转变仍很困难。然而，企业要想处于不败之地，就必须紧跟时代步伐，努力推进科技创新和体制改革，切实提高企业核心竞争力。国有企业，特别是高耗能制造业中的国有企业，技术设备落后、管理方式陈旧、高素质人才短缺等问题依旧突出。在新经济形势下，国有企业实施绿色发展战略有助于资源利用效率和企业经济效益的提高，是国企实现可持续发展的关键选择。

坚持绿色发展是国有企业承担社会责任的重要体现。国有企业属于全民所有，国务院和地方人民政府代表国家履行出资人职责，这就要求国有企业在追求利润最大化与国家和人民利益发生冲突时，首先要以国家和人民利益为出发点和立足点，以整个社会的最根本利益为重。然而，以往国有企业传统粗放的经济发展模式对外部生态环境产生了负外部性，这种负外部性最直接的承担者就是整个社会，长此以往，将不利于社会的可持续发展，人民的幸福感也就得不到提升。坚持绿色发展，保护生态环境，为人民营造良好的生存环境，是国有企业义不容辞的社会责任。

3. 国有企业实施绿色发展战略的具体举措

我国经济发展进入新常态，绿色发展已成为大势所趋，国有企业要将绿色发展理念融入企业发展，努力破解“高碳”经济难题，推动我国经济转型。目前，很多国有企业将绿色发展作为企业发展的新追求、新目标，通过一系列举措，推动绿色发展战略的实施。

其一，加快推进产业结构调整，促进企业转型升级。一是加快推进产业结构调整，发展壮大绿色产业。据统计，在398个国民经济行业中，中央企业涉及380个行业，占比达到95.5%。工业是我国能源消耗具有温室气体排放的主要领域，2016年全国能源消费总量43.6亿吨标准煤，其中工业能源消费量占70%左右。中央企业70%的资产分布在能耗高、污染大的重化工业领域，特别是钢铁、煤炭、炼油、化工、有色金属等行业，这些行业既是能耗高、污染大的行业，也面临着产能过剩的问题。国有企业要加快产业结构调整，去产能，减少资源浪费，推进绿色产业发展。二是加快推进重点行业低碳转型。根据重点行业碳排放的特点，加快制定或完善低碳技术推广实施方案，大力开展低碳新技术、新工艺、新设备和新材料的推广应用。着力选择一批成熟度高、减排潜力大、适用广泛的重大先进低碳技术开展推广示范，促进工业行业降低碳排放强度。着力开展低碳企业试点示范，通过实施低碳发展战略，建立低碳企业考核评价标准、指标体系及相关激励约束机制，重点培养一批低碳标杆企业，增强企业低碳竞争力。

其二，深入推行清洁生产，减少污染排放。一是增强企业清洁生产的意识，营造清洁生产氛围。清洁生产是提高原材料转化率、节能、降耗、减污和增效的重要手段，不仅能够产生良好的环境效益，还能为企业发展带来巨大的经济效益。企业可以通过讲座、媒体宣传等形式，宣传好清洁生产的意义，为企业营造重视、鼓励清洁生产的氛围。二是推进清洁生产技术改造。推行清洁生产至关重要的环节是先进技术的采用，因此，促进清洁生产技术改造显得尤为重要。企业加强技术改造，可以在生产设备的改进、生产技术、治污技术的提高等诸多方面下大力气。同时，要加强对生产废弃物资源化转化的研究，延长企业产品链条。三是强化清洁生产管理举措。清洁生产管理不仅需要政府支持，还需要企业强化自身管理。为了鼓励企业推进清洁生产，政府在税收、贷款及科研等方面提供优惠政策，企业要充分利用这些有利政策，加强清洁生产管理体系的建立和实施，做好清洁生产技术的应用等。

其三，加强资源综合利用，加快循环经济发展。所谓循环经济，就是以资源的高效利用为目标，以“减量化、再利用、再循环”为原则，以物质闭路循环和能量梯次为特征的经济模式。要想发展循环经济，国有企业就要自觉遵守并善于应用生态规律，通过资源的高效和循环利用，实现污染的低排放，最终实现经济发展和环境保护的“双赢”。在具体实践中，国有企业要遵循“减少资源利用量及废物排放量，大力实施物料的循环利用系统，努力回收利用废弃物”的原则，高度重视废旧家电、废塑料、废纸、废油脂、废橡胶等再生资源，以及粉煤灰、冶炼废渣、化工废渣、废气等工业“三废”资源的利用价值，实现废弃物资源的高价值化利用和循环利用。

其四，提升科技支撑能力，促进绿色创新发展。国有企业要紧跟科技革命和产业变革的方向，加大关键共性技术研发力度，加快绿色科技创新，发挥科技创新在绿色发展中的“牛鼻子”作用。一是聚焦传统产业绿色化改造关键技术研发力度。围绕钢铁、有色金属等传统行业产业，以新一代清洁高效可循环生产工艺装备为重点，着力突破绿色转型核心关键技术、研制一批重大装备设备，保障传统产业绿色化改造升级。二是促进绿色制造产业核心技术研发。结合新能源装备、新能源汽车等节能环保的绿色制造产业的技术需求，重点突破核心关键技术，积极构建支撑绿色制造产业发展的技术体系。三是鼓励支撑绿色发展的共性技术研发。在遵循产品全生命周期原理的基础上，促进绿色设计技术、环保材料、绿色工艺与装备、废旧产品回收资源化与再制造等领域共性技术的研发，逐步提高企业绿色发展技术水平。

其五，建立健全绿色发展标准体系和评价机制等，强化绿色标准引领。一是结合企业绿色发展需求，建立健全绿色发展标准体系。国有企业要积极发挥在标准制定中的主导作用，积极参与国家、国际标准化制定工作；同时，企业可根据发展需要，制定严于国家标准、行业标准的企业标准，进一步推动绿色发展标准升级。二是建立健全绿色发展评价机制。国有企业要加快构建自我评价、社会评价与政府引导相结合的全方位绿色发展评价机制。三是加强绿色评价监督评估，强化绿色评价结果的应用。

其六，加强国际交流合作，促进绿色开放发展。国有企业要把握好“一带一路”建设机遇，全面提升绿色发展领域的国际交流层次和开放合作水平。一是在国际经济合作中，国有企业要着眼于全球资源配置，以绿色发展理念为指引，通过境外投资、工程承包、技术合作、装备出口等方式，率先推动绿色制造和绿色服务“走出去”。二是加强绿色科技国际交流与合作，吸引全球顶尖研发资源和先进技术转移，加快提升我国绿色科技水平。三是完善对外交流合作机制，推动企业间、企业与研究机构之间的交流合作等。

（四）国际化经营战略

开放合作是科技进步和生产力发展的必然逻辑。经济全球化不可逆转，为世界经济发展提供了强劲动力，国有企业只有坚持开放合作、互利共赢，大力实施国际化经营战略，积极融入全球经济，才能开辟更加广阔的发展空间，加快成长为具有全球竞争力的世界一流企业。

1. 国际化经营战略的内涵及其相关理论

国际化经营战略的内涵可大可小，一般来说，如果一个企业的资源转化活动超越了国界，进行诸如商品、劳动、资本、技术等形式的经济资源的跨国传递和转化，那么这个企业就是在开展国际化经营。具体来说，国际化经营战略，是指在经济全球化和信息化条件下，积极参与世界分工，在从国内运营向全球化运营发展过程中所做出的战略选择。从宏观角度看，是以培育国际竞争力和竞争优势为目标，通过国家的产业政策、制度创新、技术创新、品牌创新及人才培养来融入全球化的过程。从微观角度看，是国际市场进入方式和区位的选择、竞争战略以及对外投资模式等国际市场竞争、合作和投资战略。①

根据企业应对降低成本压力和快速响应当地市场压力的能力不同，国际化经营战略被划分为四个类型，即国际化战略、跨国化战略、全球化战略和多国本土化战略。其中，国际化战略是指企业将其有价值的产品与技

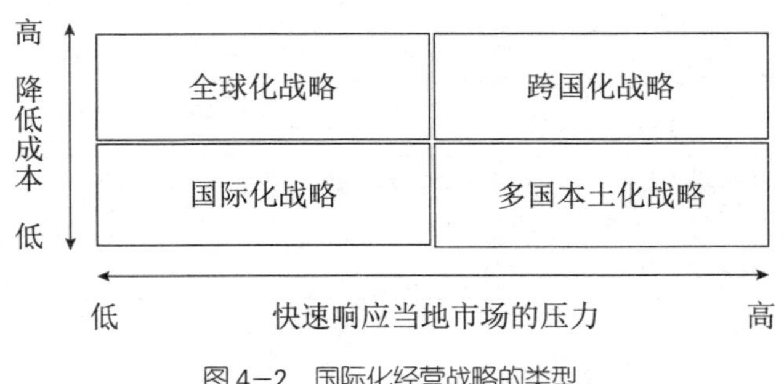

图 4—2　国际化经营战略的类型

能转移到国外市场，从而创造价值的战略。企业采用国际化战略时，通常将在母公司开发出的具有一定差异的产品转移到海外市场来创造价值。跨国化战略是在全球激烈竞争的情况下，既考虑降低成本形成以经验为基础的成本效益和区位效益，同时也注意当地市场的需要，注重产品的差异化和本土化的经营战略。全球化战略是指向世界市场推广标准化的产品和服务，并在较有利的东道国进行生产经营活动，由此形成经验曲线和规模经济效益，获得高额利润。全球化战略不严格区分国内市场和国外市场，而是对全球各地市场一视同仁。多国本土化战略是指企业将战略和业务决策分权到各个国家的战略业务单元，由这些战略业务单元向本地市场提供本土化的产品。多国本土化战略与国际化战略的不同之处在于，要根据不同

① 黄莉茹、李炜、王庆国：《企业国际化经营战略研究》，《现代国企研究》2016 年第 5 期。

国家的不同市场，提供更能满足当地市场需要的产品和服务；相同点是，这种战略也是将自己国家开发出来的产品和技能转到国外市场，而且在重要的东道国市场上从事生产经营活动。四种国际化经营战略各有优势和局限性（详见表4—2），企业应根据自身发展和当地市场的特点进行选择。

表4—2　各类型国际化经营战略的优劣势对比

战略类型	优势	劣势
国际化战略	具有向国外市场转移独特竞争优势，转让技能或产品来创造价值的能力	难以取得区位经济效益，难以取得经验曲线效益，响应当地市场能力差
跨国化战略	获得区位经济效益，获得经验曲线效益，改善当地市场反应，获得全球学习的利益	由于组织问题，实施难度大
全球化战略	获得规模经济效益，获得区位经济效益，获得经验曲线效益	响应当地市场能力差，本土化水平低
多国本土化战略	能够使产品和服务适应当地市场，能够在既定市场上发现潜在的、有新引力的市场空位	难以取得区位经济效益，难以取得经验曲线效益，难以向国外输出独特竞争力

随着全球经济日益推进，世界各国企业国际化经营迅速发展，学术界对企业跨国经营战略的理论基础进行了大量研究，比较有代表性的是比较优势理论及要素禀赋理论、垄断优势理论和竞争优势理论。

——比较优势理论及要素禀赋理论。比较优势理论由英国古典经济学派代表人物大卫·李嘉图所创立。比较优势理论认为，国际贸易产生的基础并不限于生产技术的绝对差别，只要各国之间存在着生产技术上的相对差别，就会出现生产成本和产品价格的相对差别，从而使各国在不同的产品上具有比较优势，使国际分工和国际贸易成为可能，进而获得比较利益。比较优势理论揭示了国际贸易所具有的互利性和国际分工的必要性。要素禀赋理论，也称作H–O理论，是赫克歇尔—俄林在继承和发展比较优势理论的基础上提出的。该理论认为，商品价格的绝对差异是由于成本的绝对差异，而成本的绝对差异是由于：第一生产要素的供给不同，即两国的要素禀赋不同；第二，不同产品在生产过程中所使用的要素的比例不同（要素密集程度不同）。生产要素禀赋理论自创立以来，虽然受到里昂惕夫等学者的质疑，但是仍被奉为当代国际经济理论中的圭臬，奠定了现代国际贸易理论的基石。比较优势理论及要素禀赋理论有助于正确分析和认识我国企业现存贸易模式存在的利弊，对企业对外投资区域选择具有较好的指导意义。

——垄断优势理论。又称所有权优势理论或公司特有优势理论。它是最早研究对外直接投资的独立理论，由美国麻省理工学院教授海默于1960年在他的博士论文中首次提出，其导师金德贝格（C. P. Kindleberger）在20世纪70年代进行了扩展。垄断优势理论以结构性市场不完全性和企业的特定优势两个基本概念为前提，指出市场不完全性是企业获得垄断优势的根源，垄断优势是企业开展对外直接投资的动因。该理论回答了一家外国企业的分支机构为什么能够与当地企业进行有效的竞争，并能长期生存和发展下去。海默认为，垄断优势可以划分为两类：一类是包括生产技术、管理与组织技能及销售技能等一切无形资产在内的知识资产优势；一类是由于企业规模大而产生的规模经济优势。根据现状，由于我国大多数企业缺乏国际竞争力，因此该理论对我国企业培育特定优势、提高国际竞争力具有启发意义。

——竞争优势理论。该理论由哈佛大学商学院迈克尔·波特教授提出，他认为供应商的议价能力、购买者的议价能力、潜在竞争者进入的能力、替代品的替代能力以及行业内竞争者现在的竞争能力是影响企业竞争战略的五种力量。在五种竞争力的抗争中，蕴含着企业成功的三个基本竞争战略，即成本领先战略、差异化战略和专一化战略。其中，成本领先战略是指企业依靠特殊资源、技术和方法等获得成本上的竞争优势，但是这种优势容易被模仿和超越。差别化战略是指企业对生产、研发、管理和销售等环节的创新，形成难以被竞争对手模仿和超越的竞争力。专一化战略是指企业主攻某个特殊的顾客群、某产品线的一个细分区段或某一地区市场。“价值链理论”是竞争优势理论的重要来源，它的构成形成了跨国公司的各种职能，也是组织跨国生产过程中价值增值行为的方法。三个基本竞争战略的提出为我国企业获取竞争优势提供了值得参考的方法论。

2. 加快国际化进程是培育具有全球竞争力的世界一流企业的内在要求①

国有企业是国民经济的重要支柱力量，是国家探索海外经营的“排头兵”和“顶梁柱”，对于提升国家核心竞争力具有不可替代的战略意义。当前，世界竞争格局正在加快重塑，跨国公司主导的全球竞争进一步加剧，全球产业结构进入深度调整期，国有企业“走出去”面临前所未有的新机遇和新挑战。国有企业要在我国开放型经济体制建设中发挥作用，就必须以世界眼光直面全球市场，顺应经济全球化大趋势，服务国家“走出去”战略，积极深入推进国际化经营战略。

国有企业要发展，必须向国内、国际两个市场要增量。国有企业大多处在传统行业，面对中国经济“新常态”，面对供给侧结构性改革，在国内寻求大的发展增量难度很大。在此背景下，向外、向国际化寻求增量是重要之选。这是被世界一流企业证实了的必然之路和成功之路，是中国大型骨干国有企业应该选择的发展战略。

培育世界一流的人才队伍必须坚持国际化。世界一流企业大都意识到人才的重要性，“得人才者得天下”已经成为共识。国有企业人才国际化首先要在东道国吸引优秀人才，美国的创新人才、德国的制造人才、英国的金融人才都可以为我所用。第二，国际化可以倒逼改革，激发人才活力。改革体制和改革机制知易行难，国际市场环境中的竞争可以倒逼国有企业机制改革。第三，企业内的优秀人才也需要国际化经营的锤炼。世界一流企业的企业家、高管、甚至专业技术人才，都需要通过国际市场来检验。一流人才都是从竞争中通过不断的学习得到成长的。如果能够培育和拥有一大批在国际市场摸爬滚打锤炼出来的企业家、高管和专业技术人才，那么这样的企业一定会成为世界一流企业。

① 董大海：《加快国企国际化进程　全力培育世界一流企业》，求是网，2018 年 7 月 24 日，http：//www.qstheory.cn/2018-07/24/c_1123169371.htm。

培育世界一流的创新能力必须坚持国际化。无论是以“复兴号”为代表的先进轨道设备，还是以“华龙一号”为代表的第三代核电技术，其发展历程都经历了引进消化吸收再创新的发展之路。引进就是开放，再创新进而走向国际市场还是开放，两端都是国际化。国有企业要对标世界一流企业，加快创新步伐，积极“走出去”，大力推进“一带一路”建设，集合全球范围内的创新资源，探索开放合作创新的路径。

3. 国有企业实施国际化经营战略的具体举措

面对新形势和新机遇，党中央统筹国内、国际两个大局做出了“推进‘一带一路’建设”的重大决策，开创了我国全方位对外开放新局面。国有企业特别是中央企业作为代表国家参与国际竞争的重要力量，必须充分利用国际国内两个市场、两种资源，加快形成国际经济合作和竞争新优势。

其一，创新国际化发展模式，提升企业核心竞争力。国有企业要从战略高度对国际化发展进行全面的规划部署，创新国际化发展模式，谋划灵活多样的海外投资方式和合作模式。要主动适应国内外产业结构调整要求，把资源向产业价值链的高端集中，通过控制价值链高端领域来开展海外经营活动。要深入分析新产业发展、新业务模式的特点，聚焦主业进行产业链的打造和新业务领域延展。要注重提高国际化发展的质量，推动以资本输出、投资带动为主向以中国创造、中国标准、中国技术和人力资本的全方位“走出去”转变。

其二，推进国际化人才战略，打造国际化人才高地。国有企业全面参与国际竞争，必须按照国际惯例和国际化经营战略的需要，加快培养一支“精技术、通商务、懂外语、会管理”，能够适应国际化发展的人才队伍。一是要强化本土国际化人才的培育。注重信念教育和政治引领，坚持党管人才原则，培养了解国外政治、经济、社会环境，具有国际化视野和专业知识技能的复合型人才。二是要加强海外国际化人才引进。突出“高、精、尖、缺”导向，重点引进处于国际前沿，能满足国家重大战略需求的一流专家、领军人物和急需紧缺的专门人才。三是要创新引才方式，除了满足其物质需求外，还应为国际化人才搭建创新创业平台，以吸引和留住人才。

其三，构筑全球化创新体系，培育创新型国有企业。世界一流企业的经验证明，开放式全球创新网络是企业创新发展的坚实基础。国有企业要通过与技术互补企业、产业链上下游企业、服务企业的开放式创新合作，共同形成涵盖基础研究、核心技术、产品开发和商业推广的全球创新生态体系，确保创新资源优化配置。要实施全球化研发战略，依据研发机构的功能定位，合理选择新设、兼并、收购等海外研发机构的建立方式，利用海外创新资源开展前瞻性基础领域和前沿技术的研发。要通过技术互补、人员聘用和文化融合等实现研发本地化，充分把握价值链高端环节，将非核心业务外包给具有比较优势的当地研发机构，提高整体研发效率。

第五章
中国国有企业治理

习近平总书记强调，坚持党对国有企业的领导是重大政治原则，必须一以贯之；建立现代企业制度是国有企业改革的方向，也必须一以贯之。国有企业治理是中国特色现代国有企业制度的关键内容，在治理体系中发挥党委（党组）领导作用是中国特色现代国有企业治理的本质特征。建立中国特色现代国有企业制度，要注重将社会主义制度优势和市场经济有机结合起来，不断解放和发展社会生产力。本章将分析国外公司治理的理论和实践，深入剖析我国国有企业治理的特殊性，明确中国特色现代国有企业治理体系的内涵，探讨完善国有企业治理的要求与具体措施。

一、公司治理实践与理论发展

我国的国有企业治理，早期主要是借鉴国外经验，开展了一系列实践探索。因此，在探讨我国国有企业治理问题之前，有必要对国外企业公司治理问题产生的过程、世界各国公司治理主要模式、公司治理的功能等基本问题作简要分析。

（一）公司治理问题的产生

20 世纪 30 年代，出现了公司所有权和控制权分离，引起了人们对公司治理问题的注意。1932 年，美国学者伯利和米恩斯在《现代公司与私有财产》一书中提出，现代公司中公司所有权与经营权出现了分离，公司已由所有者控制转变为经营者控制，经营者权力的增大有损害资本所有者利益的危险。[①] 20 世纪 80 年代后期，公司治理问题引起了西方学者的关注，并逐渐成为一个重要的研究领域。李维安综合国内外相关研究，将公司治理定义为：通过一套包括正式或非正式的、内部或外部的制度或机制来协调公司与所有利益相关者之间的利益关系，以保证公司决策的科学化，从而最终维护公司各方面的利益的一种制度安排。[②]

现代公司的出现引发了公司治理问题。现代公司是企业制度适应经济、社会和技术的进步，不断自我完善的结果，是在古典企业的基础上发展起来的（见表 5−1）。它在很大程度上克服了古典企业经济上的局限性，增加了筹资的可能性和规模扩张的便利性。同时，股东承担有限责任，股份可自由转让，这在很大程度上降低和分散了现代公司的风险，而且现代公司的法人特征也使其更具有稳定性。现代公司股权结构分散化和两权分离的特点，使得公司治理逐渐成为现代公司的焦点和核心。一方面，股权结构分散导致股东们难以在集体行动上达成一致意见，从而造成治理成本提高，分散的股权结构也使得股东和公司其他利益相关者对公司经营者的监督弱化。另一方面，现代公司两权分离容易造成两种权力、两种利益之间的竞争，经营管理者的利益目标有可能与股东的利益目标发生偏离，甚至冲突，经营管理者可能利用信息优势采取有损股东利益的机会主义行为。

---

① ［美］阿道夫 · A. 伯利，［美］加德纳 · C. 米恩斯：《现代公司与私有财产》，甘华鸣、罗锐韧、蔡如海译，商务印书馆 2005 年版。

② 李维安：《公司治理学》，高等教育出版社 2017 年版。

表 5—1 现代企业与古典企业的主要区别

企业类型	主要特点
现代企业	法人企业 股权分散 有限责任 规模较大
古典 / 传统企业	自然人企业 股权属于“老板”个人 无限责任 规模较小

公司治理对于现代公司之所以重要，主要体现在三个方面：第一，现代公司股权分散，股东多元化成为现代公司的常态，股东多元化必然导致相互之间利益不一致甚至冲突，因而需要以治理来平衡多股东的利益诉求。第二，现代公司的规模通常较大，大到必须要有一个组织运用集体智慧对公司重大方向、重要事项进行决策。第三，现代公司较之古典企业的一个社会学和政治学性质的变化就是除股东以外的利益相关者的觉醒与参与，这些利益相关者包括银行、公司内部的员工，也包括社会公众、供应商、顾客等，这些利益相关者正在越来越多地参与到公司治理之中。

（二）公司治理的功能

公司治理有两大功能——监督和决策，监督是基本功能，决策（智囊）是高级功能。

1. 监督功能

委托代理关系是委托人和代理人的一种契约关系。从监督的视角来看，监督的主体是（资产等）委托人，监督的客体（对象）是代理人。经理层是主要的代理人，同时董事会、监事会也是股东（会）的代理人。

代理人与股东及利益相关者的利益冲突和信息不对称，决定了委托人需要对代理人进行监督。委托人与代理人之间存在着利益冲突，双方会在签订代理契约的过程最大化各自的利益。另外，委托人和代理人之间存在信息不对称，即代理人拥有不易直接被委托人观察的（知识和行为等方面）

私人信息，[①] 这种信息不对称会影响委托人对代理人监督的有效性。由于占有委托人观察不到的信息优势，代理人将有可能采取机会主义行为，损害委托人利益以增加自己的利益。代理人的这种机会主义行为不但会影响股东利益，还可能影响其他利益相关者的利益。因此，所有与股东及利益相关者期望相违背的动机与行为，即“代理人的机会主义风险”，均应成为委托人的监督内容。

严格的奖惩制度是监督的有效抓手。在公司治理中，能够使经营者等代理人感到舒服的任何举措都是奖励，能够使经营者等代理人感到不舒服的任何举措都是惩罚。基于委托代理理论，在实践中，企业设计了很多奖惩方式与办法。目前，企业更多地使用奖励激励的办法，如年薪制、在职消费、股权激励等。在惩罚方面，国外公司治理更多的是基于外部经理人市场，给在位的经营者施加竞争压力，促使他们努力工作，自觉维护企业利益，否则将会有随时被解聘的可能。

2. 决策功能

早期公司治理的主要功能是监督经理层，防范经理层的机会主义行为。后来随着企业规模越来越大和外部经营环境的波动加剧，人们意识到公司治理不仅要监督经理层的行为，更要帮助公司作出正确的决策。于是，科学的公司决策逐渐成为公司治理的重要功能。

随着市场经济的不断发展，现代公司规模越来越大，业务越来越多样化，技术也越来越复杂。与此同时，外部环境也越来越复杂，经济环境、政治环境、技术环境的不确定性加大，单个人的知识能力、技能难以应对这种复杂性决策。因此，现代企业亟须一种利用集体智慧应对复杂性和动荡性的决策机制。通过集体智慧提高决策的科学化、尽可能规避经营风险，使企业得到更好的经济效益和更快的发展，才是对有关各方利益的最根本保障。因此，能否实现科学决策也是衡量公司治理是否有效的最重要标准。

战略决策和经营决策是公司决策的主要内容。一般而言，公司战略决

---

① 殷萍萍:《委托代理理论研究综述》,《现代营销（学苑版）》2012 年第 7 期，第 150—151 页。

策由股东大会或董事会作出，而经营决策则由经理层作出。然而，现代公司股权高度分散，乃至出现“所有者缺位”，在此情况下，董事会和经理层已经成为公司决策的核心主体。

（三）世界各国公司治理主要模式

在世界范围内，公司治理既有一般性原理，又有其不同的国别特点，这是因为公司治理根植于国别文化和政治制度。较有代表性的公司治理模式包括美国公司治理模式、德国公司治理模式、日本公司治理模式和新加坡淡马锡公司治理模式。

1. 美国公司治理模式

美国公司治理模式，也称为“外部人”模式或市场导向模式。这种模式由股东大会选举董事组成董事会，董事会对股东大会负责。董事会负责托管公司财产、选聘经营班子，并全权负责公司的各种重大决策，下设审计、薪酬、提名等委员会。经理层为职业经理人，经理层对董事会负责。美国公司不设置监事会，而是引入独立董事制度（图 5—1）。

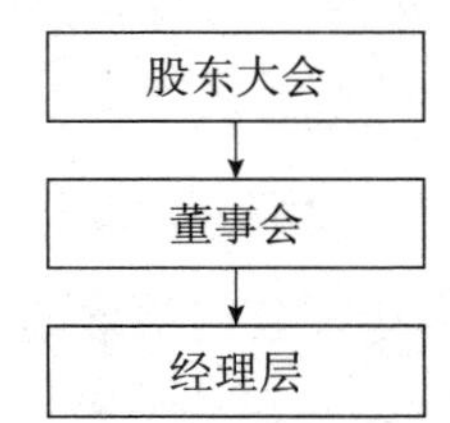

图 5—1　美国公司的治理结构

美国公司治理模式的形成与其特定的经济政治制度、较为完善的外部监督机制和发达的资本市场等有着密切的联系。[①] 主要特点包括：一是资本市场非常发达，企业融资主要以资本市场直接融资为主，公司股份非常分散。二是企业外部监督机制相对完善，立法执法体系健全。三是经理人市场发育充分，公司可以便利地在经理人市场上选聘合适的经理人。四是董事会中外部董事比例较大，在美国公司中，外部董事在董事会中的比例占半数以上。

在美国公司治理模式下，董事会和经理层各司其职，经理层拥有一定

① 夏春刚、石春生：《国外公司治理结构的模式和发展趋势》，《科技与管理》2003 年第 4 期，第 60—63 页。

经营自主权，有利于经理人集中精力、保持工作热情和创新力。然而，这种模式也存在弊端，高度分散的股权结构弱化了股东对公司的控制，致使股东大会形同虚设。

2. 德国公司治理模式

与美国模式不同，德国公司治理模式建立在由银行主导的金融体制上，也称“内部人”模式或银行导向模式。这种模式既设立董事会，也设立监事会。监事会由资方代表和劳方代表构成，[①]资方代表由股东大会选举产生，劳方代表通常由企业职工、工会选出。德国公司治理模式下的监事会不仅是监督机构，更是决策机构，监事会拥有董事任免权、薪酬制定权、重大事项审批权，还负责对董事会的控制及对董事执行公司业务的监督。董事会是执行监事会决议、负责公司日常运营的执行机构，在一定程度上相当于美国公司治理模式中的经理层（图 5−2）。

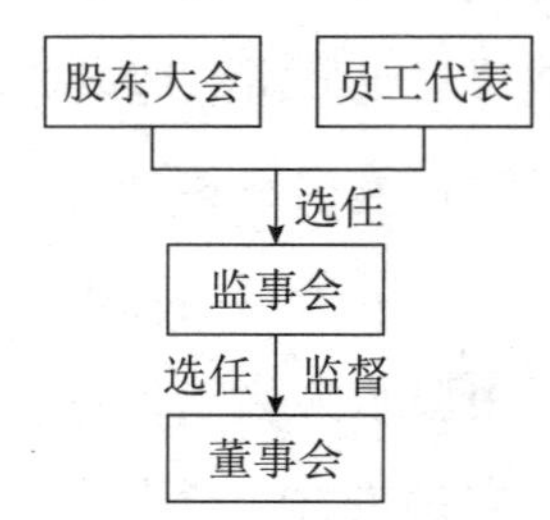

图 5−2　德国公司的治理结构

德国公司治理模式以保护集体利益为原则，强调集体主义力量，[②]注重保护利益相关者的权益。主要特点包括：一是公司股权相对集中、法人交叉持股。在德国公司，以银行为代表的金融机构持股比重和非金融公司交叉持股比重较大，个人持股较少。二是重视银行在公司决策中的作用。一方面是因为银行是德国公司资金的主要提供者，另一方面是因为银行享有股票代理权，股东可以将股票交给银行托管。三是员工参与被置于重要的制度地位。德国颁布了一系列关于职工参与决定的制度，如《矿冶共同决定法》《经营组织法》等，规定在监事会中职工要占有一定比例——因企业规模、人数、性质不同，职工代表在监事会中的比例可以占到 1/3—1/2。

在经济全球化背景下，德国公司的治理模式也受到挑战。随着德国资本市场的日渐开放和发展，国内外机构投资者不断增加，以前的银行主导

① 李维安：《公司治理学》，高等教育出版社 2017 年版。

② 周昱汝：《国外公司治理结构对我国当代国企发展的启示》，《法制与社会》2011 年第 35 期，第 201—202 页。

制受到冲击，由于股权结构发生变化，原来的公司治理结构在适应上显现出困难。①

3. 日本公司治理模式

日本公司的治理结构分别由股东大会、董事会、监事会和经理层组成。董事会和监事会是平行机构，均由股东大会选举产生，互不隶属。董事会是最高决策机构，负责公司业务决策，同时指派董事代表，具体负责公司业务的运营；监事会承担对董事会和经理层的监督职能（图 5—3）。

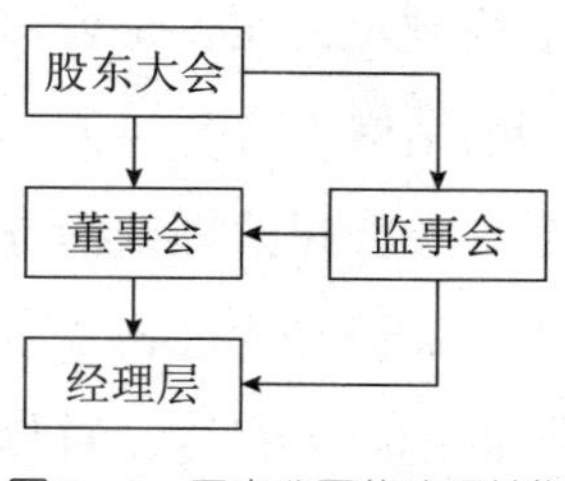

图 5—3 日本公司的治理结构

日本公司治理模式以企业整体利益最大化为经营导向。主要特点包括：一是主银行体制。在日本，银行不仅向公司提供信贷资金，而且持有公司股份，作为所有者对董事会和经理层进行监督和控制，在公司治理结构中处于核心地位。二是金融机构法人和企业法人为公司大股东，法人相互交叉持股。日本公司的大部分股权主要控制在金融机构和实业公司手中，采用相互持股方式的核心在于防止企业被吞并，可以加强关联企业之间的联系。② 三是内部董事 ③ 占多数，即董事会成员大多来自公司内部，他们在执行决策时容易得到各部门的通力协作，但同时也容易导致经营者权利的膨胀。为了解决由此引发的监督弱化问题，日本公司的治理结构中特别设立了监事会，负责对董事会和经理层进行监督。

4. 新加坡淡马锡公司治理模式 ④

在新加坡，淡马锡公司代表政府经营国有资产、支配股权。淡马锡公

① 吴小林、郭苏文：《美、德、日公司治理模式比较及演进趋势》，《湖北社会科学》2014 年第 6 期，第 94—98 页。

② 周昱汝：《国外公司治理结构对我国当代国企发展的启示》，《法制与社会》2011 年第 35 期，第 201—202 页。

③ 内部董事按照等级秩序又分为会长、社长、副社长、专务董事、常务董事和一般董事。社长类似于美国大公司的首席执行官（CEO），是经理阶层中的最高负责人，对公司的全部经营活动负责。

④ 刘银国：《国有企业公司治理研究》，中国科学技术大学出版社 2008 年版。

司是新加坡为了管理国有资产而组建的国有控股公司，新加坡财政部拥有淡马锡公司100%的股权。淡马锡公司的产权结构和组织体系是一种从政府到母公司、子公司、分公司等多层次、宝塔型的结构（图5—4）。

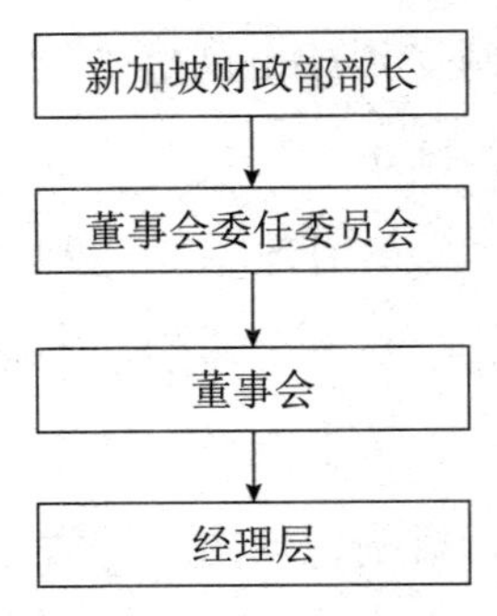

图5—4 新加坡淡马锡公司的治理结构

在公司治理结构方面，新加坡财政部主要负责任命淡马锡公司董事会的主席和董事，审阅经审计的财务报告，召集与淡马锡公司或其管理的相关联公司（GLC）会议，讨论公司计划和绩效等。董事会是淡马锡公司治理的核心，独立董事占半数以上，董事会成员的任命需要经过财政部领衔的"董事会委任委员会"审查和批准，并且要征得总统的同意。政府官员董事主要来自总统府、财政部、金融管理局、贸易发展局等，下属企业负责人则是业绩突出的资深经理人，民间人士则包括私营企业家、中立学者及其他专业人士。董事会负责决策企业的重大事项，如经营战略、股息分配及配股、投资决策、资金使用等。

政府监督管理和公众监督是淡马锡公司的主要监督方式。政府主要通过对董事会及主要经理人员的任命来实施其监督管理权。另外，政府还要求淡马锡公司定期报送财务报表，以随时了解监控淡马锡公司的经营状况。新加坡政府可随时对国有企业进行检查。公众监督是最大特色，任何机构或者个人只需要交纳很少的费用，就可在注册局调阅任何一家企业的材料。

（四）国外公司治理模式的规范化与特色化

1. 国外公司治理模式的规范化

随着经济全球化及市场一体化发展，公司治理也表现出国际化的趋势。各国对公司治理模式的比较和反思，推动了公司治理的相互借鉴和相互融合。各国公司不断地相互学习，实现优势互补，尤其自20世纪80年代以来，公司治理模式出现规范化的趋势。

《OECD 公司治理准则》正在逐渐成为公司治理的国际标准。① 1999 年 5 月，为顺应全球化公司治理的发展需求，OECD 成员国 ② 通过了《OECD 公司治理准则》。这是公司治理领域第一个多国共同准则，其最重要的目的是建立一个全球通用的治理语言，借此反映公司治理的共同或者普遍性功能。OECD 也专门形成了《OECD 国有企业公司治理指引》，提出：对国有企业的法律和监管框架应当确保国有企业和私营公司在市场上公平竞争；国有企业应该承认所有股东的权利；国家所有权政策应充分承认国有企业对利益相关者的责任；国有企业董事会应该具有必要的权威、能力和客观性，以履行他们在战略指导和监督管理上的职能等。2004 年 4 月，OECD 结合公司治理领域的最新发展情况，对《OECD 公司治理准则》进行了修订。2015 年 10 月，为促进信任和改善亚洲资本市场运作，OECD 推出了一套针对亚洲的公司治理原则，③ 并获得了 G20 财政部长会议的认可。④

利益相关者日益受到重视。利益相关者理论认为，公司存在的目的不是单一地为实现股东价值最大化，公司还应当承担社会责任，要考虑和满足广泛的利益相关者的诉求。公司管理者和员工已经开始认识到，公司应该有助于提高社会的整体福利。以职工利益保护为例，美国通过立法来保护包括职工在内的利益相关者的利益，而德国则通过职工直接参与公司治理来保护职工的利益。

机构投资者作用加强，相对控股模式出现。基于“经营者控制”的严峻现实，各国公司的股权结构开始发生一个共同的变化趋势，即从高度分散或者高度集中向中间靠拢，谋求一种“相对控股模式”。英、美等国家开始促进机构投资者加大持股比重并鼓励其参与公司治理，日、德等国家开始降低银行持股比重以减少交叉持股的弊端。

---

① 李维安：《公司治理学》，高等教育出版社 2017 年版。

② 中国尚未加入 OECD，中国与 OECD 之间主要以部门层次的合作为主。

③ 《OECD 公司治理准则》不是强制性的，其官网描述为“(G20/OECD 公司治理原则) 为国家决策者提供了关于公司治理主要问题的建议，例如股东权利、高管薪酬、财务披露、机构投资者行为、董事会实务以及股票市场的运作”。

④ 中国是 G20 的创始成员之一。

2. 国外公司治理模式的特色化

虽然各国公司治理模式正在相互靠近、相互补充，但不同国家公司治理模式仍存在很大差异性[①]（国外主要公司治理模式比较详见表 5–2）。

表 5–2　国外主要公司治理模式比较

	美国公司	德国公司	日本公司	新加坡淡马锡公司
股权结构	股权相对分散，股权具有高度的流动性	股权相对集中，法人相互持股，股权流动性较差	股权相对集中，法人相互持股，股权流动性较差	股权集中度较高，政府出资，市场化运作
股东大会	最高权力机构，最大限度体现中小股东利益	最高权力机构，最大限度体现股东、职工利益	最高权力机构，由法人大股东行使权利	财政部控股
董事会	外部董事占多数，引入独立董事制度，下设若干委员会	董事会是监事会的下位机构，对监事会负责，性质属执行机构	董事会与监事会是并列机构，对股东大会负责	强权董事会制度，决策机构
监事会	无	由资方代表和劳方代表构成，任命、监控、指导董事会成员，并拥有决策权	监事会成员多来自公司内部	无

不同国家公司治理模式存在差异的原因主要包括：一是公司治理不能脱离其特定国情，一个国家经济、政治、法律和文化背景都影响和决定其公司治理。二是公司治理具有较强的路径依赖和制度互补性。互补性是路径依赖的成因，是公司治理机制形成的基本特征。互补性系统难以零敲碎打地改变，所以如果仅改变一项制度，新的制度可能不能与组成系统的其他制度形成互补，这将导致那些没有改变的制度效率降低。三是改革是有成本的，公司治理模式转换的成本相当巨大，除非其转换效益显著超过成本，一般不会轻易放弃原有的公司治理模式。

建立有效的公司治理模式，是企业界的普遍追求。有效的公司治理模

① 张银杰：《公司治理——现代企业制度新论（第三版）》，上海财经大学出版社 2017 年版。

式，要求有很好的适应性或增强公司治理的自我适应能力，能够随着外部环境和内部情况的发展变化，及时对其治理模式进行修正，保证治理模式的有效性。实践说明，建立有效内部治理模式的关键，是尽可能地实现责、权、利相统一；建立有效外部治理模式的关键，是要有发达的资本市场、经理人市场和完善的法律环境。

二、我国国有企业治理的特殊性

国有企业在世界范围内普遍存在，但我国国有企业的性质、使命和功能与其他国家的国有企业不同，因此治理目标、委托代理层级、治理主体、治理重点等诸多方面都存在特殊性。具体表现在国有资产属于人民所有的根本性、委托代理关系的多层性、党的领导的独特性、内外共治的必要性四个方面。

（一）国有资产属于人民所有的根本性

《中华人民共和国企业国有资产法》[①]规定："国有资产是指国家对企业各种形式的出资所形成的权益，国有资产属于国家所有即全民所有，国务院代表国家行使国有资产所有权。"

国有企业的产权特征，是国有资本在企业股权结构中占控制地位。国有企业是推进国家现代化、保障人民共同利益的重要力量，是中国特色社会主义的重要物质基础和政治基础，是我们党执政兴国的重要支柱和依靠力量，是壮大综合国力、促进经济社会发展、保障和改善民生的重要力量。通过发挥重要力量，国有企业坚持以人民为中心的发展思想，在不断实现人民对美好生活的向往中承担着重要作用。

---

① 由中华人民共和国第十一届全国人民代表大会常务委员会第五次会议于 2008 年 10 月 28 日通过。

国有资产属全体人民所有，这要求国有企业必须确保以人民为中心的发展理念，必须办好国有企业，使国有资产不断保值增值，更好地满足人民对美好生活的需要。国有企业是解决当前我国社会主要矛盾的重要力量，推动国有企业高质量发展可以更好地满足人民日益增长的美好生活需要，提高人民群众的获得感、幸福感。我国已经进入全面建成小康社会的决胜阶段，只有做强做优做大国有企业、做强做优做大国有资本，才能为全面建成小康社会奠定坚实的物质基础，才能更好地服务于全体人民。

国有资产属全体人民所有，决定了国有企业治理的多目标性。为保证多治理目标的协调一致，需要党组织成为治理主体之一并发挥领导作用。国有企业治理的直接目标，包括经济目标、政治目标和社会目标三个方面。国有企业是经济组织，承担着重要的经济目标，同其他所有制形式的企业一样，要讲求经济效益，努力生产更多符合社会和人民需要的产品，创造更多的财富，为国家综合实力的增强作出积极贡献；同时，国有企业特别是关系国家安全和国民经济命脉的国有重要骨干企业又不同于其他所有制形式的企业，担负着重要的政治责任和社会责任，是国家可以直接掌控的加强宏观调控、应对突发事件、防止重大经济风险、维护社会稳定、确保党执政兴国的可靠力量。国有企业治理的多个目标之间，多数情况下是相互促进的，但在特殊情况下，也会出现冲突和矛盾，此时企业需要在多个目标之间进行权衡。为确保政治目标和社会目标的优先实现，确保党的执政基础，确保以人民为中心的发展理念得到贯彻执行，需要党组织成为治理主体之一并发挥领导作用。

（二）委托代理关系的多层性

经典的公司治理为“股东—董事会”“董事会—经营层”两层委托代理关系，而我国国有企业的委托代理层级则多达四层。第一层是由全体人民委托给人民代表大会。尽管国有资产属于全体人民，但我国有十四亿多人口，只能委托给由民主选举产生、对人民负责并受人民监督的全国和地方各级人民代表大会进行管理。第二层是由全国人民代表大会和地方人民代表大会委托给政府（国务院和地方人民政府)。《中华人民共和国企业国有资产法》规定:“国务院代表国家行使国有资产所有权。”“国务院和地方人民政府依照法律、行政法规的规定，分别代表国家对国家出资企业履行出资人职责，享有出资人权益。”为更好地承担对国有资产的监督管理职责，国务院和地方人民政府按照国务院的规定设立国有资产监督管理机构，由国有资产监督管理机构根据本级人民政府的授权，代表本级人民政府对国家出资企业履行出资人职责。第三层是由政府（国务院和地方人民政府）内设的国有资产监督机构委托给董事会。董事会对相应的国有资产监督管理机构负责，执行国有资产监督管理机构的决定，接受国有资产监督管理机构的监督。第四层是由董事会委托给经理层。经理层对董事会负责，向董事会报告工作，接受董事会的管理和监督。

多层委托代理关系增加了国有企业治理的复杂性。公司治理的核心问题“内部人控制”，产生的原因主要在于两个方面：一是委托人与代理人的利益存在冲突或不一致，二是委托人与代理人之间存在信息不对称。两者利益不一致性越大、信息不对称程度越大，“内部人”的机会主义风险就越大。由于每一层委托代理关系中都存在委托人与代理人之间的利益不一致性，因此经理层（最终代理人）的行为及董事会的决策与资产所有者（最初的委托人）的利益会发生严重的偏差；同样，委托代理链条过长，会增加委托代理关系中资产所有者（最初委托人）与经理层（最终代理人）之间信息不对称的程度，使得对代理人的激励和约束机制的设计面临更大的困难。上述原因导致国有企业治理需要重点解决“内部人控制”问题，在完善国有企业治理体系时，也需要有一个严密的组织系统负责对国有企业的资产和经营活动进行监管。

（三）党的领导的独特性

《中国共产党章程》规定:“中国共产党是中国工人阶级的先锋队，同时是中国人民和中华民族的先锋队，是中国特色社会主义事业的领导核心，代表中国先进生产力的发展要求，代表中国先进文化的前进方向，代表中国最广大人民的根本利益。”中国共产党领导是中国特色社会主义最本质的特征，没有共产党，就没有新中国，就没有新中国的繁荣富强，就不可能夺取新时代中国特色社会主义伟大胜利。

国有企业是中国特色社会主义的重要物质基础和政治基础，坚持党的领导是我国国有企业最鲜明的特色，国有企业党组织必须保证监督党和国家的方针、政策在本企业的贯彻执行。习近平总书记强调，坚持党对国有企业的领导是重大政治原则，必须一以贯之；建立现代企业制度是国有企业改革的方向，也必须一以贯之。

坚持党的领导，需要国有企业党委（党组）在治理中发挥领导作用，因此，构建与之相符合的治理结构和治理机制是国有企业治理的重要内容。《中华人民共和国公司法》第十九条规定：“在公司中，根据中国共产党章程的规定，设立中国共产党的组织，开展党的活动。公司应当为党组织的活动提供必要条件。”《中国共产党章程》第三十三条明确了国有企业党委（党组）的职责定位：“国有企业党委（党组）发挥领导作用，把方向、管大局、保落实，依照规定讨论和决定企业重大事项。国有企业和集体企业中党的基层组织，围绕企业生产经营开展工作。”

把党组织“融入”和“内嵌”到公司治理结构和治理环节中去，是实现党对国有企业领导的有力方式，是实现党组织与公司治理有机结合的有效途径。中国特色现代国有企业制度，“特”就特在把党的领导融入公司治理各环节，把企业党组织内嵌到公司治理结构之中，明确和落实党组织在公司法人治理结构中的法定地位。通过“内嵌”到治理结构之中、“融入”到治理各环节，发挥党委（党组）在治理中的领导作用，可以保证党和国家方针政策、重大部署在本企业贯彻执行，可以保证党对干部人事工作的领导权和对重要干部的管理权，可以保证全面从严治党在国有企业落实落地。党委（党组）通过“内嵌”成为治理结构的有机组成部分。“内嵌”的方式有两种：一是党委（党组）作为一个整体，内嵌到治理结构之中，成为重要的治理主体之一；二是通过“双向进入、交叉任职”实现个体内嵌，主要是党委（党组）书记、董事长由一人担任，党委成员通过法定程序分别进入董事会、监事会和经理班子，董事会、监事会、经理班子中的党员依照有关规定进入党委会。把党的领导融入公司治理各环节，主要是制度融入，包括决策制度、监督制度、执行制度等，其中最关键的是“三重一大”决策制度。

多数中央企业都对此进行了很好的实践探索。如中国电子科技集团公司通过落实党建工作要求进章程，确立了党组在公司治理中的法定地位；通过落实党委书记和董事长“一肩挑”等“双向进入、交叉任职”要求，实现了党员个体嵌入其他公司治理主体中；通过落实前置程序要求，完善党组、党委工作规则，明确决策程序、责任清单、沟通机制和报告制度“四要素”，推动了加强党的领导和完善公司治理相统一。中国电子科技集团公司以划分党组（委）、董事会、经理层等治理主体权责关系为突破口，构建了多元治理主体之间的分层授权及监督机制，建立了以法人治理结构为核心的制度体系，以制度体系中的公司章程（即“1”）、党组工作规则、董事会工作规则、总经理工作规则（即“3”）等为基础，梳理党组、董事会、经理层等在决策、执行、监督环节的权责关系，按照事权、财权划分70余项管理类事项和80余项金额类经济事项，明确党组、董事会、经理层决策权限。

（四）内外共治的必要性

按产权结构划分，国有企业分为国有独资公司、国有绝对控股公司和国有相对控股公司。无论哪一种类型，国有资本在国有企业股权中均占有控制地位，这构成了单一出资人下的内部治理特征，对国有企业治理产生了不利影响。其一，单一出资人对股东大会结构产生了影响，一股独大易导致大股东控制股东大会，不利于小股东利益的保护，可能会影响到国有企业的混合所有制改革进展。其二，单一出资人对董事会的影响较大，“一股独大”的股权结构意味着国有企业的董事更多是出资人代表，在配置董事和外部董事的过程中，由出资人行政任命成为主流方式，这会导致董事与经理层人员交叉的情况普遍存在，董事会对经理层的监督作用难以发挥。

国务院办公厅《关于加强和改进企业国有资产监督防止国有资产流失的意见》(国办发〔2015〕79号)指出:“一些国有企业逐渐暴露出管理不规范、内部人控制严重、企业领导人员权力缺乏制约、腐败案件多有发生等问题,企业国有资产监督工作中多头监督、重复监督和监督不到位的现象也日益突出。”这些问题都说明,国有企业治理的监督体系需要特别设计。

为弥补单一出资人的治理不足,必须强化外部监督,国有企业治理应该强调内外共治。首先,需要形成资产所有者对国有资产管理情况进行监督的机制,表现为各级人民代表大会对各级政府内设的国有资产监督管理机构的监督机制。其次,除了通过加强和改进党对国有企业的领导,切实强化国有企业内部监督外,还需要强化出资人监督和审计、纪检监察、巡视监督,严格责任追究,加快形成全面覆盖、分工明确、协同配合、制约有力的国有资产监督体系。最后,要发挥社会监督作用,重视舆论监督和人民群众监督。

三、按照两个“一以贯之”要求完善国有企业治理

在2016年10月召开的全国国有企业党的建设工作会议上,习近平总书记提出了两个“一以贯之”的要求。进一步地,国务院办公厅《关于进一步完善国有企业法人治理结构的指导意见》(国办发〔2017〕36号)明确了构建国有企业治理体系的具体要求。提升国有企业治理能力和水平,需要贯彻落实两个“一以贯之”要求,按照36号文的指导意见,从内部治理和外部治理两个方面完善国有企业的治理结构和治理机制。

(一)我国一般性公司的治理

《中华人民共和国公司法》规定,有限责任公司设股东会、董事会、经理和监事会。

股东会依照《中华人民共和国公司法》行使职权,包括决定公司的经

营方针和投资计划，选举和更换非由职工代表担任的董事、监事，决定有关董事、监事的报酬事项，等等。

董事会对股东会负责，行使包括执行股东会的决议、决定公司的经营计划和投资方案、决定聘任或者解聘公司经理及其报酬事项等职权。

经理对董事会负责，行使主持公司的生产经营管理工作，组织实施董事会决议；组织实施公司年度经营计划和投资方案；拟订公司内部管理机构设置方案；提请聘任或者解聘公司副经理、财务负责人等职权。

监事会、不设监事会的公司的监事行使以下职权：检查公司财务；对董事、高级管理人员执行公司职务的行为进行监督，对违反法律、行政法规、公司章程或者股东会决议的董事、高级管理人员提出罢免的建议；提议召开临时股东会会议，在董事会不履行本法规定的召集和主持股东会会议职责时召集和主持股东会会议等。

（二）国有企业的内部治理

1. 国有企业内部治理的实践

党的十八大以来，按照党中央、国务院关于建立中国特色现代国有企业制度部署，积极推进国有企业完善公司治理，推进董事会建设。截止到 2019 年 3 月，公司制的改制全面完成，公司治理结构进一步优化。83 家中央企业建立了规范的董事会，15035 户中央企业所属的二、三级单位都建立了规范的董事会。各省国资委也加大了改革力度，在省属国资委所管企业中，90% 以上都建立了规范的董事会。落实董事会职权、经理层任期制和契约化管理也在进一步推进，职业经理人制度、中长期激励这些试点工作也在有序推进。

落实董事会职权试点工作。2014 年 12 月，国务院国资委向中国节能、中国建材、国药集团、新兴际华集团 4 户试点企业下发了《关于落实中央企业董事会职权试点的工作方案》，明确将中长期发展战略规划权、高级管理人员选聘权、业绩考核权、薪酬管理权、重大财务事项管理权交给董事会，对试点企业实行工资总额备案制管理。总的来看，中央企业和地方企业结合实际，积极推动改革落地见效，以点带面、串点成线的改革态势正在形成。

推进董事会建设工作。中央企业董事会制度日趋完善，管理日趋规范，董事会组织体系和运作机制更加健全。规范董事会一般由 7 人或 9 人组成，企业内部 3 人或 4 人，包括与党委（党组）书记“一肩挑”的董事长、担任副书记的总经理和 1 名职工董事；外部董事 4 人或 5 人。结合企业实际，董事会下设战略、提名、薪酬与考核、审计与风险等专门委员会，并明确企业相关职能部门提供支撑服务。

推行市场化选聘和职业经理人制度。按照落实董事会职权试点工作部署，采取“党组织推荐、董事会选择，市场化选聘、契约化管理”的方法，在 3 户试点企业开展了由董事会选聘和管理经理层的改革试点。截至 2017 年底，中央企业下属二级企业经理层成员总数达到 14142 人，其中董事会进行市场化选聘并管理的职业经理人有 770 人，占比 5.4%。

2. 国有企业的内部治理结构

我国国有独资公司的治理结构[①]如图 5—5 所示，该治理结构有三个显著特点：一是党组织在国有企业治理结构中占重要地位，承担重要治理职能，发挥领导作用；二是外部董事占多数；三是通过职工代表大会、职工董事和职工监事，实现国有企业的民主管理。

第一，在所有权层面，国资委作为出资人代表，是国有企业的权力机构。国有资产的所有权属于全体人民，全国人民代表大会是人民行使国家权力的机关。但是，全国人民代表大会不能直接参与国有企业治理，需要借助政府行政体系（国务院）的力量，由政府行政体系代表全民行使资产所有权职能。国务院国资委和地方国资委，作为国务院和地方人民政府设立的国有资产监督管理机构，依照《中华人民共和国公司法》《中华人民共和国企业国有资产法》等法律和行政法规履行出资人职责。

《中华人民共和国公司法》第六十六条规定：“国有独资公司不设股东会，由国有资产监督管理机构行使股东会职权。国有资产监督管理机构可

① 有两点说明：一是根据 2018 年 3 月的国务院机构改革方案，优化审计署职责，不再设立国有重点大型企业监事会，因此中央企业不再设监事会；二是国资委对国有企业董事会、国有企业党组织和内设监事会，都有监督的职能。

以授权公司董事会行使股东会的部分职权，决定公司的重大事项，但公司的合并、分立、解散、增加或者减少注册资本和发行公司债券，必须由国有资产监督管理机构决定；其中，重要的国有独资公司合并、分立、解散、申请破产的，应当由国有资产监督管理机构审核后，报本级人民政府批准。”

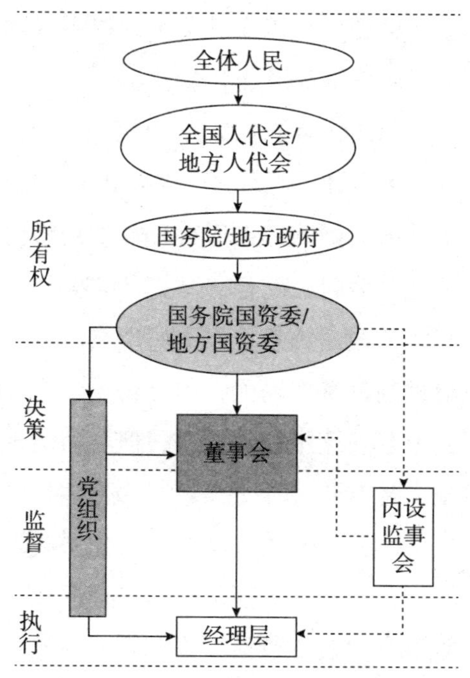

图 5-5 我国国有独资公司的内部治理结构

2017 年 5 月，国务院办公厅发布的《关于进一步完善国有企业法人治理结构的指导意见》(国办发〔2017〕36 号）对国有独资公司的出资人职责进行了进一步明确：出资人机构依据法律法规和公司章程规定行使股东权利、履行股东义务，有关监管内容应依法纳入公司章程。在监督方面，国有资产监管机构的职能包括健全规范国有资本运作、防止流失的制度，加大对国有资产监管制度执行情况的监督力度，定期开展对各业务领域制度执行情况的检查，针对不同时期的重点任务和突出问题不定期开展专项抽查。

第二，董事会是国有企业的决策机构。董事会执行国有资产监督管理机构的决定，对国有资产监督管理机构负责，依照法定程序和公司章程授权决定公司重大事项，接受国有资产监督管理机构和监事会监督，认真履行决策把关、内部管理、防范风险、深化改革等职责。国有独资公司依法落实和维护董事会行使重大决策、选人用人、薪酬分配等权利，增强董事会的独立性和权威性，落实董事会年度工作报告制度。

第三，经理层是国有企业的执行机构。经理层依法由董事会聘任或解聘，接受董事会管理和监事会监督。总经理对董事会负责，依法行使管理生产经营、组织实施董事会决议等职权，向董事会报告工作，董事会闭会期间向董事长报告工作。

第四，监事会是公司的监督机构。2018 年 3 月，国务院进行机构改革，优化了审计署职责，不再设立国有重点大型企业监事会[①]，将相应职责划归审计署。因此，在现行公司治理结构中，中央企业集团公司原来的外派监事会取消后，没有增设“内设监事会”，其他国有企业则按照《中华人民共和国公司法》规定设立监事会。从公司治理的功能来看，监督功能是公司治理的最基本功能，中央企业集团公司的外派监事会职责划归审计署，实质上是强化了外部监督，但公司治理的内部监督相对弱化。中央企业集团未来是否设立内设监事会，还需要研究。

根据《中华人民共和国公司法》规定，监事会依照有关法律法规和公司章程设立，对董事会、经理层成员的职务行为进行监督。监事会、不设监事会的监事行使下列职权：检查公司财务；对董事、高级管理人员执行公司职务的行为进行监督，对违反法律、行政法规、公司章程或者股东会决议的董事、高级管理人员提出罢免的建议；当董事、高级管理人员的行为损害公司的利益时，要求董事、高级管理人员予以纠正等。监事可以列席董事会会议，并对董事会决议事项提出质询或者建议。

第五，党委（党组）在国有企业治理中发挥领导作用。党委（党组）是国有企业治理的重要主体之一，发挥领导作用，在决策、监督和执行方面均承担重要职能。坚持党的领导、加强党的建设是国有企业的独特优势，也是国有企业治理结构的最大特色。党组织是企业法人治理结构的有机组成部分，在国有企业法人治理结构中具有法定地位。国有企业党委（党组）在国有企业中发挥领导作用，把方向、管大局、保落实。

另外，职工代表大会是企业民主管理制度的基本形式，也承担一定的治理职能。企业在重大决策上要听取职工意见，涉及职工切身利益的重大问题必须经过职工代表大会审议。职工代表大会还负责选举职工董事和职

① 国有重点大型企业监事会被称为“外派监事会”。

工监事。

3. 国有企业的内部治理任务与措施

（1）国有资产监督管理机构治理

以管资本为主改革国有资本授权经营体制，对直接出资的国有独资公司，国有资产监督管理机构重点管好国有资本布局、规范资本运作、强化资本约束、提高资本回报、维护资本安全。对国有全资公司、国有控股企业，国有资产监督管理机构主要依据股权份额通过参加股东会议、审核需由股东决定的事项、与其他股东协商作出决议等方式履行职责，除法律法规或公司章程另有规定外，不得干预企业自主经营活动。

按照以管资本为主的要求，国有资产监督管理机构要转变工作职能、改进工作方式，加强公司章程管理，清理有关规章、规范性文件，研究提出国有资产监督管理机构审批事项清单，建立对董事会重大决策合规性审查机制，制定监事会建设、责任追究等具体措施，适时制定国有资本优先股和国家特殊管理股管理办法。

（2）董事会治理

优化董事会组成结构。国有独资、全资公司的董事长、总经理原则上分设，应均为内部执行董事，定期向董事会报告工作。国有独资公司的董事长作为企业法定代表人，对企业改革发展负首要责任，要及时向董事会和国有股东报告重大经营问题和经营风险。国有独资公司的董事对出资人机构负责，接受出资人机构指导，其中外部董事人选由出资人机构商有关部门提名，并按照法定程序任命。国有全资公司、国有控股企业的董事由相关股东依据股权份额推荐派出，由股东会选举或更换，国有股东派出的董事要积极维护国有资本权益；国有全资公司的外部董事人选由控股股东商其他股东推荐，由股东会选举或更换；国有控股企业应有一定比例的外部董事，由股东会选举或更换。

规范董事会议事规则。董事会要严格实行集体审议、独立表决、个人负责的决策制度，平等充分发表意见，一人一票表决，建立规范透明的重大事项信息公开和对外披露制度，保障董事会会议记录和提案资料的完整性，建立董事会决议跟踪落实以及后评估制度，做好与其他治理主体的联系沟通。董事会应当设立提名委员会、薪酬与考核委员会、审计委员会等专门委员会，为董事会决策提供咨询，其中薪酬与考核委员会、审计委员会应由外部董事组成。改进董事会和董事评价办法，完善年度和任期考核制度，逐步形成符合企业特点的考核评价体系及激励机制。

加强董事队伍建设。开展董事任前和任期培训，做好董事派出和任期管理工作。建立完善外部董事选聘和管理制度，严格资格认定和考试考察程序，拓宽外部董事来源渠道，扩大专职外部董事队伍，选聘一批现职国有企业负责人转任专职外部董事，定期报告外部董事履职情况。国有独资公司要健全外部董事召集人制度，召集人由外部董事定期推选产生。外部董事要与出资人机构加强沟通。

加强责任追究。董事应当遵守法律法规和公司章程，对公司负有忠实义务和勤勉义务；要将其信用记录纳入全国信用信息共享平台，违约失信的按规定在“信用中国”网站公开。董事应当出席董事会会议，对董事会决议承担责任；董事会决议违反法律法规或公司章程、股东会决议，致使公司遭受严重损失的，应依法追究有关董事责任。执行董事未及时向董事会或国有股东报告重大经营问题和经营风险的，应依法追究相关人员责任。按照“三个区分开来”[①]的要求，建立必要的改革容错纠错机制，激励企业董事会领导人员干事创业。

（3）经理层治理

在董事会选聘经理层成员工作中，上级党组织及其组织部门、国有资产监管机构党委应当发挥确定标准、规范程序、参与考察、推荐人选等作用。积极探索董事会通过差额方式选聘经理层成员。

积极探索党管干部原则与董事会选聘经营管理人员有机结合的途径和

① “三个区分开来”：把干部在推进改革中因缺乏经验、先行先试出现的失误和错误，同明知故犯的违纪违法行为区分开来；把上级尚无明确限制的探索性实验中的失误和错误，同上级明令禁止后依然我行我素的违纪违法行为区分开来；把为推动改革的无意过失与为谋取私利的故意行为区分开来。

方法。坚持和完善双向进入、交叉任职的领导体制，符合条件的国有企业党委（党组）领导班子成员可以通过法定程序进入董事会、监事会、经理层，董事会、监事会、经理层成员中符合条件的党员可以依照有关规定和程序进入党委（党组）；党委（党组）书记、董事长一般由一人担任，推进中央企业党委（党组）专职副书记进入董事会。

建立规范的经理层授权管理制度。对经理层成员实行与选任方式相匹配、与企业功能性质相适应、与经营业绩相挂钩的差异化薪酬分配制度，国有独资公司经理层逐步实行任期制和契约化管理。根据企业产权结构、市场化程度等不同情况，有序推进职业经理人制度建设，逐步扩大职业经理人队伍，有序实行市场化薪酬，探索完善中长期激励机制，研究出台相关指导意见。国有独资公司要积极探索推行职业经理人制度，实行内部培养和外部引进相结合，畅通企业经理层成员与职业经理人的身份转换通道。

经理层成员违反法律法规或公司章程，致使公司遭受损失的，应依法追究有关经理层成员责任。经理层成员未及时向董事会或国有股东报告重大经营问题和经营风险的，应依法追究相关人员责任。经理层成员应当遵守法律法规和公司章程，对公司负有忠实义务和勤勉义务。要将其信用记录纳入全国信用信息共享平台，违约失信的按规定公开。按照“三个区分开来”的要求，建立必要的改革容错纠错机制，激励经理层领导人员干事创业。

（4）监事会治理

建立监事会主席由上级母公司依法提名、委派制度，提高专职监事比例，增强监事会的独立性和权威性。加大监事会对董事、高级管理人员履职行为的监督力度，进一步落实监事会检查公司财务、纠正董事及高级管理人员损害公司利益行为等职权，保障监事会依法行权履职。

强化监事会及监事的监督责任。监事应当遵守法律法规和公司章程，对公司负有忠实义务和勤勉义务；要将其信用记录纳入全国信用信息共享平台，违约失信的按规定公开。

（5）国有企业党组织治理

明确党组织在国有企业法人治理结构中的法定地位，将党建工作总体要求纳入国有企业章程，明确党组织在企业决策、执行、监督各环节的权责和工作方式，使党组织成为企业法人治理结构的有机组成部分。坚持党管干部原则，严格落实“对党忠诚、勇于创新、治企有方、兴企有为、清正廉洁”要求，保证党对干部人事工作的领导权和对重要干部的管理权。充分发挥国有企业党委（党组）的领导作用，领导企业思想政治工作，支持董事会、监事会、经理层依法履行职责，保证党和国家方针政策的贯彻执行。

健全党组织议事决策机制，厘清党委（党组）和其他治理主体的权责边界，完善“三重一大”事项决策的内容、规则和程序。除在公司治理监督功能中发挥监督权外，党委（党组）承担的决策事项，按权力性质可分为决定权事项、审查权事项和建议权事项。决定权是指由党委（党组）最终决定并承担相应责任，经党委（党组）研究决定后，由董事会和经理层负责组织实施，党委（党组）建立跟踪落实和监督机制，确保决定得到有效落实。党委（党组）拥有决定权，是要确保党对国有企业的领导，确保加强党的建设，确保党对重要干部的管理权。审查权是指党委（党组）拥有否决权和同意权并承担相应责任。党委（党组）否决则事项终止，同意则交由其他决策主体决策。对审查权事项，党委（党组）主要把好政治关、政策关、程序关。党委（党组）行使审查权后，由其他主体最终决策，这样一方面可以保证企业改革发展方向、保证党对干部人事工作的领导权、维护职工合法权益、防止出现利益输送，另一方面可以保证董事会依照法定程序和公司章程授权决定公司重大事项、保证经理层依法行使管理生产经营和组织实施董事会决议等职权。建议权是指对审查权事项，党委（党组）除了把好政治关、政策关、程序关外，对经济风险、技术风险等也可提出意见建议，作为其他主体决策时的重要参考。党委（党组）行使建议权，既维护了董事会的决策权、经理层的生产经营管理权，同时也发挥了党委（党组）的参谋职能、保证党委（党组）的知情权。

企业党组织成员履职过程中有重大失误和失职、渎职行为的，应按照党组织有关规定严格追究责任。

（三）国有企业的外部治理

1. 国有企业的外部治理结构

国有企业的外部治理结构，可分为常规外部治理和国有企业特有外部治理两个方面，如图5—6所示。国有企业的常规外部治理，与一般性公司的外部治理相同，都包括法律制度、资本市场、产品市场，等等。除了常规的外部治理之外，鉴于国有企业的性质和治理特殊性，还需要国有企业特有的外部治理。

特有的外部治理包括全国人民代表大会/地方人民代表大会、中央巡视组和地方巡视组、纪检部门、审计部门以及社会监督几个方面。因涉及多个监督主体，因此需要建立系统协调、高效协同的监督协调机制。

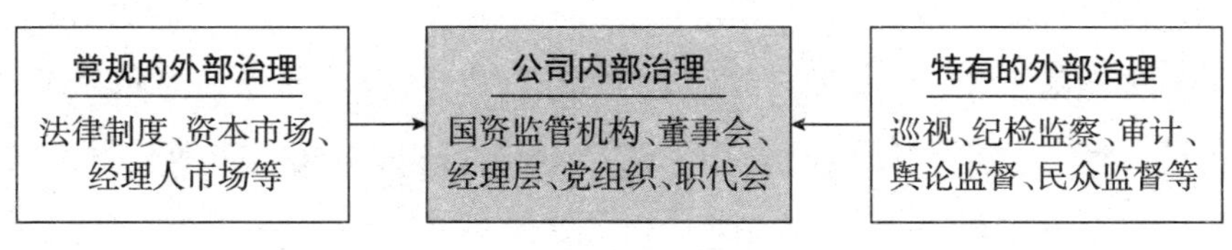

图5—6 国有企业外部治理结构

全国人民代表大会/地方人民代表大会的监督。2017年11月，十九届中央深改小组第一次会议审议通过《关于建立国务院向全国人大常委会报告国有资产管理情况的制度的意见》。建立国务院向全国人大常委会报告国有资产管理情况的制度，是贯彻党的十九大强调的加强国有资产监督管理的一个重要举措。

——中央巡视组/省、自治区、直辖市党委巡视组的监督。《中国共产党巡视工作条例》是为了规范中国共产党巡视工作、强化党内监督而制定的法规。条例规定：中央巡视组的巡视对象和范围包括了中央管理的国有重要骨干企业、金融企业、事业单位党委（党组）领导班子及其成员；省、自治区、直辖市党委巡视组的巡视对象和范围包括了省、自治区、直辖市管理的国有企业、事业单位党委（党组）领导班子及其成员。巡视组对巡视对象执行《中国共产党章程》和其他党内法规，遵守党的纪律，落实党风廉政建设主体责任和监督责任等情况进行监督，着力发现党的领导弱化、党的建设缺失、全面从严治党不力，党的观念淡漠、组织涣散、纪律松弛，管党治党宽松等问题。

——纪检部门监督。纪检监察是加强对国有企业执行党的纪律情况的监督检查的手段，重点审查国有企业执行党的政治纪律、政治规矩、组织纪律、廉洁纪律情况，严肃查处违反党中央八项规定精神的行为和“四风”问题。

——审计监督。《关于深化国有企业和国有资本审计监督的若干意见（2017）》对审计监督体系进行了规定：深化国有企业和国有资本审计监督，要围绕国有企业、国有资本、境外投资以及国有企业领导人员履行经济责任情况，做到应审尽审、有审必严。审计内容包括遵守国家法律法规、贯彻执行党和国家重大政策措施情况，投资、运营和监管国有资本情况，贯彻落实“三重一大”决策制度情况，公司法人治理及内部控制情况等方面。

——社会监督。各类媒体监督和社会舆论监督是国有企业外部监督的重要形式。畅通社会公众的监督渠道，认真处理人民群众有关来信、来访和举报，切实保障单位和个人对造成国有资产损失行为进行检举和控告的权利，让人民有监督权力，让权力在阳光下运行，把权力关进制度的笼子。

2. 国有企业的外部治理任务与措施

强化所有者监督体制，严格执行国务院向全国人大常委会报告国有资产管理情况的制度，支持和保证人大依法行使监督权，规范报告方式、审议程序及其重点，推进国有资产管理的公开透明，使国有资产更好地服务发展、造福人民。

增强纪检监察和巡视的监督作用。督促国有企业落实“两个责任”（党委主体责任和纪委的监督责任），强化责任追究。查办腐败案件以上级纪委领导为主，线索处置和案件查办在向同级党委报告的同时，必须向上级纪委报告。严肃查办发生在国有企业改制重组、产权交易、投资并购、物资采购、招标投标以及国际化经营等重点领域和关键环节的腐败案件。贯彻中央巡视工作方针，聚焦党风廉政建设和反腐败斗争，围绕“四个着力”，加强和改进国有企业巡视工作，发现问题，形成震慑，倒逼改革，促进发展。国有企业董事、监事、经理层中的党员每年要定期向党组（党委）报告个人履职和廉洁自律情况。上级党组织对国有企业纪检组组长（纪委书记）实行委派制度和定期轮岗制度，纪检组组长（纪委书记）要坚持原则、强化监督。纪检组组长（纪委书记）可列席董事会和董事会专门委员会的会议。

健全国有企业审计监督体系。完善国有企业审计制度，实现企业国有资产审计监督全覆盖。加大对国有企业领导人员履行经济责任情况的审计力度。探索建立国有企业经常性审计制度，对国有企业重大财务异常、重大资产损失及风险隐患、国有企业境外资产等开展专项审计，对重大决策部署和投资项目、重要专项资金等开展跟踪审计。

实施信息公开，加强社会监督，打造“阳光国企”。推动国有资产和国有企业重大信息公开。建立健全企业国有资产监管重大信息公开制度，依法依规设立信息公开平台，对国有资本整体运营情况、企业国有资产保值增值及经营业绩考核总体情况、国有资产监管制度和监督检查情况等依法依规、及时准确披露。切实加强社会监督，重视各类媒体的监督，及时回应社会舆论对企业国有资产运营的重大关切。畅通社会公众的监督渠道，认真处理人民群众有关来信、来访和举报，切实保障单位和个人对造成国有资产损失行为进行检举和控告的权利。

建立高效顺畅的监督协同机制。整合出资人监管、审计、纪检监察、巡视等监督力量，建立监督工作会商机制，加强统筹，减少重复检查，提高监督效能。创新监督工作机制和方式方法，运用信息化手段查核问题，实现监督信息共享。

第六章
中国国有企业改革

改革开放以来，国有企业改革扎实推进，取得巨大成就，国有企业活力、竞争力、影响力和抗风险能力进一步增强，国有经济在国民经济中的主导地位进一步提升，中国特色现代国有企业制度不断完善，国有资产管理体制改革取得显著成效，国有经济布局调整持续优化。国有企业为我国经济社会发展、科技进步、国防建设、民生改善作出了历史性贡献，是中国特色社会主义的重要物质基础和政治基础，成为我们党执政兴国的重要支柱和依靠力量。本章拟从国有企业改革的历史脉络入手，通过梳理还原国有企业的发展与改革历程，展现国有企业改革40年来的历史性成就，使读者更加深刻地认识国企改革的历史必然性，更加自觉地把握国企改革的规律性，更加坚定地肩负起深化国企改革的重大责任。本章将结合党的十八大、十八届三中全会、十九大对深化国有企业改革作出的重大部署，探讨并展望新时代国有企业改革的方向与重点任务。

一、国有企业改革的历史脉络

新中国成立以后，才有了严格意义上的国有企业。从1949年开始，随着对生产资料所有制的社会主义改造基本完成，大规模社会主义工业化建设稳步推进，“一五”计划顺利完成，国营经济逐步确立了在全国经济中的主导地位。在计划经济体制下，国营经济集中力量办大事，灵活调度、稳定物价、抑制通胀，有助于短期内医治旧中国遗留下来的经济恶性波动，奠定了国民经济良性循环的物质基础，为国民经济的长远发展创造了有利条件。然而，这种体制的弊端也逐渐明显地暴露出来，如中央政府及其部门对地方和企业管得过多、过死等。1958 年和 1970 年，中央分别进行了两轮“体制下放”的改良调整，两轮“体制下放”的措施和效果本质上相同。一方面，极大地调动了各方面兴办产业的积极性，使小钢铁厂、小化肥厂、小机械厂、小棉纺厂、小粮油加工厂等“五小”工业广泛兴起；另一方面，也产生了严重的副作用，国民经济的比例关系失衡，国家无法保持宏观经济的稳定，权力下放造成地区分割，原有跨省经济交流被打乱，企业间协作关系被中断，基本建设规模膨胀，财政赤字增加，人民生活陷入重重困难，最后不得不重新实行权力的上收。归根结底，这种调整下企业仍然没有自主权，只是从听令于中央变成听令于地方，没有成为真正的企业。因此，不仅不能克服计划经济体制的弊病，还导致了新问题的产生。这一系列的矛盾和问题，迫使国有企业做出突破性的探索和改革。直到 1978 年 10 月，经国务院批准，四川省选择了重庆钢铁公司、成都无缝钢管厂等 6 户地方国营工业企业，在全国率先进行“扩大企业自主权”的试点工作，逐户核定企业的利润指标，规定当年的增产增收目标，允许企业在年终完成计划的基础上提取少量利润作为企业基金，允许企业向职工发放少量奖金。国有企业改革以此为开端拉开大幕，随着当年 12 月在北京召开的党的十一届三中全会，国有企业改革的号角正式吹响，一路风雨走过了 40 多年的艰辛历程。

（一）国有企业改革的必要性

1. 改革是推动社会发展的根本动力

（1）生产力与生产关系的矛盾是社会主义社会的基本矛盾

1847 年，马克思指出：“只有在没有阶级和阶级对抗的情况下，社会进化将不再是政治革命。”[①] 这里对未来社会变革方式的推测包含了社会需要改革的思想。而后 1890 年，恩格斯在致奥托·伯尼克的信中表示：“我认为，所谓‘社会主义社会’不是一种一成不变的东西，而应当和任何其他社会制度一样，把它看成是经常变化和改革的社会。”[②] 表明了他们对社会主义制度下仍然要进行改革的科学预见。两位革命导师的论述对社会主义改革实践有重大意义。

马克思在《政治经济学批判》中指出：“社会的物质生产力发展到一定阶段，便同它们一直在其中运动的现存生产关系或财产关系（这只是生产关系的法律用语）发生矛盾。于是这些关系便由生产力的发展形式变成生产力的桎梏。那时社会革命的时代就到来了。随着经济基础的变更，全部庞大的上层建筑也或慢或快地发生变革。”马克思从一般意义上探讨了推动社会历史的动力，即人类社会的发展是由生产力和生产关系、经济基础和上层建筑的矛盾运动而推动的。而后在《资本论》中，以资本主义社会为例，验证并丰富了关于人类社会演进形态和发展动力的理论学说，马克思恩格斯为社会主义社会基本矛盾理论奠定了根本基础。

基于借鉴苏联经验和波匈事件历史教训的考虑，为了正确认识和处理中国社会主义社会的矛盾，毛泽东在 1957 年 2 月 27 日最高国务会议第十一次（扩大）会议上发表讲话。讲话内容可概括为：首先，社会主义社会是存在矛盾的。“在解决这些矛盾以后，又会出现新的矛盾，新的矛盾，又需要人们去解决。”这些矛盾的出现和解决交替进行，社会主义社会才会向前发展。而且，社会主义社会的基本矛盾，仍然是生产力和生产关系、经济基础和上层建筑之间的矛盾。其次，社会主义社会的矛盾分为两类，一类是敌我矛盾，一类是人民内部矛盾。在社会主义社会建设时期，正确认识和处理人民内部矛盾是我国政治生活的主要内容。

改革开放之初，邓小平同志根据 1956 年党的八大对我国社会主要矛盾

① 《马克思恩格斯选集》第 1 卷，人民出版社 2012 年版，第 275 页。
② 《马克思恩格斯选集》第 4 卷，人民出版社 2012 年版，第 601 页。

的判断，指出："我们的生产力发展水平很低，远远不能满足人民和国家的需要，这就是我们目前时期的主要矛盾，解决这个主要矛盾就是我们的中心任务。"后来我们党经过深入研究，将这个重大的理论表述提炼为："在社会主义改造基本完成以后，我国所要解决的主要矛盾，是人民日益增长的物质文化需要同落后的社会生产之间的矛盾。"正是因为社会主义社会基本矛盾的存在，所以才会在生产力和生产关系的矛盾运动下做出改革开放的伟大决策。

（2）改革是社会主义社会基本矛盾的运动方式

在承认社会主义社会基本矛盾的基础上，邓小平创造性地提出，解决社会主义社会基本矛盾的方式是改革。通过改革生产关系中与生产力发展要求不相适应的某些方面和环节，解放和发展生产力，增强社会主义的生机活力，巩固社会主义制度。邓小平首次概括了社会主义的本质，指出："社会主义的本质，是解放生产力，发展生产力，消灭剥削，消除两极分化，最终达到共同富裕。"江泽民进一步发展了上述思想和观点。党的十五大报告指出："公有制实现形式可以而且应当多样化。一切反映社会化生产规律的经营方式和组织形式都可以大胆利用。要努力寻找能够极大促进生产力发展的公有制实现形式。"胡锦涛从社会主义社会基本矛盾理论出发，统筹规划人与人的关系、人与自然的关系，提出了构建社会主义和谐社会的重要思想，对深化改革具有重大意义。习近平在党的十九大大会上作出"中国特色社会主义进入新时代，我国社会主要矛盾已经转化为人民日益增长的美好生活需要和不平衡不充分的发展之间的矛盾"的重大政治论断，正确认识和把握了我国社会发展的阶段性特征。社会主要矛盾的转化是制定党和国家大政方针、长远战略的重要依据，对党和国家工作提出了许多新要求。这有利于更好解决我国发展中出现的各种问题，有利于更好实现各项事业全面发展，有利于更好发展中国特色社会主义事业。

只有通过改革才能解决社会主义社会的基本矛盾。围绕改革的性质、目的、作用等问题，当代中国历史上曾出现过四次大的讨论[①]。第一次是在

① 李晓寒：《当代中国改革的历史进程与基本经验》，中国社会科学出版社 2019 年版。

20世纪70年代末，焦点是要不要实行改革开放；本次讨论以1984年十二届三中全会明确提出社会主义经济是“有计划的商品经济”为止。第二次是在1991年前后，焦点是市场经济是不是资本主义性质的；本次争论以1992年邓小平发表“南方谈话”而得以平息。第三次发生在2004年6月，焦点是所有制改革，由郎咸平批评国内某上市公司的产权改革问题而引发，最先发生在国企改革领域，恰逢经济转型和矛盾激化时期；这一争论与医疗改革、区域发展不平衡、贫富差距、社会保障等问题相交织，实际上成了应该怎样改革的问题；直到党的十七大明确提出要深化国有企业公司制、股份制改革，健全现代企业制度，国有企业改革的核心是明晰产权，为这次争论做出了回答。第四次是在2009年，焦点是国有企业重组是否存在“国进民退”的问题；这次争论源于国企成分，但实质依然与所有制理论和社会主义理念密不可分，可以看作前几次争论在新时期的延续。由此可见，改革作为社会主义社会基本矛盾的运行方式，是伴随着思考和争论走过来的。但也正是因为改革开放一路取得的巨大成就，才能在每次争论过后重新达成新的改革共识，最终汇集成对于改革目的、方向、地位和作用的强大合力，推动改革的不断深化。

（3）改革才能推动社会发展

社会主义社会基本矛盾理论，不仅继承了马克思恩格斯的历史动力理论，体现了关于人类社会的普遍规律，更是中国共产党人探索出的关于在中国发展社会主义的特殊规律，是符合中国国情的重要理论学说。改革开放40年的成就充分说明，改革是当代中国发展进步的活力之源，是推动社会主义社会发展的重要动力。实现社会主义在中国的持续进步，要在新的实践中坚持社会主义社会基本矛盾理论，进一步变革生产关系和上层建筑中的某些方面和环节，释放社会主义的生机活力。

改革开放以来，无数事例有力地证明了改革是推动社会发展的根本动力。习近平2012年12月在广东考察时强调，实践发展永无止境，解放思想永无止境，改革开放也永无止境，停顿和倒退没有出路。这三个“永无止境”明确回答了“要不要继续推进改革”的问题。改革是一种重大的社会活动，是阶段性和连续性统一的长期过程。改革的根本意义在于解决制约社会发展的重大问题，克服阻碍社会进步的各种因素，形成推动社会发展进步的动力。要发展就必须改革，要进步就必须要改革。

2. 国有企业改革对我国经济体制改革具有重要牵动作用

（1）十四届五中全会明确提出国有企业改革是我国经济体制改革的中心环节

从国有企业初试改革，到成为我国经济体制改革的中心环节，经历了一段较为漫长的过程。从党的十一届三中全会到党的十八大之前，我国经济体制从计划经济向社会主义市场经济转轨，我国经济体制这种“从量变到质变”的发展过程，伴随着改革实践的发展，人们对改革的认识也在持续深化。党的十二届三中全会作出了“在公有制基础上的有计划的商品经济”的重大论断；党的十三大报告明确了“国家调节市场，市场引导企业”的经济运行新机制；党的十四大报告则确立了建立社会主义市场经济体制的改革目标；党的十四届三中全会讨论并通过了《中共中央关于建立社会主义市场经济体制若干问题的决定》；党的十四届五中全会明确提出了要把国有企业改革作为经济体制改革的中心环节。

国有企业改革之所以是经济体制改革的中心环节，其原因主要有以下几点。

第一，国有企业是国民经济的支柱。中华人民共和国成立以来，国家集中了大量财力直接投资，建立了一大批国有企业，为以公有制为主体的国民经济奠定了坚实的基础。我国国有企业的资产存量巨大，这是国有企业的优势，也表明国有企业在我国整个国民经济中起着举足轻重的作用。

第二，国有企业是社会主义市场经济的第一主体。① 这体现在：国有企业是全民所有制性质的，要实现整个国家和社会的利益，而非追逐自身利益最大化；它是国家宏观调控的微观基础和基本力量，是贯彻落实科学发展观的强大物质实体；国有企业拥有雄厚的资本和自然资源，在国民经

① 杨承训：《国有企业是社会主义市场经济第一主体》，《人民日报》2012 年 6 月 1 日。

济中具有举足轻重的地位；企业规模大、科技创新能力强、所属领域关键、政治素质高，整体来看国有企业质量较高。

第三，国有企业是建设中国特色社会主义的基石。国有企业改革不仅关系到经济体制改革的成败，而且关系到整个综合国力的进一步增强、广大人民生活水平的提高和社会的稳定，关系到建设中国特色社会主义伟大事业的成败。因此，改革开放 40 年来，我国坚持全面正确地分析不同时期国有大中型企业的状况，积极稳妥地推进国有企业改革，完成历史的重任。

第四，国有企业改革是建立社会主义市场经济体制的重点与难点。[①] 西方主流经济学认为，发展市场经济有两个前提：一是社会分工，二是财产私有。如果没有社会分工，企业生产的产品都相同，就用不着交换。如果财产不是私有，就没有办法进行商品交换。这一理论逻辑使人们都认为市场经济与公有制是不可兼容的。直到 1992 年邓小平同志发表南方谈话时明确指出，市场经济不等于资本主义，社会主义也有市场，随后党的十四大明确提出我国经济体制改革的目标是建立社会主义市场经济体制，我们党在解决公有制与市场经济能否结合、怎样结合问题上迈出了决定性步伐，逐渐搞清楚了建立社会主义市场经济体制的理论逻辑。搞清楚逻辑之后的工作重点与难点，就是要让国有企业成为市场主体，不断与市场经济体制动态匹配，以解放生产力、发展生产力，通过改革把国有企业的生产力释放出来。

（2）2018 年明确提出新时代深化国有企业改革的中心地位

2018 年 10 月 9 日，全国国有企业改革座谈会在京召开。中共中央政治局委员、国务院副总理、国务院国有企业改革领导小组组长刘鹤出席并指出："要深入贯彻落实习近平同志关于国有企业改革的重要思想，准确研判国有企业改革发展的国内外环境新变化，从战略高度认识新时代深化国有企业改革的中心地位，充分认识增强微观市场主体活力的极端重要性，坚持稳中求进工作总基调，按照完善治理、强化激励、突出主业、提高效率

① 王东京：《建立社会主义市场经济体制是伟大创造》，《人民日报》2018 年 12 月 26 日。

的要求，以‘伤其十指不如断其一指’的思路，扎实推进国有企业改革，大胆务实向前走。”

“中心地位”的新提法，比“中心环节”进一步加重了国企改革的分量，充分说明了高层对国企改革的重视程度和下一步强力推动国企改革的决心，不仅从发展的角度体现了国企改革的紧迫性，还从资源的角度体现了提高配置效率的重要性。“中心地位”的新提法，呼应了新时代下市场对于国企改革“爬坡过坎”的期望，体现了在我国全面深化改革过程中国有企业作为“顶梁柱”所处的特殊地位和发挥的重要作用。

（二）国有企业改革的四个阶段

2018 年 10 月 9 日，全国国有企业改革座谈会在北京召开。会议认为，改革开放 40 年来，国有企业改革走过了不平凡的历程，党中央、国务院在不同历史时期，针对我国国情和国有企业实际，采取了一系列措施，不断将国有企业改革向纵深推进。[①] 从 20 世纪 70 年代末开始，国有企业改革从最初的放权、让利、承包经营责任制，到明确建立现代企业制度，到建立权利、义务和责任相统一，管资产与管人、管事相结合的国有资产管理体制，大致经历了机制创新、制度创新、体制创新三个阶段。党的十八大、十八届三中全会对深化国有企业改革作出重大部署，推动国有企业完善现代企业制度，发展混合所有制经济，以管资本为主加强国有资产监管、加强国有企业党的建设，我国国有企业改革进入了一个新的历史时期。[②]

1. 机制创新阶段

（1）改革背景及概述

新中国成立初期至 1978 年，我国实行高度集权的计划经济，那时国营企业只是一个生产单位，没有自主权，物料、生产、产品流通、价格等均由国家相关部门进行安排和设置，更无权进行利润分配。多年的积累导致

---

① 《刘鹤出席全国国有企业改革座谈会并讲话》，中国政府网，2018 年 10 月 9 日，见 http://www.gov.cn/guowuyuan/2018-10/09/content_5328968.htm。

② 本书编写组：《国企改革若干问题研究》，中国经济出版社 2017 年版，第 1 页。

国营企业普遍存在负担过重、机构臃肿、效率低下、亏损严重等问题。一直到十一届三中全会的召开，我国终于迈出了改革史上历史性的一步。

党的十一届三中全会深刻总结社会主义建设正反两方面经验，借鉴世界社会主义历史经验，彻底扭转十年内乱造成的严重局面，重新确立解放思想、实事求是的思想路线，作出把党和国家工作重心转移到经济建设上来、实行改革开放的历史性决策。国有企业也开启了以放权让利为主要内容的改革探索。围绕调整国家与企业、企业与职工之间的经济关系，从扩大企业自主权试点入手，通过实行经济责任制、分步实施“利改税”、推行承包经营责任制等一系列措施，增强企业活力，转换经营机制，着力培育企业市场主体地位。这一阶段的特点，从体制上看，是从计划经济走向社会主义市场经济的曲折探索过程；从企业自身看，是从行政机构的附属物[①]逐渐确立市场主体地位并走向市场的过程；从配套改革看，国有企业的改革伴随着企业组织形态的变化，以及国有资产管理体制的早期探索；从改革的动因看，企业自身各种矛盾的累聚是内因，而对外开放、引进外资带来的鲜活经验则发挥着重要示范促进作用。这一阶段的改革大体持续了 14 年。[②]

（2）改革过程

1979 年 5 月，国家经委等六部委联合确定首都钢铁公司等 8 户企业进行全国性扩权改革试点；1979 年 7 月，国务院下发了《关于扩大国营工业企业经营管理自主权的若干规定》等 5 份文件，让渡 14 项经营权，极大地调动了企业的生产积极性和主动性，标志着以放权让利为重点的国有企业改革在全国范围内正式开始；1980 年，试点扩大到 6000 多家；1984 年 5 月，国务院又颁布了《关于进一步扩大国营工业企业自主权的暂行规定》，形成了著名的“扩权十条”。此后，随着试点范围的扩大，制定了相应政策，并通过对企业内部实行“利润留成”“盈亏包干”“以税代利、自负盈亏”等具体措施，以及在全国范围内两次实行“利改税”，真正做到了扩大

① 党的十二届三中全会指出，过去由于长期政企不分，企业实际上成了行政机构的附属物。参见《中共中央关于经济体制改革的决定》，人民出版社 1984 年版，第 23 页。

② 国务院国资委改革办：《国企改革历程 1978—2018》，中国经济出版社 2019 年版。

企业自主权、对企业放权让利，激发了企业生产的积极性和创造性，高度集中的计划经济体制被逐步打破。[①]

1984年10月，党的十二届三中全会通过了《中共中央关于经济体制改革的决定》，提出建设有计划的商品经济，进一步深化企业经营机制的改革，正式提出“所有权和经营权可以适当分开”，从而增强企业活力。1986年，国务院发布《关于深化企业改革增强企业活力的若干规定》，提出在大中型企业中推行多种形式的经营责任制，再到1987年六届人大五次会议首次明确肯定承包制，承包热潮一点点酝酿直至爆发。1988年，国务院发布《全民所有制工业企业承包经营责任制暂行条例》，进一步规范了承包经营责任制。1991年4月，“八五”规划指出，企业经营机制转变的目标是实行政企职责分开，所有权和经营权适当分离，探索公有制的多种有效实现形式，建立富有活力的国营企业管理体制和运行机制。1992年7月，国务院颁布了《全民所有制工业企业转换经营机制条例》，规定了14项企业经营自主权。这个阶段，在具体探索企业经营机制转变中，一方面继续完善实施企业经营承包制，另一方面积极探索租赁制、股份制等各种形式的经营机制转变模式，为下一阶段建立现代企业制度奠定了很好的基础。虽然承包制在开始出现了“一包就灵”的现象，但是由于其本身存在不规范、不适应市场经济、信息不对称和承包者短期行为等局限性，承包制对于搞活企业、调动企业积极性虽然发挥了重要作用，但仍然是历史上的一种过渡性体制选择。

（3）改革目标

从1978年底至1984年10月，国企的称谓从“国营工厂”改为“国营企业”，改革的目标是让原有的国营工厂逐步成为企业法人，通过政策调整和创新，调整国家与企业之间的生产管理权限及利益分配关系，逐步摆脱传统计划经济体制的束缚。十二届三中全会通过的《中共中央关于经济体制改革的决定》首次明确指出，全面改革经济体制的条件已经具备，要加快改革步伐，推动以城市为重点的整个经济体制改革。改革是为了建立充

---

① 本书编写组：《国企改革若干问题研究》，中国经济出版社2017年版，第14页。

满生机的社会主义经济体制，增强企业活力是经济体制改革的中心环节。在改革的目标上，首次提出商品经济、价值规律、企业法人等这些重大概念。明确提出："要使企业真正成为相对独立的经济实体，成为自主经营、自负盈亏的社会主义商品生产者和经营者，具有自我改造和自我发展的能力，成为具有一定权利和义务的法人。"

从1984年10月至党的十四大，国企的称谓从"国营企业"改为"国有企业"，改革的目标是探索国有企业所有权与经营权的分离。这一时期的改革，一方面要确立国家和全民所有制企业之间的正确关系，扩大企业自主权；另一方面要确立职工和企业之间的正确关系，保证劳动者在企业中的主人翁地位。同时，为适应解决这两个问题的需要，势必牵动整个经济体制的各个方面，需要进行计划体制、价格体系、国家机构管理经济的职能和劳动工资制度等四个方面的配套改革。随着改革的深入进行，对企业所有权与经营权的"两权分离"逐渐有了认识，改革重点也逐渐转移到"实行政企职责分开"上，其核心内容就是不断扩大企业的经营自主权，减少国家对企业的直接干预。1992年10月，党的十四大报告中明确提出："我国经济体制改革的目标是建立社会主义市场经济体制，以利于进一步解放和发展生产力。"报告首次将全民所有制企业由过去的"国营企业"改称为"国有企业"。

2. 制度创新阶段

（1）改革背景及概述

以1992年邓小平同志南方谈话和党的十四大、十四届三中全会为标志，我国改革开放和现代化建设进入新的发展阶段。1992年1月至2月，邓小平同志视察武昌、深圳、珠海、上海等地，发表了著名的南方谈话，深刻回答了长期束缚人们思想的许多重大认识问题。同年10月召开的党的十四大，提出我国经济体制改革的目标是建立社会主义市场经济体制，提出要使市场在社会主义国家宏观调控下对资源配置起基础性作用。这一重大理论突破，对改革开放和经济社会发展发挥了极为重要的作用。国有企业改革也从政策调整转向制度创新、结构调整阶段。这一阶段最突出的特点是，在经济体制上，明确了建立并完善社会主义市场经济体制的改革方向；在企业微观主体上，开启了以公司制股份制改革为主要形式的现代企业制度探索，企业集团逐步完善母子公司体制；在国有经济结构上，随着“抓大放小”的推进，逐步转向着眼于搞好整个国有经济，从战略上调整国有经济结构和改组国有企业；在对外开放上，大型企业集团逐步“走出去”，国家提出培育具有国际竞争力的大公司大集团，适应了21世纪初加入世界贸易组织（WTO）的需要；在改革的外部环境上，社会保障体系从无到有，各种措施手段努力支持改革克服结构调整阵痛，逐渐成为国企改革的兜底支撑，为市场化改革手段提供了重要的保障。这一阶段的改革极其艰辛，也取得了重要的突破。这一阶段大体经历了10年左右的时间。①

（2）改革过程

经过改革开放初期的探索，从总体上看，国有企业活力有了进一步增强，为企业进入市场奠定了初步基础。但改革没有触及传统体制下企业制度本身的改造，长期困扰国有企业的政企不分、产权不清、企业自主权不落实、自我约束机制不健全等问题，始终未能从根本制度层面找到解决的路径。进一步深化企业改革，必须解决深层次矛盾，探索国有经济与市场经济相结合的有效途径。1992年7月，国务院颁布了《全民所有制工业企业转化经营机制条例》，明确提出企业应当适应市场的要求，成为依法自主经营、自负盈亏、自我发展、自我约束的商品生产和经营单位，成为独立享有民事权利和承担民事义务的企业法人。随后，党的十四大明确提出建立社会主义市场经济体制。随着党的十四大精神的落实，国有企业改革进入制度创新的阶段。党的十四届三中全会通过的《中共中央关于建立社会主义市场经济体制若干问题的决定》，进一步提出要建立“产权清晰、权责明确、政企分开、管理科学”的现代企业制度。从此，国有企业改革进入了建立现代企业制度的突破期，这是发展社会化大生产和市场经济的必然要求，是我国国有企业改革的必然选择。

为推进以转换机制、制度创新为主要内容的国有企业改革，1994年底，

① 国务院国资委改革办：《国企改革历程1978—2018》，中国经济出版社2019年版。

国务院研究部署建立现代企业制度的试点起步工作，选定不同类型的、基本能代表国有企业整体状况的100户企业进行试点。随后的1996年5月，国家经贸委印发《国务院确立的百户现代企业制度工作试点阶段目标要求（试行）》，要求1997年底前的试点工作必须达到五大方面的目标：一是产权清晰，权责明确，治理结构规范；二是转变政府职能，促进政企职责分开；三是采取有效措施，减轻企业负担；四是坚持“三改一加强”①，提高企业整体素质；五是深化改革，提高企业经济效益。这对于深化国有企业改革，加快国有企业发展，具有重要意义。

要建立现代企业制度，就要对国有企业进行公司制改造。其难点在于现代企业制度的基础主要是产权多元，与国有企业国有独资的情况有矛盾，于是出现了一些国有企业虽然完成“改制”，但董事会、监事会、经理层虚设，原班人马掌权，企业市场主体地位依旧不明确，企业依旧缺乏活力等状况。1999年4月起，时任总书记的江泽民同志亲自挂帅，先后在成都、武汉、西安、青岛、大连等地调研，并召开了五次国企改革座谈会。最终，1999年9月22日的十五届四中全会审议通过了《中共中央关于国有企业改革和发展若干重大问题的决定》，提出建立和完善现代企业制度，对国有大中型企业实行规范的公司制改革，要求明确股东会、董事会、监事会和经理层的职责，形成各负其责、协调运转、有效制衡的公司法人治理结构，提出了具有重要指导意义的国有资产和国有企业的管理体制。

在这一阶段的具体实施中，国有企业股份制改革和现代企业制度改革的试点，在公司制改造、国有资产管理、增资减债、兼并破产、分离企业办社会职能、下岗职工再就业、加强企业管理等方面实施了一系列政策措施，取得了明显成效。这一阶段也逐渐形成了以“抓大放小”为特征的企业组织战略调整，即国家以承包、转租、售卖、股份制和股份合作制改造等形式，放开搞活中小国有企业，集中精力抓好大型骨干企业集团。

---

① 三改：“科学重组，建立母子公司管理体制”“加大技术改造力度，推进技术进步”“改革企业劳动人事工资制度”。加强：对国有企业加强科学管理。

然而，随着1997年东南亚金融危机的爆发，加之国有企业多年以来积累的诸如企业资金使用效率低下、生产能力落后、失业比例上升等问题的凸显，许多大型国有企业陷入大面积的亏损。1997年，党和政府提出用3年左右的时间使大多数国有大中型亏损企业摆脱困境，力争到20世纪末大多数国有大中型骨干企业初步建立现代企业制度，形成了国有企业改革史上著名的“三年脱困”攻坚战，为建立真正的现代企业制度创造了必要条件。通过改制，理顺了大型集团内部的产权关系，增强了市场竞争力，推进了企业组织结构和资产存量结构的调整，推进了三项制度的改革。而中小企业也在2003年之前，基本完成改制。这一时期的改革，初步解决了整个国有经济如何适应市场竞争优胜劣汰的问题，改变了国有经济量大面广、经营质量良莠不齐和国家财政负担过重的局面。

（3）改革目标

这一阶段国企改革的目标就是建立现代企业制度。但是，在国有企业探寻现代企业制度的时候，公司治理结构中没有出资人代表，企业经营者没有受到出资人的监管，传统体制的弊端容易被带进新体制，扭曲公司治理结构，董事会、监事会实际由内部人控制，普遍存在“形似而神不似”的问题。为此，党中央提出要抓紧制订符合我国国情的现代企业制度基本规范，使企业有所遵循。随后，十五届四中全会专门研究国有企业改革发展问题，通过了《中共中央关于国有企业改革和发展若干重大问题的决定》，对国有企业建立现代企业制度作出了全面系统的阐述，并对完善公司治理结构提出了新思路。截至2002年底，全国4350户国有大中型企业已有3468户完成公司制改革，企业按《中华人民共和国公司法》的规定设立了股东会、董事会、监事会和经理层，初步搭建起公司法人治理的框架。此外，在国有企业改革的同时，按照政府的社会经济管理职能和国有资产所有者职能分开的原则，国有资产管理和经营的合理形式与途径也在积极探索之中。

3. 体制创新阶段

（1）改革背景及概述

2002年11月，党的十六大召开，我国进入全面建设小康社会、加快推进社会主义现代化的发展新阶段。建立有效的国有资产出资人代表制度、落实国有资产保值增值责任，成为深化国企改革的客观需要和重要内容。以2003年组建国务院国有资产监督管理委员会为标志，国有企业改革进入以改革完善国资管理体制为主要内容的新阶段。这一阶段的改革特点是，从体制上看，做出了改革国有资产管理体制的重大决策，形成了管资产与管人、管事相结合，权利、责任、义务相统一的新的国有资产管理体制，构建了一整套新的国有资产监督管理的组织体系、法规体系、责任体系，明确了国有资产监管机构的出资人职责和国有资产监管职责，实现了政企分开、社会公共管理职能与国有资产的出资人职能分开，政府与国有企业的关系进一步清理，资产保值增值责任进一步落实；从企业主体上看，公司治理结构进一步完善，重点推进了外部董事占多数的规范董事会建设；从企业改革角度看，进一步规范了国有企业改制行为，进入了出资人机构主导推动企业改革的新阶段；从国有经济结构上看，努力推进企业重组整合，国有企业布局结构调整和优化的力度更大，操作更为复杂，方式途径更为市场化，国有资本进一步向重要行业关键领域集中，国有经济布局进一步优化；从市场环境上看，社会主义市场经济体制进一步完善；从参与国际竞争角度看，推进了管理提升，加强了全面风险管理，努力培育世界一流企业，国有企业特别是中央企业更大程度上参与了国际竞争。①

（2）改革过程

2002年11月，党的十六大提出："国有企业是我国国民经济的支柱。要深化国有企业改革，进一步探索公有制，特别是公有制的多种有效实现形式，大力推进企业的体制、技术和管理创新。除极少数必须由国家独资经营的企业外，积极推行股份制，发展混合所有制经济。实行投资主体多元化，重要的企业由国家控股。按照现当代企业制度的要求，国有大中型企业继续实行规范的公司制改革，完善法人治理结构。推进垄断行业改革，积极引入竞争机制。通过市场和政策引导，发展具有国际竞争力的大公司

① 国务院国资委改革办：《国企改革历程1978—2018》，中国经济出版社2019年版。

大企业集团。进一步放开搞活国有中小企业。”党的十六大尤其强调“产权是所有制的核心和主要内容”“改革国有经济管理体制”“继续调整国有经济布局”等几项重大任务，这个时期在这些方面取得了积极进展。

在产权改革方面，党的十六届三中全会通过的《中共中央关于完善社会主义市场经济体制若干问题的决定》，提出了明确的现代产权制度要求，即“归属清晰、权责明确、保护严格、流转顺畅”，特别指出“产权是所有制的核心和主要内容”。在公司制改革方面，从1992年提出公司制改革开始，国有企业的改制一直是重点工作，但进展缓慢，尤其是中央企业的改制工作，虽然在此阶段得到了大力推进，但一直到2017年才正式完成央企层面的公司制改革工作。在股份制改革方面，国资委加快所属中央企业的改革步伐，完善改革发展的市场条件，积极引进民营、外资等各种所有制经济参与国有企业股份制改革，通过引进战略投资者，完善公司治理结构，提高经营效率，不断增强国有经济的活力、控制力、影响力。在混合所有制改革方面，混合所有制经济已经有了长足发展。截止到2012年底，中央企业及其子企业引入非公资本形成混合所有制企业，已经占到企业总数的52%。中央企业及其子企业控股的上市公司共有378家，上市公司中非国有股权的比例已经超过53%。地方国有企业控股的上市公司681户，上市公司非国有股权的比例已经超过60%。

在改革国有经济管理体制方面，2003年3月26日，国务院国有资产监督管理委员会（简称“国资委”）正式挂牌成立，首次解决了国有企业经营管理中的出资人缺位问题，是我国经济体制改革的一个重要里程碑。以其为核心的新国有资产管理体制和机构，坚持了“国家所有、分级代表”的原则，从国家行政体制层面将政府的行政管理职能和政府代理全民所有具有的国有企业出资人职能分开，为解决“政企不分、政资不分”的问题提供了基础，基本解决了管资产和管人、管事相结合，落实国有资产保值增值责任。成立之后，国资委主要通过规范改制、清产核资、建章立制、规范产权管理、推进中央企业调整重组、探索董事会建设、建立央企负责人经营责任与业绩考核机制、推行薪酬激励制度改革等一系列举措，履行国有企业出资人职责和国有资产监管职责。

在调整国有经济布局方面，通过改制、兼并、租赁、出售等方式对国有中小企业进行改革，使其逐步退出，收缩国有经济战线，合理优化国有经济布局；集中精力做好大型国有企业。一方面，通过政策性关闭破产，使5010户长期亏损、资不抵债、扭亏无望的国有大型困难企业和资源枯竭的矿山企业平稳有序退出市场；另一方面，推动国有资本逐步从一般生产加工行业退出，而更多地向关系国民经济命脉和国家安全的行业和领域集中。这一阶段，通过主辅分离和改制推进了一大批大中型企业重组，也实现了一批特大型国有企业重组部分资产在境外上市。2006年底，国务院国资委出台《关于推进国有资本调整和国有企业重组的指导意见》，明确了中央企业集中的关键领域和重组的目标。党的十七大进一步明确通过公司制股份制改革优化国有经济布局，随后国有企业进一步集中，使得其数量减少、规模增加、收入和利润大幅提高，中央企业的数量已经从2003年的196家降低到2012年的112家。

（3）改革目标

这一时期国企改革的目标是确立国有资产管理新体制，推动国有企业和国资监管的快速发展。国务院国资委成立后，按照国资分级管理，各省（区、市）、市（地）国有资产监督管理机构相继组建，建立了一套较完整的专司出资人职责的组织体系。截至2012年底，全国32个省市（含新疆生产建设兵团）所辖445个市中，有395个设立国资委，其中，浙江、广西、湖南全部地市单独设立了作为政府直属特设机构的国资委；安徽、江西90%以上县（市、区）明确了国资监管责任主体。国务院国资委和省、市（地）两级地方政府国资委的组建，对国有企业改革发展具有重大意义：国有资本主要是通过出资份额、股权结构和运作方式等产权制度跟企业发生关系，这意味着经营性国有资产的管理是以所有者权益的方式来管理的，而不是以过去落后的管理实物的老办法，更不是以行政权力对企业运行进行实质干预来表达国家利益。国有资产管理新体制初步解决了政企不分、政资不分、多头管理、出资人不明确不到位、责任不落实等体制性问题。

4. 全面深化改革阶段

2012 年 11 月 8 日，党的十八大在北京召开。随后 2013 年 11 月 9 日召开的十八届三中全会，审议通过了《中共中央关于全面深化改革若干重大问题的决定》，对全面深化改革作出系统部署，开启了全面深化改革、系统设计推进改革的新时代，开创了我国改革开放的全新局面。正如党的十一届三中全会是划时代的，党的十八届三中全会也是划时代的。[①]新时代国有企业改革的大幕由此拉开。对于深化国有企业改革，以习近平同志为核心的党中央高度重视，习近平同志亲自谋划、亲自指导、亲自推动国有企业改革，亲自审定许多国企改革重要政策文件，多次到国有企业考察、调研，就国有企业改革发展发表了一系列重要讲话，作出了一系列重要指示批示，深刻回答了在新的历史条件下要不要办国有企业、办成什么样的国有企业、怎样办好国有企业等重大理论和实践问题，为国有企业改革的深入推进提供了强大思想武器和科学行动指南。

这一阶段的国企改革具有突出特点。从国企改革的重点内容看，在体制方面，以管资本为主完善国有资产管理体制，改革国有资本监管机构权责清单；在机制方面，坚持"两个一以贯之"，建设中国特色现代国有企业制度，积极推进落实董事会职权，推行经理层任期制和契约化，推行职业经理人制度，建立有效制衡的公司治理结构和灵活高效的市场化经营机制，把混合所有制改革作为国企改革的重要突破口，混合所有制经济成为基本经济制度的重要实现形式，积极稳妥探索重要领域的混合所有制改革，进一步深化混合所有制改革后的企业的经营机制转换；在结构方面，推动国有企业在供给侧结构性改革中发挥引领作用，加快国有经济布局优化、结构调整、战略性重组；在监管方面，加强国有资产监管，建立协同高效的

① 习近平总书记在主持召开中央全面深化改革委员会第六次会议时强调："党的十一届三中全会是划时代的，开启了改革开放和社会主义现代化建设历史新时期。党的十八届三中全会也是划时代的，开启了全面深化改革、系统整体设计推进改革的新时代，开创了我国改革开放的全新局面。"参见：《对标重要领域和关键环节改革　继续啃硬骨头确保干一件成一件》，摘自《人民日报》2019 年 1 月 24 日。

监管体系，放活和管好相统一，加强事中事后监管，搭建实时在线的国资国企监管系统；在加强党的领导、党的建设方面，加强党对国有企业的全面领导，推动国有企业全面从严治党，筑牢国有企业的“根”和“魂”，以一流党建引领和保障一流企业建设。从国企改革工作推动上看，国企改革组织领导全面加强，专门成立国务院国有企业改革领导小组，各地、各中央企业也成立相应领导机构；更加强调国企改革的全面深化，更加注重改革的系统性、整体性、协同性，注重顶层设计，出台“1+N”系列文件，确立国企改革的主体框架；强调问题导向，勇于涉险滩、啃硬骨头，推进“十项改革试点”等示范工程；强调改革的针对性，在明确界定国有企业功能分类的基础上推进分类改革、分类监管、分类考核、分类发展，是这一时期国企改革的重要任务；强调抓改革落实落地，制订好时间表、路线图、任务书。新时代，在以习近平同志为核心的党中央坚强领导下，各地区、各部门、各企业推动国企改革全面深化，改革举措层层落地，改革鲜活实践不断涌现，在许多重要领域和关键环节取得重要突破，解决了许多长期想解决而没有解决的难题，取得了新的历史性成就。

（三）国有企业改革取得的历史性成就

改革开放 40 年来，国有企业的自身实力和市场竞争力取得长足发展。[①] 习近平总书记指出，国有企业是中国特色社会主义的重要物质基础和政治基础，是中国特色社会主义经济的“顶梁柱”。[②] 总书记用“顶梁柱”形象阐释和概括了国有企业在中国特色社会主义经济中的地位和作用。

1. 国民经济发展的顶梁柱

国有企业在重要国民经济产业发挥了举足轻重的作用，在社会公共服务保障方面发挥着主导作用，为国民经济平稳运行、快速发展起到了关键

---

① 本部分节选自国务院国资委改革办组织编辑出版的《国企改革历程 1978—2018》（上）第二章第一节，中国经济出版社 2019 年版。

② 《深入学习贯彻党的十九大精神　紧扣新时代要求推动改革发展》，《人民日报》2017 年 12 月 14 日。

的稳定器和助推器作用，是引领整个国民经济持续发展的骨干主导力量。

第一，国有企业带动国民经济发展。1978 年至 2018 年，全国国有企业实现营业收入、利润总额年均分别增长 11.9%、10.3%；2018 年全国国有企业资产总额、所有者权益分别达到 1978 年的 247.1 倍和 130.0 倍。以国有企业为主的工业生产不断跃上新台阶，工业增加值从 1978 年的仅 1622 亿元，增长到 2017 年的接近 28 万亿元，按可比价格算，增长了 53 倍，年均增长 10.8%。原油、电力等能源产品产量大幅提升，汽车产量连续 9 年蝉联世界第一。世界 500 强企业排名中，中国企业上榜数量从 2002 年的 11 家上升到 2018 年的 120 家，跃居世界第二位，其中国有企业从 11 家上升到 83 家。2003 年至 2017 年，全国国有企业累计缴纳税金超过 32 万亿元，占国家税收收入的 30% 以上。2008 年至 2018 年，国有资本经营预算收入累计 8003 亿元，支出 6252 亿元，支持国家工业企业结构调整专项奖补资金 400 亿元。2011 年至 2018 年，中央企业累计上缴国有资本收益 920 亿元。

第二，在供水、供电、供气、供暖等公共服务保障方面，国有企业发挥着重要的主导作用。在高速铁路、公路、桥梁、港口和机场等基础设施建设方面，国有企业不畏艰难、积极作为，在铁路、汽车、船舶、航空航天等重要国民经济产业，国有企业的作用始终举足轻重。具体数据如表 6—1 所示。

表 6—1 国有企业在重要国民经济产业中发挥主导作用

比例 / 产业	原油、天然气产量	发电量	水电设备	火电设备	汽车产量	造船产量	铁路承建	民航总周转量	基础通信服务
央企所占全国比例	90% 以上	65%	70%	75%	40% 以上	50%	2/3 以上	70% 以上	100%

第三，国有企业是投资拉动经济增长的主导力量，促进其他所有制经济共同发展。2008 年国际金融危机前后，国有控股固定资产投资占全社会固定资产投资的比重达到了 37%，为保增长作出了重要贡献，发挥了稳定器和助推器的重要作用。2008 年以来，国有控股固定资产投资达 21.4 万亿元，占到全社会固定资产投资的 35.2%。尤其是国有资本“逆周期”投资，对缓解经济下行压力，调节经济周期波动，保持经济平稳运行起到了重要

的杠杆作用。国有企业、集体企业与民营企业等其他所有制经济共同发展，形成了完整的产业链。在飞机、高铁、汽车、船舶等诸多领域，国有经济给成千上万的上下游企业带来了发展机遇，各种所有制经济发挥各自的优势，形成了高度互补、互相合作、互相支持、互利共赢的关系，提升了整个经济的运行质量和效率，形成了一种独特优势，推动了我国整个经济以世界上少有的速度发展。

2. 引领科技创新的主力军

在 40 年国企改革过程中，国有企业始终坚持把整合优化创新资源、激发企业创新活力、提高企业创新能力等作为重要内容，通过科技创新支撑和引领国有企业的快速健康发展，成为增强我国综合国力和竞争力的大国重器。近些年，国有企业承担完成了一大批国家科技项目，成功研制出 C919 大飞机、神舟飞船、航空母舰、核潜艇等，形成了中国桥、中国路、中国车、中国港、中国网等全方位的建设能力。国有企业创造出一大批自主创新成果，引领了行业和产业技术发展。

第一，国有企业科技创新能力全面提升。改革开放以来，国有企业研发投入的自主权逐步扩大，研发投入金额大幅提高。同时，国家通过制定财税、金融、政府采购、科技计划等方面的政策措施，鼓励和引导企业成为研发投入的主体。国务院国资委成立后，建立了科技创新考核制度，有力促进了企业技术创新的投入，以及国有企业科技人才数量的快速增长。

第二，以市场为导向的技术创新体系基本建立。通过实施科研院所转制、研发平台建设、研发布局结构调整等一系列措施，国有企业普遍构建了结构较为合理的内部研发体系，分层次开展战略性前瞻性研究、技术应用研究和生产工艺研究，并且促进了科技成果向生产力快速转化。

第三，“双创”整体工作呈现新态势新特点。国有企业坚决贯彻党中央、国务院部署，积极实施创新驱动发展战略，采取多种方式推进“双创”工作。聚焦创新创业重点，建立推进“双创”实施的制度体系，探索研究创新容错的相关制度；推出荣誉奖励、现金奖励等系列激励政策，探索股票期权奖励方式等。通过各种方式搭建创新创业平台，设立创业孵化器，加强产学研用一体化信息库建设和应用，促进创新成果与经济发展深度融合，实现供需资源对接、创新资源共享。引入创新企业股权投资基金等系列基金，发挥基金杠杆效应；建设以国有企业为主体，科研院所、高等院校、职业院校、科技服务机构等参与的创新战略联盟；积极探索实践市场化“双创”模式。

第四，中央企业信息化和品牌工作不断加强。党的十八大之后，党中央、国务院作出实施网络强国战略、大数据战略、“互联网 +”行动等一系列重大决策，开启了信息化发展新征程。加快集团管控信息系统建设，推进信息技术在研发设计、生产制造、运营流通和客户服务等环节的应用，加快推动企业生产运营数字化、网络化、智能化进程，以信息化促进企业转型升级，着力强化信息技术与企业生产经营的融合，推动大数据、物联网等技术的创新应用，电商平台、工业互联网等新业态、新模式不断涌现。加强品牌战略和规划落地，明晰定位，优化架构，完善识别体系，创新传播方式，优化品牌创建路径，加强品牌保护，运用先进质量管理方法，落实“一带一路”倡议增强品牌国际化意识，品牌管理能力明显提高，行业话语权和品牌国际影响力不断扩大。

3. 履行社会责任的排头兵

国有企业自觉担当社会责任，积极探索履行社会责任的有效途径。一方面，与国际接轨，向先进企业学习取经；另一方面，依托我国国情民情，探索建立具有中国特色的国有企业履责模式，为经济社会和民生福祉作出了重大贡献。

第一，服务社会民生事业。煤、电、油、气、运输、通信等领域的国有企业为国家经济社会发展提供安全后盾，努力以更高质量、更合理价格和更完善服务满足人民群众的生产生活需要。国有企业在投资总量大、周期长、收益低的公共服务领域完成了大量基础设施建设。军工企业取得多项重大突破，促进了我国国防现代化水平和综合国力不断提升。国有企业还积极投身社会公益和慈善活动，将企业改革与发展成果回报社会。

第二，开展脱贫攻坚工作。落实《中国农村扶贫开发纲要（2011—

2020）》，国有大型骨干企业及其分支机构、地方国有企业承担了多个重点贫困县的大量结对帮扶任务。国有企业在贫困地区持续加大基础设施投资建设力度，广泛实施产业帮扶项目，培训加强贫困群众劳动技能，大力吸纳贫困地区劳动力就业，大量援建贫困地区教育、医疗设施，捐赠教学、医疗设备，为加快脱贫致富步伐作出重要贡献。

第三，参与应急抢险救援和灾后重建。面对重大自然灾害，国有企业冲锋在前，迅速投入到抢修道路交通、保障供电和通信、运输和供应战略物资、倡导企业志愿者服务以及捐款捐物等活动中，帮助受灾群众渡过难关。灾害救援结束后，国有企业继续投入大量人力、物力和财力用于灾后重建，助力灾区人民重建家园。

第四，推动生态文明建设。国有企业牢固树立“绿水青山就是金山银山”的发展理念，积极践行节约资源、保护环境的基本国策，降低企业能源消费总量，调整能源结构，大力发展清洁能源，全面推进大气、水、土壤、固体废物和危险废物污染防治。此外，国有企业自觉强化责任担当，协同推进国家重点区域生态环境保护，完成京津冀等特定区域大气污染防治任务，推动祁连山、贺兰山等国家自然保护区生态环境修复，推进长江流域水生态修复、动植物保护、沿江城镇污水处理工作，服务雄安、海南等地区绿色发展战略等。

4. 对外交流合作的引领者

随着改革开放的深化，国有企业越来越注重统筹国际国内两个市场、两种资源，努力在更深层次、更宽领域、更高水平融入全球经济，“走出去”步伐不断加快。特别是党的十八大以来，习近平总书记提出了建立新型大国外交关系、建立人类命运共同体的重要论断，提出“一带一路”倡议，对我国坚定不移地扩大对外开放指明了方向。国有企业认真贯彻落实习近平总书记的一些重要指示精神，积极投身于“一带一路”建设，在新形势下的对外交流合作中作出新的更大贡献。

一方面，国有企业加强对外开放与合作。从 1979 年初成立我国第一个外向型经济开发区招商局集团创办蛇口工业区起，中外合资企业、外商直接投资企业逐步涌现，而后国有企业开始与国际知名院校、供应商建立长期人才联合培养机制，直到 2010 年国务院国资委组织航空工业集团、中国石油、中国移动等中央企业参加上海世界博览会，向世界展示了中国国有企业的发展成就和对外开放的决心。党的十八大以来，国资国企对外开放进入了新阶段、开创了新局面。在共商共建共享的全球治理理念和“一带一路”倡议引领下，自 2017 年起，国有企业积极参加各项高端经济论坛和会议、举办中国国际进口博览会，国务院国资委与国有企业积极与外国政府、知名企业和高等院校等机构建立合作机制，并不断传播国企改革理念，有效扩大了中国国有企业的国际影响力。

另一方面，国有企业国际化经营步伐加快。改革开放初期，国有企业以工程承包和国际贸易为切入点，开始了市场化“走出去”步伐。我国第一个国际化经营试点企业是中国化工进出口总公司，第一份对外工程承包合同和第一份项目总承包合同由中国建筑签订，首个海外投资矿山出自中钢集团，而开启国有资本海外购入公司和资产先河的是首钢集团，实现我国海外油气业务从无到有的是中国石油。国有企业在为国内经济建设赚取外汇的同时，逐步积累境外营商经验，成为名副其实的中国企业“走出去”的排头兵。2000 年，党中央提出实施“走出去”战略，大型国有企业开始逐步加大海外投资发展的力度，海外投资成为企业国际化和产业结构调整的重要手段和有效方式。截至 2017 年底，中央企业在境外资产总额超过 7 万亿元，约占全部资产总额的 13%，营业收入约占全部营业收入的 18%；共在海外有企业及机构近万家，分布在 190 个国家和地区；员工约 50 万人，其中当地员工约 40 万人，不少企业员工本地化率达到 90% 以上。

在“一带一路”倡议引领下，国有企业正逐步形成面向全球的贸易、投融资、生产、服务网络。国有企业特别是中央企业在基础设施建设、能源资源开发、国际产能合作等领域承担了一大批具有示范性和带动性的重大项目和标志性工程，带动了当地的就业、环境保护、社区公益活动、民生工程建设和教育文化交流等，成为推动中国与世界互利共赢、融合发展、共同繁荣的重要力量。

二、国有企业改革的理论与制度创新

改革开放以来我们取得一切成绩和进步的根本原因，归纳起来就是，坚持党的领导，开辟了中国特色社会主义道路，形成了中国特色社会主义理论体系，确立了中国特色社会主义制度。中国特色社会主义建设与发展的实践，需要科学的理论指导，需要与时俱进的制度保障。我国40年国有企业改革之所以取得举世瞩目的历史性成就、弥足珍贵的基本经验，同样是与一系列重大理论和制度的创新分不开的。这些理论和制度的创新与国企改革相伴相生，理论指导了实践，制度保障了实践，实践又丰富发展了理论和制度；国企改革本身就是一系列重大制度创新，同时与一系列相关重大制度创新相辅相成、相互支撑，这正是我国改革的系统性、整体性、协同性的内在体现。①

（一）公有制与市场经济相结合的伟大创举

1. 社会主义市场经济体制的建立与完善和公有制实现形式的不断创新与完善

习近平总书记指出："从传统计划经济体制向社会主义市场经济体制转变是一个不断前进的过程。"② 我国对市场经济体制的认识、实践不是一蹴而就，而是不断深化、不断完善的。同时，公有制的实现形式也随之不断地创新和完善。党的历届全国代表大会和中央委员会全体会议，对于社会主义市场经济体制的建立与完善，以及公有制实现形式的不断创新与完善，形成了一系列重要论述及举措，如图6—1和图6—2所示。这些重要论述

① 本部分节选自国务院国资委改革办组织编辑出版的《国企改革历程1978—2018》（上）第二章第三节，中国经济出版社2019年版。

② 习近平：《转变政府职能是深化行政体制改革的核心》，《论坚持全面深化改革》，中央文献出版社2018年版，第12页。

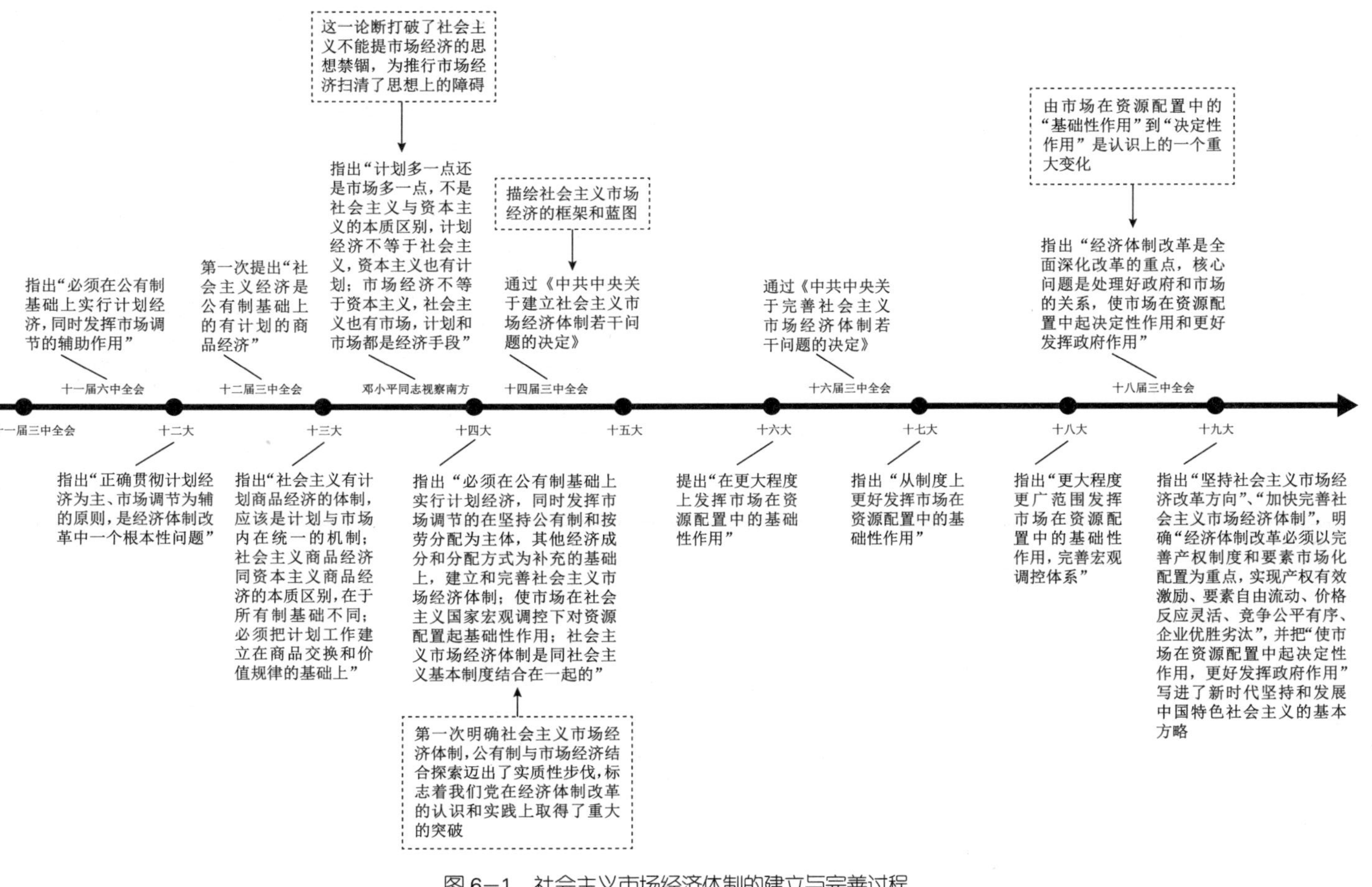

图 6—1　社会主义市场经济体制的建立与完善过程

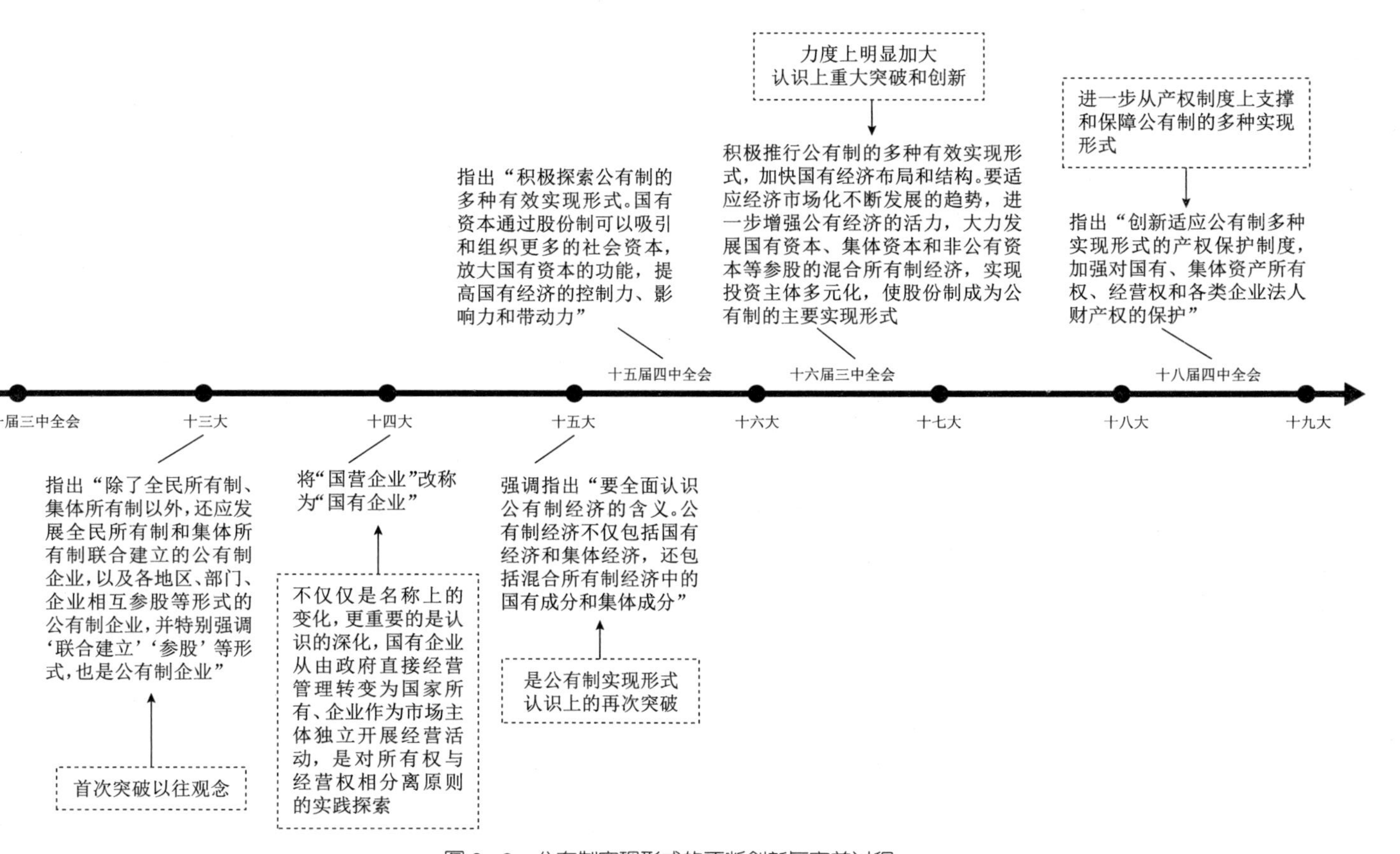

图 6-2　公有制实现形式的不断创新与完善过程

进一步深化了对社会主义市场经济规律的认识，进一步坚定了社会主义市场经济改革的方向，进一步厘清了社会主义市场经济体制下实现公有制的多效探索和突破。

2. 公有制与市场经济结合的具体体现

我国实行社会主义市场经济体制的过程有两条清晰的主线，一条是社会主义市场经济体制的建立和不断完善，另一条是公有制多种有效实现形式的探索和逐步深化。国有企业代表公有制经济主导力量，其改革过程就需要逐渐融入市场，这也是公有制经济与市场经济结合的过程。

国有企业是我国公有制经济的主要载体，近年来国有资本不断向重要行业、关键领域集中并占据主导地位，发挥着公有制的主体作用，承担着公有制经济为主体、国有经济为主导的历史使命。而今，公有制多种有效实现形式已经在国企改革实践中普遍展开。截至 2018 年 6 月底，中央企业资产总额的 65% 已进入上市公司，这些上市公司活跃在资本市场，是公有制与市场经济融合的典型代表。同时，国有企业已经成为独立市场主体，已经与市场经济相融合。党的十四届三中全会提出，“以公有制为主体的现代企业制度是社会主义市场经济体制的基础；国有企业实行公司制，是建立现代企业制度的有益探索”，揭示了公有制与市场经济相结合的必然路径。党的十八届三中全会正式提出，“国有企业总体上已经同市场经济相融合”，“公有制经济和非公有制经济都是社会主义市场经济的重要组成部分，都是我国经济发展的重要基础”，强调了国有企业、公有制经济与社会主义市场经济之间融合、密不可分的关系。

公有制与市场经济的结合，在国际社会主义发展史上并没有成功先例，在苏联模式中也没有得到验证。经过 40 年的改革，我国成功地既坚持了社会主义公有制为主体，又开创性地实现了社会主义市场经济体制。公有制与市场经济的结合、融合，既是重大的理论创新，也是重大的实践创新。从理论上看，即基于社会主义初级阶段理论，在生产力不够发达的情况下，更需要通过市场机制来提高配置资源的效率，通过市场实现依靠传统计划体制难以实现的经济效率和活力，丰富了马克思主义政治经济学的内容，是在马克思主义经典著作没有明确阐述、社会主义市场经济没有发展样板的情况下实现的，在科学社会主义理论上有重大贡献。从实践上看，在当今世界，只有中国，在中国共产党的领导下，成功地实现了公有制与市场经济的融合，这在世界上是独创的，是社会主义实践的一个伟大创举。

（二）重大制度的创新与完善

1. 社会主义基本经济制度的坚持和完善——国有企业改革的根本要求

改革开放 40 年来，我国对基本经济制度的认识逐步深化，伴随着国有企业改革的全过程，在实践中坚持和完善。改革开放后，我国所有制结构开始从单一公有制向多种所有制经济并存转变，这个过程可以从历年的重要会议和文件中得以印证，如图 6−3 所示。

国有企业改革壮大了公有制经济，为基本经济制度的巩固提供了坚实的物质基础。我国国有经济分布领域与改革开放初期相比，在许多竞争性领域的比重已大大降低。我国民营经济等非公有制经济获得了巨大发展，在支撑增长、促进创新、增加税收、扩大就业等方面发挥着越来越重要的作用。基本经济制度的坚持和完善，在公有制的实现形式、公有制经济与非公有经济的关系、基本经济制度的实现形式、基本经济制度在整个社会主义制度中的地位和作用等诸多方面有了重大创新和发展，是对马克思主义政治经济学的新发展，是科学社会主义新的重大历史性成果。坚持把国有资本做强做优做大，是巩固基本经济制度；坚持发展混合所有制经济，是巩固基本经济制度，是新时代创新基本经济制度实现形式的重要实践。公有制经济与非公有制经济两者融合，突破原来公私对立的传统看法，是对社会主义基本经济制度内涵的重大创新。国有企业改革发展的实践，在坚持和完善基本经济制度中发挥了重要作用。

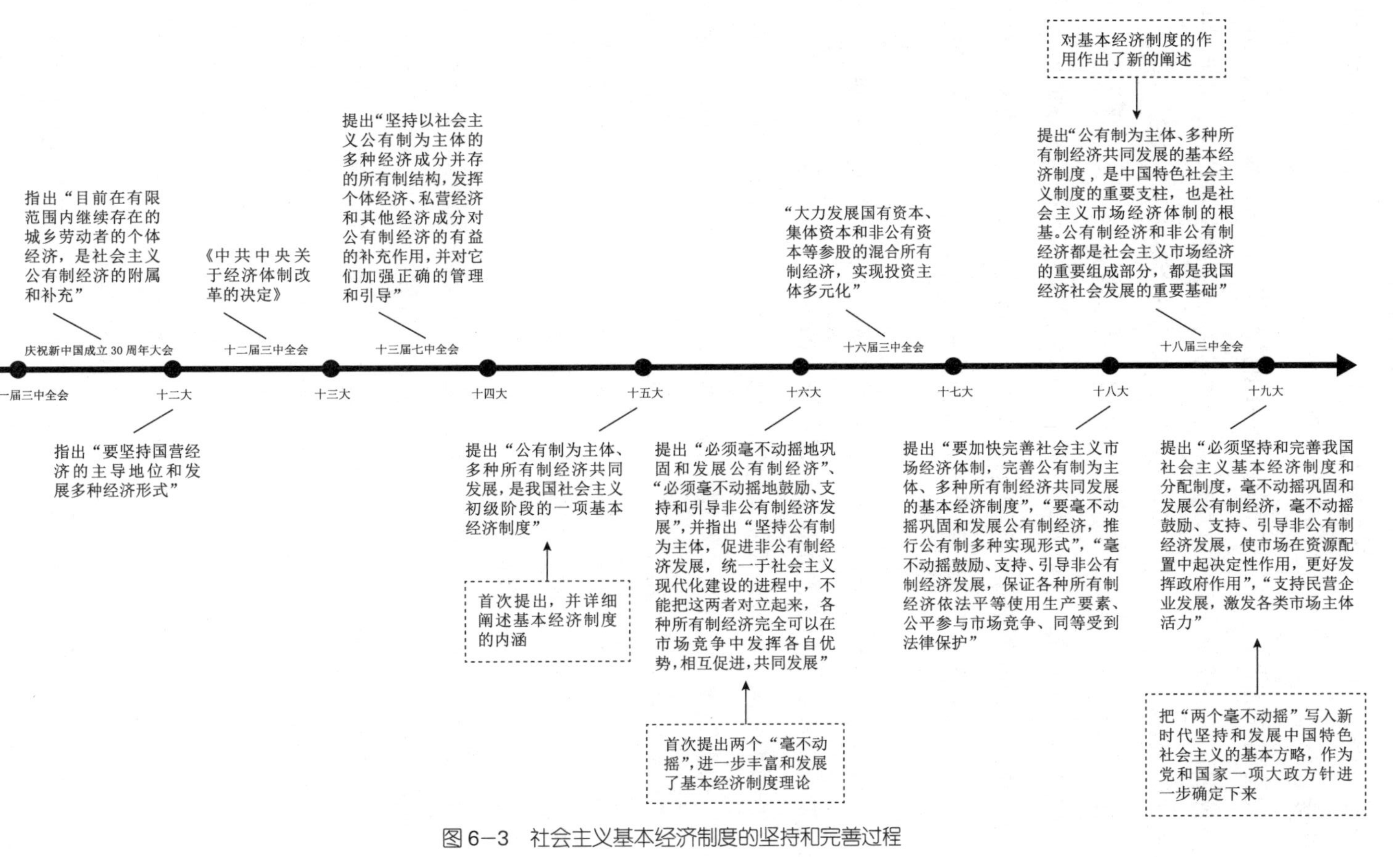

图6—3　社会主义基本经济制度的坚持和完善过程

2. 中国特色现代国有企业制度的建设与完善——国有企业改革的原则和方向

我国国有企业从计划经济时期的政府附属地位，到确立独立市场主体地位，再到建立现代企业制度、培育参与市场竞争所需的各种能力、建设中国特色现代国有企业制度，走出了一条适合我国国情的企业制度创新之路。

在确立独立市场主体地位上，从计划经济迈向社会主义市场经济，国企首先要转变成为充满活力的市场竞争主体，这也是我国国企改革40年的一条主线。国企改革中一再提到的自主经营、自负盈亏、自我发展、自我约束、自担风险等，实际上就是千方百计使企业这个主体“自”具有独立市场地位。

在初步建立现代企业制度上，党的十四届三中全会首次提出建立“产权清晰、权责明确、政企分开、管理科学”的现代企业制度。随后试点先行，逐步扩大试点范围和规模，建立现代企业制度的领导体制和组织制度框架，初步形成了企业法人治理结构，再在理论、政策、实践方面开展大量探索。随后几届全国人民代表大会分别提出了建立和完善现代企业制度的详细部署和具体要求。国务院国资委成立后，加快了建设现代企业制度的步伐。在积极推进股份制改革的同时，以规范董事会建设为重点，实行外部董事占多数原则，推动了决策与执行分开，实现重要的制度创新，完善国有企业公司治理结构。时至2018年全国国企改革座谈会，如何形成有效制衡的公司治理和灵活高效的市场经营机制，仍然是重要的改革目标。

在培育参与市场竞争应具备的主体能力上，改革探索表明，国有企业在走向市场的过程中，仅仅有一个法人地位是不够的，必须要有参与市场竞争应具备的能力。培育市场竞争主体的能力在国企改革历程中所做的大量努力也是清晰可见的。今天我们之所以能培育和发展一批能在国际市场竞争中脱颖而出的大型企业，正是40年国企改革一步一步在市场竞争中不断完善企业功能、增强企业竞争能力奠定的重要基础。

在推动建设中国特色现代国有企业制度上，国企改革注重借鉴国外先进经验，但并不照抄照搬，而是充分考虑我国国情，坚持党的领导，在具体途径方式上不断探索完善。2016年10月10日，习近平总书记提出了“两个一以贯之”的重要论断，澄清了历史上许多模糊或错误的认识，深刻揭示了中国特色现代国有企业制度的本质特征，充分体现了公司治理基本规律和国有企业特殊属性的有机统一。这是我国企业制度的重大历史性创新，使我国现代企业制度建设达到了一个前所未有的理论高度和实践境界，是我国国企改革必须坚持的重大政治原则和方向。

3. 国有资产监管制度的建立与完善——国有企业改革的重要体制支撑

我国在国有企业改革过程中，对国有资产监管制度的探索也是逐步深化的。从1988年设立国有资产管理局，负责产权基础管理制度建设工作，到党的十五届四中全会首次提出“出资人”的概念[①]，再到2003年国务院国资委正式成立，作为国务院直属正部级特设机构，依照法律法规履行出资人职责，监管中央所属企业的国有资产，加强国有资产的管理工作，推动国有资产监管制度向前迈出了一大步，改变了国有资产多头管理、无人负责的局面，直到党的十八届三中全会明确指出“以管资本为主”将作为今后加强国有资产监管的工作方向[②]。随后，2015年《国务院关于改革和完善国有资产管理体制的若干意见》、2017年4月国务院办公厅转发《国务院国资委以管资本为主推进职能转变方案》、2019年4月国务院印发《改革国有资本授权经营体制方案》等一系列政策文件发布，落实如何实现国有资本的有效监管，深化国企改革。

建立完善国有资产监管制度，明确了国有资产监管机构履行出资人职责和国有资产监管职责，实现了社会公共管理职能与出资人职能的分开，

① 党的十五届四中全会提出，“积极探索国有资产管理的有效形式。要按照国家所有、分级管理、授权经营、分工监督的原则，逐步建立国有资产管理、监督、营运体系和机制，建立与健全严格的责任制度”。“国务院代表国家统一行使国有资产所有权，中央和地方政府分级管理国有资产，授权大型企业、企业集团和控股公司经营国有资产。要确保出资人到位。允许和鼓励地方试点，探索建立国有资产管理的具体方式。”

② 党的十八届三中全会提出，“完善国有资产管理体制，以管资本为主加强国有资产监管，改革国有资本授权经营体制，组建若干国有资本运营公司，支持有条件的国有企业改组为国有资本投资公司”。

有利于公平竞争，完善社会主义市场经济体制；使所有权与经营权分离有了明确的制度保障，有利于推动企业成为独立市场主体，推动了各级企业法人层面现代企业制度建设，推动了企业法人活力的增强；有利于推进混合所有制改革，各种所有制主体的权益得到平等保护，推进不同类型资本相互取长补短、互利共赢、共同发展；有利于加强国有资产监督，防止国有资产流失，确保国有资产保值增值；有利于推动国有企业重组整合，优化国有资本布局结构，增强国有经济整体功能和效率。

三、新时代国有企业改革

2012 年 11 月 8 日，党的十八大在北京召开。随后的 2013 年 11 月 9 日召开了十八届三中全会，审议通过了《中共中央关于全面深化改革若干重大问题的决定》，对全面深化改革作出系统部署，开启了全面深化改革、系统设计推进改革的新时代。新时代国有企业改革的大幕由此拉开。2015 年审议通过的《中共中央国务院关于深化国有企业改革的指导意见》是新时代指导和推进国企改革的纲领性文件，从总体要求到分类改革、完善现代企业制度和国资管理体制、发展混合所有制经济、强化监督防止国有资产流失等方面提出国企改革目标和举措。

（一）国有企业改革的新形势及挑战

《中共中央国务院关于深化国有企业改革的指导意见》指出，改革开放以来，国有企业改革发展不断取得重大进展，总体上已经同市场经济相融合，运行质量和效益明显提升，在国际国内市场竞争中涌现出一批具有核心竞争力的骨干企业，为推动经济社会发展、保障和改善民生、开拓国际市场、增强我国综合实力作出了重大贡献；国有企业经营管理者队伍总体上是好的，广大职工付出了不懈努力，成就是突出的。但也要看到，国有企业仍然存在一些亟待解决的突出矛盾和问题，一些企业市场主体地位尚未真正确立，现代企业制度还不健全，国有资产监管体制有待完善，国有资本运行效率需进一步提高；一些企业管理混乱，内部人控制、利益输送、国有资产流失等问题突出，企业办社会职能和历史遗留问题还未解决；一些企业党组织管党治党责任不落实、作用被弱化。

（二）国有企业改革的基本原则

1. 坚持和完善基本经济制度

《中共中央国务院关于深化国有企业改革的指导意见》将坚持和完善基本经济制度作为国有企业改革基本原则的第一条内容，指出坚持和完善基本经济制度“是深化国有企业改革必须把握的根本要求。必须毫不动摇巩固和发展公有制经济，毫不动摇鼓励、支持、引导非公有制经济发展。坚持公有制主体地位，发挥国有经济主导作用，积极促进国有资本、集体资本、非公有资本等交叉持股、相互融合，推动各种所有制资本取长补短、相互促进、共同发展”。

基本经济制度是中国特色社会主义制度的重要支柱，也是社会主义市场经济体制的根基。坚持和完善基本经济制度，发展壮大国有经济，是中央的一贯方针，是国家的坚强意志，必须坚决贯彻，不能有丝毫含糊和动摇。生产资料公有制是社会主义生产关系的基础，体现着社会主义经济制度的根本性质。公有制经济占主体地位，既是社会主义根本经济制度产生的标志，又是社会主义社会优越性的制度性根源。坚持社会主义公有制经济占主体，体现了社会主义制度的本质要求。同时，强大的国民经济离不开充满活力的非公有制经济的发展，非公有制经济在激活市场活力、增加财政收入、促进社会就业、满足多样化的社会需求等方面作出了重要贡献、发挥了积极作用。公有制经济与非公有制经济相互促进、相辅相成、相得益彰的所有制格局是社会主义市场经济最主要的特征。改革开放以来，我国不断探索和深化公有制与市场经济相结合的实现形式，既坚持了公有制的基础性地位而没有走向私有化，又最大程度上激发了集体所有制经济和国有经济的活力。

目前，中国是仍处于艰难爬坡阶段的发展中国家，距离实现国家现代化的目标还有很长的路要走，自身改革发展的任务还很艰巨。国有企业作为党和国家最可信赖的依靠力量，肩负着推进“四个全面”战略布局、实现“两个一百年”奋斗目标和中华民族伟大复兴中国梦的重要使命。因此，国有企业的改革必须坚持和完善基本经济制度，以更好体现和坚持公有制主体地位，发挥国有经济的主导作用。国有企业改革的方向对不对、政策是否对路、措施是否有效，必须从基本经济制度能否得到坚持和完善的高度去看待、去考察、去检验。

2. 坚持社会主义市场经济改革方向

《中共中央国务院关于深化国有企业改革的指导意见》指出，坚持社会主义市场经济改革方向“是深化国有企业改革必须遵循的基本规律。国有企业改革要遵循市场经济规律和企业发展规律，坚持政企分开、政资分开、所有权与经营权分离，坚持权利、义务、责任相统一，坚持激励机制和约束机制相结合，促使国有企业真正成为依法自主经营、自负盈亏、自担风险、自我约束、自我发展的独立市场主体。社会主义市场经济条件下的国有企业，要成为自觉履行社会责任的表率”。

马克思主义政党和社会主义国家与资本主义政党和国家的市场经济存在根本性的区别，前者以坚持人民立场和共同富裕为原则，而后者则不是。习近平总书记指出：“在社会主义条件下发展市场经济，是我们党的一个伟大创举。我国经济发展获得巨大成功的一个关键因素，就是我们既发挥了市场经济的长处，又发挥了社会主义制度的优越性。我们是在中国共产党领导和社会主义制度的大前提下发展市场经济，什么时候都不能忘了‘社会主义’这个定语。之所以说是社会主义市场经济，就是要坚持我们的制度优越性，有效防范资本主义市场经济的弊端。”社会主义市场经济体制是同社会主义基本经济制度结合在一起的，因而它具有自己的特性：在所有制结构上，坚持以公有制为主体、多种所有制经济共同发展，国有企业通过平等竞争发挥主导作用；在分配关系上，坚持以按劳分配为主体、多种分配方式并存的分配制度，效率优先，兼顾公平；在宏观调控上，能够把人民的当前利益与长远利益、局部利益与整体利益结合起来，更好地发挥政府与市场的长处。我国把社会主义基本制度的优势和市场经济的优势实现了充分的结合，把社会主义的价值和目的融入于市场经济运行之中，最大可能地避免市场经济自身所存在的自发性、盲目性和滞后性的缺陷，避免了资本主义市场经济的种种弊端。

我国一直在进行社会主义市场经济体制改革，而企业作为市场的微观基础，其改革也自然要顺应社会主义市场经济方向，特别是国有企业的改革必须遵循市场经济规律，适应市场经济的要求。在“必须毫不动摇巩固和发展公有制经济，毫不动摇鼓励、支持、引导非公有制经济发展”的过程中，国有企业必须推动建立现代企业制度，进一步转换企业经营机制，贴近市场，使国有企业成为真正的、完全的、充满活力的、有竞争能力的市场经营主体。

3. 坚持增强活力和强化监管相结合

《中共中央国务院关于深化国有企业改革的指导意见》指出，坚持增强活力和强化监管相结合“是深化国有企业改革必须把握的重要关系。增强活力是搞好国有企业的本质要求，加强监管是搞好国有企业的重要保障，要切实做到两者的有机统一。继续推进简政放权，依法落实企业法人财产权和经营自主权，进一步激发企业活力、创造力和市场竞争力。进一步完善国有企业监管制度，切实防止国有资产流失，确保国有资产保值增值。”

从生产力角度看，国有企业缺乏活力而发展缓慢甚至停滞，任何的改革手段和过程都将失去意义，因此增强国有企业活力是改革的本质要求；从维护法治、保证公平、规范运作的角度看，监管乏力也无法为国企改革提供条件和保障，也不能使其获得可持续发展。因此，一方面需要加大简政放权力度，精简监管事项、增强企业活力，更好维护企业市场主体地位，推动完善现代企业制度，健全各司其职、各负其责、协调运转、有效制衡的国有企业法人治理结构；另一方面需要强化监督，探索完善国有资产监管体制机制，积极推进国有企业结构调整、创新发展，实现国有资产保值增值、防止国有资产流失。

4. 坚持党对国有企业的领导

《中共中央国务院关于深化国有企业改革的指导意见》中明确指出，要加强和改进党对国有企业的领导，充分发挥国有企业党组织政治核心作用。而后2016年10月10日，习近平总书记在全国国有企业党的建设工作会议上强调，要坚持党对国有企业的领导不动摇，党对国有企业的领导是政治领导、思想领导、组织领导的有机统一。国有企业党组织发挥领导核心和政治核心作用，归结到一点，就是把方向、管大局、保落实。在此基础上，党的十九大对《中国共产党章程》作出了重大修改，其中将“党是领导一切的”写入党章。这有利于全党增强党的意识，实现全党思想上统一、政治上团结、行动上一致，提高党的创造力、凝聚力、战斗力，确保党总揽全局、协调各方，为做好党和国家各项工作提供根本政治保证。

习近平总书记强调，要通过加强和完善党对国有企业的领导、加强和改进国有企业党的建设，使国有企业成为党和国家最可信赖的依靠力量，成为坚决贯彻执行党中央决策部署的重要力量，成为贯彻新发展理念、全面深化改革的重要力量，成为实施“走出去”战略、“一带一路”建设等重大战略的重要力量，成为壮大综合国力、促进经济社会发展、保障和改善民生的重要力量，成为我们党赢得具有许多新的历史特点的伟大斗争胜利的重要力量。坚持党的领导、加强党的建设，是我国国有企业的光荣传统，是国有企业的“根”和“魂”，是我国国有企业的独特优势。新形势下，国有企业坚持党的领导、加强党的建设，总的要求是：坚持党要管党、从严治党，紧紧围绕全面解决党的领导、党的建设弱化、淡化、虚化、边缘化问题，坚持党对国有企业的领导不动摇，发挥企业党组织的领导核心和政治核心作用，保证党和国家方针政策、重大部署在国有企业贯彻执行；坚持服务生产经营不偏离，把提高企业效益、增强企业竞争实力、实现国有资产保值增值作为国有企业党组织工作的出发点和落脚点，以企业改革发展成果检验党组织的工作和战斗力；坚持党组织对国有企业选人用人的领导和把关作用不能变，着力培养一支宏大的高素质企业领导人员队伍；坚持建强国有企业基层党组织不放松，确保企业发展到哪里、党的建设就跟进到哪里、党支部的战斗堡垒作用就体现在哪里，为做强做优做大国有企业提供坚强组织保证。坚持党对国有企业的领导是重大政治原则，必须一以贯之；建立现代企业制度是国有企业改革的方向，也必须一以贯之。中国特色现代国有企业制度，“特”就特在把党的领导融入公司治理各环节，把企业党组织内嵌到公司治理结构之中，明确和落实党组织在公司法人治理结构中的法定地位，做到组织落实、干部到位、职责明确、监督严格。要明确党组织在决策、执行、监督各环节的权责和工作方式，使党组织发挥作用组织化、制度化、具体化。要处理好党组织和其他治理主体的关系，明确权责边界，做到无缝衔接，形成各司其职、各负其责、协调运转、有效制衡的公司治理机制。

5. 坚持积极稳妥统筹推进

《中共中央国务院关于深化国有企业改革的指导意见》指出，坚持积极稳妥统筹推进“是深化国有企业改革必须采用的科学方法。要正确处理推进改革和坚持法治的关系，正确处理改革发展稳定关系，正确处理搞好顶层设计和尊重基层首创精神的关系，突出问题导向，坚持分类推进，把握好改革的次序、节奏、力度，确保改革扎实推进、务求实效。”

坚持积极稳妥统筹推进，是因为改革进入了攻坚期和深水区，必须更加注重改革的系统性、整体性、协同性。在深化国有企业改革过程中，要善于把握改革的次序、节奏和力度，积极稳妥、蹄疾步稳，突出问题导向，坚持分类推进，重点把握好三个关系。坚持在以习近平同志为核心党中央坚强领导下，以习近平新时代中国特色社会主义思想为指引，各级国资委和国有企业坚决落实党中央、国务院的重大部署，贯彻落实国企改革“1+N”系列文件，全面深化国有企业改革，勇于涉险滩，勇于啃“硬骨头”，坚决破除制约国有企业发展的体制机制弊端，进一步增强改革的紧迫性，适应经济发展新常态，加快供给侧结构性改革力度，推进中央企业深化改革“瘦身健体”，把思想和行动统一到党中央国务院的决策部署上来，切实强化担当精神，全面推进、重点突破国有企业改革，促使国有企业在激烈的市场竞争中拼搏进取，不断发展壮大。

（三）国有企业改革指导思想及目标

对于新一轮国有企业改革的指导思想，《中共中央国务院关于全面深化改革若干重大问题的决定》指出："高举中国特色社会主义伟大旗帜，认真贯彻落实党的十八大和十八届三中、四中全会精神，深入学习贯彻习近平总书记系列重要讲话精神，坚持和完善基本经济制度，坚持社会主义市场经济改革方向，适应市场化、现代化、国际化新形势，以解放和发展社会生产力为标准，以提高国有资本效率、增强国有企业活力为中心，完善产权清晰、权责明确、政企分开、管理科学的现代企业制度，完善国有资产监管体制，防止国有资产流失，全面推进依法治企，加强和改进党对国有企业的领导，做强做优做大国有企业，不断增强国有经济活力、控制力、影响力、抗风险能力，主动适应和引领经济发展新常态，为促进经济社会持续健康发展、实现中华民族伟大复兴中国梦作出积极贡献。"国企改革的指导思想，阐述了我国国有企业改革举什么旗，以何为依据，强调了两个坚持，突出了"三化"要求，强调了国有企业改革的两大出发点、四个关注点和一个落脚点，归结出国有企业应承担的任务和使命。①

此轮改革的目标也随着改革的进行而不断深化和提高。2015 年《中共中央国务院关于深化国有企业改革的指导意见》明确指出："到 2020 年，在国有企业改革重要领域和关键环节取得决定性成果，形成更加符合我国基本经济制度和社会主义市场经济发展要求的国有资产管理体制、现代企业制度、市场化经营机制，国有资本布局结构更趋合理，造就一大批德才兼备、善于经营、充满活力的优秀企业家，培育一大批具有创新能力和国际竞争力的国有骨干企业，国有经济活力、控制力、影响力、抗风险能力

① （1）两个坚持：坚持和完善基本经济制度、坚持社会主义市场经济改革方向；（2）"三化"：市场化、现代化、国际化；（3）两大出发点：一是以解放和发展社会生产力为标准，二是以提高国有资本效率、增强国有企业活力为中心；（4）四个关注点：一是完善产权清晰、权责明确、政企分开、管理科学的现代企业制度；二是完善国有资产监管体制，防止国有资产流失；三是全面推进依法治企；四是加强和改进党对国有企业的领导；（5）一个落脚点：做强做优做大国有企业，不断增强国有经济的活力、控制力、影响力、抗风险能力。

明显增强。”2017 年 10 月，党的十九大报告指出：“要完善各类国有资产管理体制，改革国有资本授权经营体制，加快国有经济布局优化、结构调整、战略性重组，促进国有资产保值增值，推动国有资本做强做优做大，有效防止国有资产流失。深化国有企业改革，发展混合所有制经济，培育具有全球竞争力的世界一流企业。”这是首次提出“做强做优做大国有资本”和“培育具有全球竞争力的世界一流企业”。从提出“做强做优做大国有企业”到提出“做强做优做大国有资本”，从提出“培育具有国际竞争力的国有骨干企业”到提出“培育具有全球竞争力的世界一流企业”，十九大报告中的新提法是对以前提法的改进和深化，是新时代国有企业深化改革的新思想和重要指导方针，其实质是我国进入新时代中国特色社会主义对于国企深化改革的新要求和主要内涵。推动国有资本做强做优做大的要求，与新一轮国资改革由管企业为主向管资本为主的转变是一脉相承的，国企国资的改革发展实践需要坚定不移地贯彻落实，从而通过“做强做优做大国有资本”，实现“培育具有全球竞争力的世界一流企业”的新目标。

（四）国有企业改革的重点任务

改革开放 40 年来，国有企业改革走过了不平凡的历程，党中央、国务院在不同历史时期，针对我国国情和国有企业实际，采取了一系列措施，不断将国有企业改革向纵深推进。特别是党的十八大以来，以习近平同志为核心的党中央亲自谋划、部署和推动国有企业改革，更加注重改革的顶层设计，更加注重改革的系统性、整体性和协同性，促使国有企业改革取得新的重大进展和历史性成就。新一轮国企改革主要从分类推进国有企业改革、完善现代企业制度、完善国有资产管理体制、发展混合所有制经济、强化监督防止国有资产流失、加强和改进党对国有企业的领导、为国有企业改革创造良好环境条件、供给侧结构性改革、分离社会办职能等几方面全面深化。其中，分类推进国企改革、发展混合所有制经济、推动管资本为主加强国资监管体制和供给侧结构性改革是本轮国企改革的突出重点内容。

1. 分类推进国企改革

对国有企业进行功能界定与分类，是因企施策、推进改革的基本前提和重要基础。在以往的实践中，对国有企业的分类大多是基于国有企业的规模、所有制类型、股权比例、管理权限等。由于缺乏明确的功能分类，许多国有企业在实际工作中面临“盈利性使命”和“公益性使命”的冲突，存在功能不清晰、定位不明确等问题，一些改革措施难以有效落实，国资监管机构也难以制定差异化的监管政策，一定程度上存在“一刀切”现象，导致监管的科学性、针对性不够。国有资本配置效率不高、结构不合理、发展同质化、分布过宽过散等问题，也与缺乏明确的企业功能分类密切相关。

党的十八届三中全会指出，要准确界定不同国有企业功能。这是中央全会第一次提出国有企业功能界定的概念，并对不同类型国有企业的改革发展提出了差异化要求。《中共中央国务院关于深化国有企业改革的指导意见》将国有企业划分为商业类和公益类，并指出“通过界定功能、划分类别，实行分类改革、分类发展、分类监管、分类定责、分类考核，提高改革的针对性、监管的有效性、考核评价的科学性，推动国有企业同市场经济深入融合，促进国有企业经济效益和社会效益有机统一”。文件还对不同类别企业如何差异化地推进改革、调整股权结构、完善考核等提出了明确的方向性要求。

对国有企业进行功能界定与分类，有利于根据不同类型企业的特点，有针对性地推进各项改革，推动国有企业与市场经济深入融合，更好地坚持和完善基本经济制度；有利于进一步厘清不同企业在经济社会发展中的功能作用，明确不同企业的发展方向和战略目标，优化产权结构和运行模式，形成差异化的发展路径；有利于明确国有资本的战略定位和发展目标，优化国有资本布局，放大国有资本功能；有利于转变国有资产监管方式，增强国资监管的科学性、针对性和有效性。关于推进国有企业的分类改革，尽管已有文件出台，但是对于如何准确分类、如何有效推进分类改革仍处于探索阶段：制定详细而具体的分类标准、探索不同类型企业国资管理模式、创新不同类型国企治理结构、设计不同类型国企薪酬限制与激励制度等，都将是未来分类推进国企改革的道路上需要深入解决的问题。

2. 发展混合所有制经济

发展混合所有制经济，是提高国有经济的活力、控制力、影响力和抗风险能力的有效途径。国有企业改革从党的十五大首次提出要发展混合所有制经济开始，经历了十六大、十六届三中全会和十七大的锤炼，已经成为我国国有企业改革的一项重要内容，取得较大进展的同时也存在一些问题。如，虽然不少国有企业在产权层面实现了多种资本混合，但经营机制并没有发生根本变化，公司法人治理结构不完善，选人用人市场化程度有待提高；在一些混合所有制经济改革过程中，国有资产处置、投资者引入、员工持股、关联交易等方面操作不够规范，造成国有资产流失；一些人错误地认为发展混合所有制经济就是国有企业要退出、要民营化和私有化，有的地方提出了发展混合所有制经济的硬性进度指标，认为“一混就灵”，存在“为混而混”“一混了之”等错误倾向，只是单纯看到了“混”的结果，而没有将“混”与“改”有机结合。这些问题亟待解决，相关政策亟待完善深化。

新一轮的混合所有制改革始于党的十八届三中全会，《中共中央关于全面深化改革若干重大问题的决定》提出要“积极发展混合所有制经济”，混合所有制经济是我国“基本经济制度的重要实现形式”，发展混合所有制经济是对党的十五大以来有关论述的继承和发展，是为了巩固公有制的主体地位、加强国有经济的主导作用。2015 年 9 月 24 日，国务院印发《关于国有企业发展混合所有制经济的意见》(以下简称《意见》)。《意见》作为《中共中央国务院关于深化国有企业改革的指导意见》的配套文件，明确了国有企业发展混合所有制经济的总体要求、核心思路、配套措施，并提出了组织实施的工作要求。其中明确了国有企业发展混合所有制经济五方面的工作任务：一是按照国有企业功能界定和分类，分类推进国有企业混合所有制改革；二是从集团公司和子公司、中央企业和地方企业不同层面，分层推进国有企业混合所有制改革；三是鼓励各类资本参与国有企业混合所有制改革；四是建立健全混合所有制企业治理机制；五是建立依法合规的操作规则。

习近平总书记在2016年中央经济工作会议上强调："混合所有制改革是国企改革的重要突破口，按照完善治理、强化激励、突出主业、提高效率的要求，在电力、石油、天然气、铁路、民航、电信、军工等领域迈出实质性步伐。"党的十九大报告中指出："深化国有企业改革，发展混合所有制经济，培育具有全球竞争力的世界一流企业。"党的十九大对深化国有企业改革提出了明确任务和新的更高要求，这是一次极其重大的突破，将发展混合所有制摆在了突出地位，使其作为此轮国企改革的关键。报告指出要积极推进主业处于充分竞争行业和领域的商业类国有企业混合所有制改革，有效探索重点领域混合所有制改革，在引导子公司层面改革的同时探索在集团公司层面推进混合所有制改革。在取得经验的基础上，稳妥有序开展国有控股混合所有制企业员工持股，建立激励约束长效机制。鼓励包括民营企业在内的非国有资本投资主体通过多种方式参与国有企业改制重组，鼓励国有资本以多种方式入股非国有企业，建立健全混合所有制企业治理机制。2018年10月9日，全国国有企业改革座谈会在京召开，会议指出："突出抓好混合所有制改革要切实转换企业经营机制，增强企业内部约束和激励，保护各类所有制产权的合法权益，科学进行资产定价。要通过发展混合所有制经济，提高国有资本配置效率，同时大力支持和带动非公有制经济发展，实现各种所有制资本取长补短、相互促进、共同发展。"

3. 推动管资本为主加强国资监管体制

2002年党的十六大明确指出，"国家要制定法律法规，建立中央政府和地方政府分别代表国家履行出资人职责"，推进政企分开、政资分开、所有权和经营权分开，实现责权利三个统一和"管资产、管事和管人"的三结合。国资委成立以来，我国对国有资产的监管方式进行了比较大的改革，国企改革也取得了巨大成效，尤其是央企在结构上实现了国有经济布局的战略性调整，部分企业实现了做大做强的目标。但与此同时，"国有资产流失论""国企领导失位论""利益输送论"和"不公平竞争论"引起了社会诟病。其核心问题就是经济学上指出的“委托—代理”问题没有很好解决，国资委成为双重代理人角色，国资监管体系成为复杂的多级“委托—代理”关系，因为信息不对称和监管不充分，国企运营中出现了道德风险和逆向选择难题。

要解决上述这些问题，需要重构国有资产监督管理体制。《中共中央国务院关于深化国有企业改革的指导意见》明确指出，要完善国有资产管理体制，以管资本为主推进国有资产监管机构职能转变，以管资本为主改革国有资本授权经营体制，以管资本为主推动国有资本合理流动优化配置，以管资本为主推进经营性国有资产集中统一监管。这将有助于管好资本布局、规范资本运作、提高资本回报和维护资本安全，对于推动国有企业真正成为独立市场主体，增强国有经济整体功能和效率，维护国有资产安全，具有十分重要的意义。①

重构国有资产监督管理体制，其实质是国资委作为全民资产的委托人对国资主要进行股权运营，建立国有资本投资运营公司这样一个中间层，来建立健全国资监管的三层架构；监管层今后不再介入具体的企业微观层面，主要以资本管理为着力点，利用其“形态统一、目标统一、产权统一、效益评价标准统一”的特点，推进国有资产的资本化、证券化程度，以重塑有效的企业运营架构，避免重复建设、恶性竞争，切实提高国有资源配置效率，促进国有经济乃至整个国民经济的转型升级和发展。在推进国有资本投资、运营公司方面，《中共中央国务院关于全面深化改革若干重大问题的决定》明确指出，完善国有资产管理体制，以管资本为主加强国有资产监管，改革国有资本授权经营体制，组建若干国有资本运营公司，支持有条件的国有企业改组为国有资本投资公司。2018 年 7 月，国务院发布了《国务院关于推进国有资本投资、运营公司改革试点的实施意见》。2019 年 1 月 17 日，国务院国资委相关负责人提出了 2019 年国有企业改革的五项重点任务。其中，加快改组组建国有资本投资运营公司，要继续深化国

① 张毅：《以管资本为主加强国有资产监管》，《人民日报》2015 年 12 月 3 日。

有资本授权经营体制改革，建立授权调整机制，探索将部分出资人的权力授予试点企业。要推动国有资本投资运营公司的组织构架、管控模式的改革，进一步打造市场化运作的专业平台，在国有经济战略性重组和布局结构的优化当中发挥更大的作用。2014 年至 2019 年 5 月，先后有国资委授权的 21 家中央企业和 122 家地方的企业改组组建为国有资本投资公司和国有资本运营公司，未来将继续扩容“两类公司”。①

4. 供给侧结构性改革

提出推进供给侧结构性改革并将之作为经济工作的主线，是以习近平同志为核心的党中央在深刻分析、准确把握我国现阶段经济运行主要矛盾基础上作出的重大决策，是重大理论和实践创新。“十二五”时期以来，我国经济运行面临的诸多矛盾和问题，既有供给侧的，也有需求侧的，既有周期性的，也有结构性的，但主要矛盾是供给侧结构性的，其深层根源是体制机制问题。这是由国际和国内多方面因素决定的。从国际看，2008 年国际金融危机导致世界经济陷入衰退，对我国出口造成很大冲击，成为加剧国内产能过剩和经济下行的重要因素。从国内看，我国经济增速连续多年保持在 10% 左右，2001—2008 年出口和投资年均增长 20% 以上，带动众多行业产能井喷式增长。2008 年以后为应对国际金融危机冲击，采取了力度很大的刺激政策，许多行业产能大幅增长，供给侧结构性矛盾不断积累。2015 年，以习近平同志为核心的党中央提出推进供给侧结构性改革，并作出我国经济运行主要矛盾是供给侧结构性矛盾的正确判断，强调用改革的办法推进结构调整，增强供给结构对需求变化的适应性和灵活性。这是我国宏观经济理论和政策的重大创新，意义深远。②

2015 年 12 月 18 日至 21 日，中央经济工作会议提出，2016 年经济社会发展特别是结构性改革任务十分繁重，战略上要坚持稳中求进、把握好节奏和力度，战术上要抓住关键点，主要是抓好去产能、去库存、去

① 王璐、杨烨：《国资投资运营试点酝酿扩围升级》，人民网，2019 年 5 月 10 日。

② 《坚持以供给侧结构性改革为主线》，《人民日报》2019 年 2 月 14 日。

杠杆、降成本、补短板“三去一降一补”五大任务。这是以习近平同志为核心的党中央在全面分析国内经济阶段性特征的基础上，给出的调整经济结构、转变经济发展方式的治本良方。2015年，党中央决定实施供给侧结构性改革，经过几年的努力，取得了重要阶段性成效。钢铁、煤炭“十三五”去产能目标基本完成，一大批“散乱污”企业出清，工业产能利用率稳中有升，传统产业加快改造，科技创新成果不断涌现，新动能加快成长，特别是去产能使得重点行业供求关系发生明显变化。实施供给侧结构性改革，进一步激发了市场活力、增强了内生动力、释放了内需潜力，推动经济保持中高速增长、产业迈向中高端水平。实践充分证明，党中央这个决策是完全正确的，是改善供给结构、提高经济发展质量和效益的治本之策。①

2018年底中央经济工作会议指出，“我国经济运行主要矛盾仍然是供给侧结构性的，必须坚持以供给侧结构性改革为主线不动摇，更多采取改革的办法，更多运用市场化、法治化手段，在‘巩固’‘增强’‘提升’‘畅通’八个字上下功夫”。这一明确要求，为当前和今后一个时期深化供给侧结构性改革、推动经济高质量发展指明了方向、提供了遵循。从“三去一降一补”到“巩固、增强、提升、畅通”，供给侧结构性改革不是短周期调控，而是党中央统筹改革与发展的整体谋划，是在复杂严峻经济形势下主动抓住战略机遇、谋求转型升级与可持续发展的战略选择。下一阶段的供给侧结构性改革应在解决好存量结构问题的基础上，更加注重激发社会创新创造活力，着力形成新供给与新需求。②

（五）改革进展及未来展望

截至2019年3月，国资委和中央企业认真贯彻落实党中央、国务院的决策部署，落实“1+N”系列文件提出的各项改革要求，深入推进各项改革

① 《人民日报》评论员：《坚持以供给侧结构性改革为主线不动摇——四论贯彻落实中央经济工作会议精神》，《人民日报》2018年12月26日。

② 王战：《着力形成新供给与新需求》，《人民日报》2019年4月25日。

措施落地落实，解决了长期想解决而没有解决的一些改革难题。首先，公司制改制全面完成，公司治理结构进一步优化。83 家中央企业建立了规范的董事会，15035 户中央企业所属的二、三级单位都建立了规范的董事会。各省国资委也加大了改革力度，省属国资委这一块就超过了 90% 的企业建立了规范董事会，落实董事会职权，经理层任期制和契约化管理也在进一步推进，职业经理人制度、中长期激励这些试点工作也在有序推进。其次，结构调整、布局优化成效是非常显著的。2018 年完成了中核集团和中核建、武汉邮科院和电信科研院四家两对中央企业的重组。同时，中央企业压减法人数量 12829 户，压减的比例达到 24.6%，史无前例。第三，混合所有制改革有序推进，上市公司已经成为中央企业运营的主体。中央企业资产的 65%、营业收入的 61%、利润总额来源的 88% 都在上市公司。仅 2018 年，央企和地方企业就新增 2880 户混合所有制改革的企业。第四，剥离企业办社会职能取得决定性突破，2018 年全国国有企业 689 个所办的消防机构、1744 个教育机构完成了分类处置，“三供一业”的正式协议签约率超过 99%，共有 5022 万户成功完成了分离。第五，国资监管的职能持续改进，以管资本为主已经成为国资监管的重要导向。第六，国有企业改革始终坚持党的领导，加强党的建设，这为国企改革发展提供了坚强的政治保证。①

改革开放的经验告诉我们，改革是国有企业的内在基因。改革开放初期，国有企业面临着重重困难。管理效率低下、资源分配不合理、企业缺乏活力等都制约着国有企业的发展。多数企业面临着要么改变突破、要么继续消极亏损的选择。正是在这样一种契机下，国有企业选择开启了改革之路。我国国有企业的改革探索之路，经历了从“摸着石头过河”到构建“顶层设计”，从改革国企领导机制到改革分配机制、生产经营机制的过程。过程中的每一项具体改革措施都充分体现出，“改革”是国有企业自身存在的强大基因，是国有企业发展至今的内生力量，更是促进国有企业一路发展至今做强做优做大的根本动力。

---

① 《国务院国资委就“国有企业改革发展”答记者问》（文字实录），新华网，2019 年 3 月 9 日。

国企改革的历史性成就告诉我们，国有企业依靠改革才能走向未来。经过了 40 年的探索与努力，国企改革取得了初步的成果，但国有企业仍然存在改革推进不平稳、体制机制不健全、布局结构不合理等问题，企业的竞争力、活力还有待增强，一些深层次的难题还需要破解。2017 年 10 月，习近平总书记在十九大报告中提出“要完善各类国有资产管理体制，改革国有资本授权经营体制，加快国有经济布局优化、结构调整、战略性重组，促进国有资产保值增值，推动国有资本做强做优做大，有效防止国有资产流失。深化国有企业改革，发展混合所有制经济，培育具有全球竞争力的世界一流企业”，为新时代国有企业深化改革作出重大部署，是新时代国有企业改革的指导方针和根本遵循。深化国有企业改革是坚持和发展中国特色社会主义的必然要求，是实现“两个一百年”奋斗目标的重大任务，更是推动我国经济持续健康发展的客观要求。深入贯彻落实党的十九大对国有企业改革的重大部署，关键是进一步学习领会习近平总书记关于国有企业改革发展的重要思想，牢牢把握改革正确方向，以钉钉子精神扎实推进国有企业改革各项任务落地见效，完善各类国有资产管理体制，加快国有经济布局优化、结构调整和战略性重组，发展混合所有制经济，形成有效制衡的公司法人治理结构和灵活高效的市场化经营机制，加强监管有效防止国有资产流失，继续以供给侧结构性改革为主线，围绕推动实现高质量发展，加快培育具有全球竞争力的世界一流企业。

第七章
中国国有企业党的建设

坚持党的领导、加强党的建设，是我国国有企业的光荣传统，是国有企业的“根”和“魂”，是我国国有企业的独特优势。[1]国有企业党的建设，在保障国有企业功能实现和职责履行、推动国有企业改革、促进国有企业发展中发挥着重要作用。本章在论述国有企业党的建设历史沿革的基础上，从《中国共产党章程》[2]出发，领会“国有企业党委（党组）发挥领导作用”的内涵，并结合新时代党的建设总要求，从政治建设、思想建设、组织建设、作风建设、纪律建设、制度建设、反腐败斗争七个方面，探讨新时代国有企业党的建设的主要任务。

一、国有企业党的建设的历史沿革

（一）改革开放前国营企业党的建设的探索

早在土地革命战争时期，党便在中央革命根据地创立了公营企业，以保证革命战争的物质需要。当时实行厂长、党支书和工会主任组成的“三

① 摘自习近平总书记2016年10月10日在全国国有企业党的建设会议上的讲话。参见《习近平谈治国理政》第二卷，外文出版社2017年版，第176页。

② 中国共产党第十九次全国代表大会部分修改，2017年10月24日通过。

人团”领导体制。[①]其后，在抗日战争和解放战争时期，党领导的公营企业又先后形成了厂务会议制度和工厂管理委员会制度。

新中国成立伊始，党和国家对国营企业的管理基本沿袭了新中国成立前夕解放区的工厂管理委员会制度。其基本特点是，确定工厂的领导机构是工厂管理委员会。1954 年至 1956 年期间，国营企业领导体制逐步统一于“厂长负责制”，即“厂长受国家委派对企业的生产行政工作进行专责管理的制度。厂长对完成国家计划，对企业经营管理和生产技术、财务工作，均负全责”。企业党组织的任务是：“对政治思想领导负有完全的责任；对生产行政工作负有监督、保证的责任；对工会、青年团等群众组织则负有领导的责任。”[②]然而，厂长负责制的推行并不顺利，此后的两年，始终存在着有关厂长负责制的争论，各地的贯彻实施情况也不尽相同。

1956 年 9 月，中国共产党第八次全国人民代表大会召开，提出在企业中实行党委领导下的厂长负责制。《中国共产党中央委员会向第八次全国代表大会的政治报告》中指出：“在企业中，应当建立以党为核心的集体领导和个人负责相结合的领导制度。凡是重大的问题都应当经过集体讨论和共同决定，凡是日常的工作都应当由专人分工负责。”[③]党的八大通过的《中国共产党章程》规定：“在企业、农村、学校和部队中的党的基层组织，应当领导和监督本单位的行政机构和群众组织积极地实现上级党组织和国家机关的决议，不断地改进本单位的工作。”至此，厂长负责制宣告终结，代之以党委领导下的厂长负责制。

十年动乱期间，企业管理普遍十分混乱，党组织生活曾一度被停止，并出现过“造反派”掌权、“革命委员会”领导和党委一元化领导等情况。

1978 年 4 月 20 日，中共中央颁发《关于加快工业发展若干问题的决定

① 中共中央文献研究室：《建国以来重要文献选编（第一册）》，中央文献出版社 1992 年版，第 34 页。

② 全国总工会政策研究室：《中国企业领导制度的历史文献》，经济管理出版社 1986 年版，第 199 页。

③ 《中共中央文件选集（一九四九年十月～一九六六年五月）》第 24 册，人民出版社 2013 年版，第 84 页。

（草案）》，即“工业三十条”，提出“整顿企业，主要是整顿领导班子”，规定“企业的一切重大问题，都必须经党委集体讨论决定。企业的生产、技术、财务、生活等重大问题，党委作出决定后，由厂长负责组织执行。企业党委要积极支持以厂长为首的全厂统一的生产行政指挥系统行使职权，并且监督和检查他们的工作”。①

（二）推动国营企业党的工作中心转移

1978年召开的党的十一届三中全会，开启了中国改革开放的历史新时期。党中央把国营企业改革作为经济体制改革的中心环节和重要任务，作出了一系列重要决策部署。

1981年至1983年期间，在贯彻“调整、改革、整顿、提高”八字方针，对国营工业企业进行全面整顿的过程中，中共中央、国务院先后颁布《国营工业企业职工代表大会暂行条例》《国营工厂厂长工作暂行条例》《中国共产党工业企业基层组织工作暂行条例》等，从不同角度规定了国营企业党委、厂长和职工代表大会的职责权限，其共同遵循的根本原则是党委集体领导、职工民主管理、厂长行政指挥。

1984年10月20日，党的十二届三中全会通过了《中共中央关于经济体制改革的决定》，将实行厂长负责制作为经济体制改革的重要内容加以肯定，指出：“企业中党的组织要积极支持厂长行使统一指挥生产经营活动的职权，保证和监督党和国家各项方针政策的贯彻执行，加强企业党的思想建设和组织建设，加强对企业工会、共青团组织的领导，做好职工思想政治工作。”1986年9月，党中央、国务院颁布《全民所有制工业企业厂长工作条例》《全民所有制工业企业基层组织工作条例》和《全民所有制工业企业职工代表大会条例》，明确规定企业实行生产经营和行政管理工作厂长（经理）负责制。1987年10月，党的十三大指出：“企业党组织的作用是保证监督，不再对本单位实行‘一元化’领导，而应支持厂长、经理负

① 全国总工会政策研究室：《中国企业领导制度的历史文献》，经济管理出版社1986年版，第292页。

起全面领导责任。”1988 年 4 月 13 日，第七届全国人大常委会第一次会议通过了《中华人民共和国全民所有制工业企业法》，规定：“企业实行厂长（经理）负责制。厂长依法行使职权，受法律保护。……厂长是企业的法定代表。企业建立以厂长为首的生产经营管理系统。厂长在企业中处于中心地位，对企业的物质文明建设和精神文明建设负有全面责任。”同时指出：“中国共产党在企业中的基层组织，对党和国家的方针、政策在本企业的贯彻执行实行保证监督。”①

1989 年党的十三届四中全会以后，党中央高度重视企业党建工作，采取了一系列重要措施，纠正了淡化、削弱企业党组织作用的错误倾向。中共中央政治局于 1989 年 8 月 28 日讨论并通过的《关于加强党的建设的通知》（以下简称《通知》）指出：“实行厂长（经理）负责制，不能淡化基层党组织的作用，削弱党的领导。企业党组织要改进工作方法和活动方式，充分发挥党的政治优势。当前，要根据近年的经验，进一步明确企业党组织的地位、任务和作用。”《通知》第一次明确提出：“党在企业的基层组织处于政治核心地位。其主要任务是：搞好党的思想、组织、作风建设，领导企业的思想政治工作和精神文明建设，保证、监督党和国家的方针政策的贯彻执行，坚持企业的社会主义方向。”②

（三）发挥国有企业党组织政治核心作用

1990 年 12 月，党的十三届七中全会通过了中共中央《关于制定国民经济和社会发展十年规划和“八五”计划的建议》，提出要“在企业内部进一步发挥党组织的政治核心作用，坚持和完善厂长负责制，全心全意依靠工人阶级”③，即企业领导体制的“三句话”方针。1992 年 10 月，党的十四大通过了对党章的修改，对国营企业党的基层组织地位、任务和作用作了如

① 中共中央文献研究室：《十三大以来重要文献选编》（上），人民出版社 1991 年版，第 218 页。

② 中共中央组织部党建研究所：《企业党建大事记》，党建读物出版社 1997 年版，第 52—53 页。

③ 同上书，第 83 页。

下规定："发挥政治核心作用，围绕企业生产经营开展工作。保证监督党和国家的方针、政策在本企业的贯彻执行；支持厂长（经理）依法行使职权，坚持和完善厂长（经理）负责制；全心全意依靠职工群众，支持职工代表大会开展工作；参与企业重大问题的决策；加强党组织的自身建设，领导思想政治工作和工会、共青团等群众组织。"这是在坚持"三句话"方针的前提下，对国营企业党组织作用的进一步明确规定。

1993 年 3 月，第八届全国人大一次会议通过的《中华人民共和国宪法修正案》，将宪法有关条文中的"国营经济"和"国营企业"分别修改为"国有经济"和"国有企业"。

1996 年 10 月，第十四届中央纪委第六次全会公报提出，认真贯彻民主集中制原则，凡属重大决策、重要干部任免、重要项目安排和大额度资金的使用（简称"三重一大"），必须经集体讨论作出决定，不准个人或少数人专断。1997 年 1 月，中共中央发布《关于进一步加强和改进国有企业党的建设工作的通知》，指出："国有企业党组织参与企业重大问题决策是发挥政治核心作用的重要职责和基本途径。"① 明确了国有企业党组织参与决策的重大问题的范围。

1999 年 9 月，党的十五届四中全会通过的《中共中央关于国有企业改革和发展若干重大问题的决定》提出，坚持党的领导，发挥国有企业党组织的政治核心作用，是一个重大原则，任何时候都不能动摇，并明确了企业党组织发挥政治核心作用的主要体现形式。同年 12 月，党中央印发《关于成立中共中央企业工作委员会及有关问题的通知》，决定撤销中央大型企业工作委员会，成立中共中央企业工作委员会，这对进一步加强国有重要骨干企业领导班子建设，充分发挥企业党组织的作用提供了力量支撑。

（四）建设与国资监管相适应的党建工作体制

2002 年 11 月，党的十六大召开，作出了改革国有资产监督管理体制

① 《中共中央关于进一步加强和改进国有企业党的建设工作的通知》，《党的建设》1997 年第 5 期，第 5—9 页。

的重大决策，决定成立国务院国有资产监督管理委员会。同时，党的十六大通过的《中国共产党章程》，再次明确了国有企业和集体企业中党的基层组织“发挥政治核心作用，围绕企业生产经营开展工作”，同时还把原党章中的“支持厂长（经理）依法行使职权，坚持和完善厂长（经理）负责制”修改为“支持股东会、董事会、监事会和经理（厂长）依法行使职权”，删除了“坚持和完善厂长（经理）负责制”的内容。

2003 年 3 月，党中央印发了《中共中央关于成立中共国务院国有资产监督管理委员会委员会有关问题的通知》，成立中共国务院国有资产监督管理委员会委员会，标志着我国国有重要骨干企业党的领导体制得到了进一步改进和完善。

2004 年 10 月，中共中央办公厅转发了中央组织部、国务院国资委党委《关于加强和改进中央企业党建工作的意见》(以下简称《意见》)。《意见》从“建立健全企业党组织发挥政治核心作用、参与企业重大问题决策的体制和机制”等 9 个方面，对加强和改进国有企业党建工作作出了全面部署和安排。《意见》要求：“党组织参与企业重大问题决策，要坚持和完善‘双向进入、交叉任职’的企业领导体制。”《意见》首次正式提出“双向进入、交叉任职”，并对党组织在公司法人治理结构中的职责进行了进一步规范，为公司法人治理结构与党组织政治核心作用有机结合提供了办法。

2009 年 9 月，党的十七届四中全会通过了中共中央《关于加强和改进新形势下党的建设若干重大问题的决定》(以下简称《决定》)。《决定》指出：“把建设高素质经营管理者队伍、人才队伍、党员队伍、职工队伍和增强国有经济活力、控制力、影响力贯穿在国有企业党组织活动始终，保证党组织参与决策、带头执行、有效监督，发挥政治核心作用。”① 明确了国有企业党组织在遵从和支持现代企业法人治理的框架下发挥作用的途径为“参与决策、带头执行、有效监督”。

---

① 《中共中央关于加强和改进新形势下党的建设若干重大问题的决定》，《求是》2009 年第 19 期，第 5—14 页。

（五）坚持和加强党对国有企业的领导作用

党的十八大以来，中国特色社会主义进入新时代，形成了习近平新时代中国特色社会主义思想。以习近平同志为核心的党中央高度重视国有企业的改革发展，对国有企业坚持党的领导、加强党的建设、全面从严治党提出了一系列新思想新理论新观点，为新时代国有企业党的建设提供了思想武器和行动指南。

2013年3月，中共中央办公厅转发中央组织部、国务院国资委党委《关于中央企业党委在现代企业制度下充分发挥政治核心作用的意见》（中办发〔2013〕5号），明确了中央企业党委发挥政治核心作用的内涵、要求和规则程序，提出："建立中国特色现代国有企业制度，是中央企业改革的方向。充分发挥中央企业党委政治核心作用，是中国特色现代国有企业制度的本质特征。必须把充分发挥党委政治核心作用与建立完善公司治理结构、全心全意依靠职工群众有机结合起来，把党委的机构设置、职责分工、工作任务纳入企业的管理体制、管理制度、工作规范之中，使党委成为公司治理结构的有机组成部分，使党委发挥政治核心作用组织化、制度化、具体化。"

2015年8月，中共中央、国务院下发《关于深化国有企业改革的指导意见》（中发〔2015〕22号），指出："坚持党对国有企业的领导。这是深化国有企业改革必须坚守的政治方向、政治原则。要贯彻全面从严治党方针，充分发挥企业党组织政治核心作用，加强企业领导班子建设，创新基层党建工作，深入开展党风廉政建设，坚持全心全意依靠工人阶级，维护职工合法权益，为国有企业改革发展提供坚强有力的政治保证、组织保证和人才支撑。"同年9月，中共中央办公厅印发《关于在深化国有企业改革中坚持党的领导加强党的建设的若干意见》（中办发〔2015〕44号），进一步指出："坚持党的领导，是中国特色社会主义最本质的特征，也是国有企业的独特优势。""坚持党的建设与国有企业改革同步谋划，充分发挥党组领导核心作用、党委政治核心作用、基层党组织战斗堡垒作用和党员先锋模范作用。”并对在深化国有企业改革中坚持党的领导、加强党的建设提出了一系列明确要求，作出了一系列重要部署。

2016年10月10日至11日，党中央召开全国国有企业党的建设工作会议，习近平总书记出席会议并发表重要讲话。这在我们党的历史上是第一次，在国有企业改革发展和党的建设历史上具有划时代和里程碑意义，为新时代国有企业坚持党的领导不动摇、开创国有企业党的建设新局面提供了根本遵循。习近平总书记在会上强调，“国有企业是中国特色社会主义的重要物质基础和政治基础”；强调要“坚持党要管党、从严治党，紧紧围绕全面解决党的领导、党的建设弱化、淡化、虚化、边缘化问题”，要“坚持党对国有企业的领导不动摇，发挥企业党组织的领导核心和政治核心作用，保证党和国家方针政策、重大部署在国有企业贯彻执行”，要“坚持服务生产经营不偏离，把提高企业效益、增强企业竞争实力、实现国有资产保值增值作为国有企业党组织工作的出发点和落脚点，以企业改革发展成果检验党组织的工作和战斗力”，要“坚持党组织对国有企业选人用人的领导和把关作用不能变，着力培养一支宏大的高素质企业领导人员队伍”，要“坚持建强国有企业基层党组织不放松，确保企业发展到哪里、党的建设就跟进到哪里、党支部的战斗堡垒作用就体现在哪里，为做强做优做大国有企业提供坚强组织保证”；提出两个“一以贯之”的要求，指出“党对国有企业的领导是政治领导、思想领导、组织领导的有机统一”。

2017年10月，党的十九大胜利召开。在党的十九大报告中，习近平总书记站在新的历史起点上，作出重大政治判断，反复强调加强党的领导，指出：“中国特色社会主义最本质的特征是中国共产党领导，中国特色社会主义制度的最大优势是中国共产党领导，党是最高政治领导力量。”“坚持党对一切工作的领导。党政军民学，东西南北中，党是领导一切的。”“党要团结带领人民进行伟大斗争、推进伟大事业、实现伟大梦想，必须毫不动摇坚持和完善党的领导，毫不动摇把党建设得更加坚强有力。”党的十九大还明确了新时代党的建设总要求：“坚持和加强党的全面领导，坚持党要管党、全面从严治党，以加强党的长期执政能力建设、先进性和纯洁性建设为主线，以党的政治建设为统领，以坚定理想信念宗旨为根基，以调动全党积极性、主动性、创造性为着力点，全面推进党的政治建设、思想建设、组织建设、作风建设、纪律建设，把制度建设贯穿其中，深入推进反腐败斗争，不断提高党的建设质量，把党建设成为始终走在时代前列、人民衷心拥护、勇于自我革命、经得起各种风浪考验、朝气蓬勃的马克思主义执政党。”

党的十九大通过的《中国共产党章程（修正案）》明确了新时代国有企业党组织的地位和作用，在第三十三条提出：“国有企业党委（党组）发挥领导作用，把方向、管大局、保落实，依照规定讨论和决定企业重大事项。国有企业和集体企业中党的基层组织，围绕企业生产经营开展工作。保证监督党和国家的方针、政策在本企业的贯彻执行；支持股东会、董事会、监事会和经理（厂长）依法行使职权；全心全意依靠职工群众，支持职工代表大会开展工作；参与企业重大问题的决策；加强党组织的自身建设，领导思想政治工作、精神文明建设和工会、共青团等群团组织。”

二、国有企业党委（党组）发挥领导作用

（一）国有企业党委（党组）“发挥领导作用”的内涵

习近平总书记在全国国有企业党的建设工作会议上指出，“坚持党对国有企业的领导不动摇，发挥企业党组织的领导核心和政治核心作用，保证党和国家方针政策、重大部署在国有企业贯彻执行”。党的十九大通过的《中国共产党章程（修正案）》对国有企业党委（党组）的职能定位作出了调整，由原来的“发挥政治核心作用”改为“发挥领导作用”，并对“发挥领导作用”的内涵进行了高度概括，即“把方向、管大局、保落实”“依照规定讨论和决定企业重大事项”。

把方向，就是要自觉地在思想上政治上行动上同党中央保持高度一致，

坚持贯彻党的理论和路线方针政策，确保国有企业坚持改革发展的正确方向。[①] 把方向，要求国有企业党委（党组）要为国有企业改革发展掌好舵，要牢牢把好国有企业改革发展的正确方向，坚决维护习近平总书记党中央的核心、全党的核心地位，坚决维护党中央权威和集中统一领导，始终在思想上政治上行动上同以习近平同志为核心的党中央保持高度一致，坚决贯彻党的理论和路线方针政策，确保国有企业牢牢掌握在党的手中，确保各项决策和经营符合党、国家和人民的利益，着力践行以人民为中心的发展思想，贯彻落实创新、协调、绿色、开放、共享的新发展理念，深化供给侧结构性改革，按照有利于国有资产保值增值、有利于提高国有经济竞争力、有利于放大国有资本功能的方针深入推进国有企业改革，始终服务国计民生、战略全局的需要，使国有企业始终成为“六个力量”[②]。

管大局，就是要坚持在大局下行动，议大事、抓重点，加强集体领导、推进科学决策，推动国有企业全面履行经济责任、政治责任和社会责任。[③] 作为公司治理主体的核心，国有企业党委（党组）发挥领导作用，既要对重大决策前置把关，又要在董事会和经理层之间进行协调，保障工作顺畅协调、高效协同，通过完善体制机制、强化集体领导、有效防范风险，推动企业全面履行经济责任、政治责任、社会责任，实现企业高质量发展。[④]

保落实，就是要管干部聚人才、建班子带队伍、抓基层打基础，领导群团组织并发挥其作用，凝心聚力完成本企业中心任务，把党中央精神和上级部署不折不扣落到实处。[⑤] 国有企业党组织要通过加强党组织建设，广泛动员和发动各级党组织，发挥国有企业党委（党组）领导作用、基层党组织的战斗堡垒作用和广大党员的先锋模范作用，形成自上而下强大的执行力，保障企业的各项方针政策、投资决策和生产经营任务得到有效落

① 《十九大党章修正案学习问答》，党建读物出版社 2017 年版，第 161 页。
② 《新时代国有企业党的建设教程》，中共中央党校出版社 2019 年版，第 125 页。
③ 《十九大党章修正案学习问答》，党建读物出版社 2017 年版，第 161 页。
④ 《新时代国有企业党的建设教程》，中共中央党校出版社 2019 年版，第 125、126 页。
⑤ 《十九大党章修正案学习问答》，党建读物出版社 2017 年版，第 161 页。

实，要加强对群团组织的领导，充分发挥工会、共青团凝聚职工、青年的桥梁纽带作用，引导广大职工听党话、跟党走，形成齐心协力保落实的良好局面。[①]

（二）国有企业党委（党组）发挥领导作用的基本原则

为了确保国有企业党委（党组）领导作用的有效发挥，需要坚持两个“一以贯之”原则。习近平总书记指出：“中国特色现代国有企业制度，‘特’就特在把党的领导融入公司治理各环节，把企业党组织内嵌到公司治理结构之中，明确和落实党组织在公司法人治理结构中的法定地位，做到组织落实、干部到位、职责明确、监督严格。”“要明确党组织在决策、执行、监督各环节的权责和工作方式，使党组织发挥作用组织化、制度化、具体化。要处理好党组织和其他治理主体的关系，明确权责边界，做到无缝衔接，形成各司其职、各负其责、协调运转、有效制衡的公司治理机制。”

发挥领导作用，党委（党组）既不能缺位，也不能越位。借口建立现代企业制度，否定或取消党的领导无疑是错误的，但把党组织直接作为企业生产经营的决策和指挥中心也不符合企业党组织的功能定位。[②]

发挥领导作用，需要厘清领导与管理的区别。企业实践中遇到的一些问题，分析其原因，往往就是混淆了领导与管理的概念。领导不同于管理。对于马克思主义政党来说，绝不能仅仅把自己定位为一个管理者，而更应当是先进思想的传播者、伟大事业的推动者、前进道路的引领者。邓小平同志在总结以往教训时曾指出，我们党长期以来管了很多不该管、管不了也管不好的事情。也就是说，过去的问题在于，简单地用管理的办法包办，最终损害了党的领导。因此，今天重申党领导一切，不是要党管理一切；强调各级党委做到总揽全局、协调各方，不是要党委包揽包办。坚持和加强党的全面领导，强调的是党的领导的最高境界，是全党经过政治建设磨炼出来的政治本

① 《新时代国有企业党的建设教程》，中共中央党校出版社 2019 年版，第 126 页。

② 同上书，第 28 页。

领，是党为人民掌好权、管好权、用好权的至高境界和领导艺术。[①]

为确保国有企业党委（党组）领导作用发挥，要明确党组织在公司治理中的法定地位，通过把国有企业党建工作总体要求纳入公司章程，将党组织的设置、工作职责、工作任务、讨论和决定企业重大事项的工作程序等内容予以规范，明确党组织在企业决策、监督、执行各环节的权责和工作方式以及与其他治理主体的关系，这是国有企业党组织发挥领导作用的根本制度保证。[②]《新时代国有企业党的建设教程》编写组研究认为，国有企业党委（党组）在企业决策、监督、执行各环节的领导权，主要表现在决定权、把关权、监督权三种权力；并进一步提出："落实党委（党组）决定权就是要对涉及落实党中央大政方针、企业重要人事任免的重大决策，要由党委（党组）决定，董事会、经理层按程序办理；落实党委（党组）把关权就是要对企业经营管理重大事项，由党委（党组）研究讨论后，按照法定程序提交董事会审议决定，党组织重点把好政治关、政策关、程序关；落实党委（党组）监督权就是在企业决策违反党和国家法律法规政策、公众和职工利益时，党委（党组）要提出明确意见，予以纠正，得不到纠正的，要向上级报告。"[③]

（三）在决策中实现领导作用的途径

参与决策是国有企业党委（党组）发挥领导作用的重要方式，《中国共产党章程》明确要求"依照规定讨论和决定企业重大事项"。国有企业党委（党组）作为治理主体之一参与决策，发挥领导作用是"把方向、管大局、保落实"，并非是将党组织直接作为企业生产经营的决策和指挥中心。因此，在决策环节发挥领导作用，需要使党组织发挥作用组织化、制度化、具体化，其中的关键在于厘清党组织与其他治理主体在决策环节的权

① 全国干部培训教材编审指导委员会：《全面加强党的领导和党的建设》，人民出版社、党建读物出版社 2019 年版，第 10 页。

② 《新时代国有企业党的建设教程》，中共中央党校出版社 2019 年版，第 124、125 页。

③ 同上书，第 131 页。

责边界。

党委（党组）与其他决策主体的权责划分可以通过完善“三重一大”决策制度来实现。通过对国有企业实践经验的总结提炼，我们[①]认为，所有“三重一大”决策事项可以分为三类：第一类是由党委（党组）决定的，可称之为党委（党组）决定权事项；第二类是由党委（党组）与董事会等其他决策主体共同决定的，党委（党组）进行前置决策，可称之为党委（党组）审查权事项；第三类是由董事会等其他决策主体决定的，党委（党组）仅作为参谋提供建议，可称之为党委（党组）建议权事项。[②]

党委（党组）决定权事项，具体包括以下四种[③]：一是企业贯彻执行党和国家的路线方针政策、法律法规和上级重要决定的重大措施。国有企业是中国特色社会主义的重要物质基础和政治基础，是我们党执政兴国的重要支柱和依靠力量，必须确保党对国有企业的领导。国有企业党委（党组）在决策时，要保证监督党和国家的方针政策在本企业的贯彻执行，要保证以人民为中心的经营管理方向，要监督企业依法依规开展生产经营，要贯彻落实上级的重要决定。二是企业党的建设的重大决策。国有企业党委（党组）承担着党建责任制的主体责任，在决策时必须坚持党要管党、从严治党，全面解决党的领导、党的建设弱化、淡化、虚化、边缘化问题，坚持服务生产经营不偏离，坚持建强基层党组织不放松。三是企业安全稳定的重大决策。国有企业承担着安全稳定等重要社会责任，事关企业安全稳定的重大决策，应该由党委（党组）决定。党委（党组）在决策时要贯彻落实安全发展要求，坚持安全第一、预防为主、综合治理方针，抓紧抓实安全生产工作，切实保障人民群众生命财产安全。四是国有企业重要干部的选任与管理，党委（党组）在决策时要严格按照“对党忠诚、勇于创新、

① 国务院国有资产监督管理委员会研究局：《探索与研究——国有资产监管和国有企业改革研究报告（2016—2017）》，中国经济出版社 2019 年版。

② 党委（党组）的监督权，应属于公司治理监督功能。

③ 在企业实践中，需要考虑自身的实际情况来划分，如企业分类、产权结构、行业、层级（集团公司、二级子公司）、规模等。

治企有方、兴企有为、清正廉洁”的要求，保证人选政治合格、作风过硬、廉洁不出问题。

党委（党组）审查权事项，把关的重点，主要看决策事项的“四个是否”：一看是否符合党的路线方针政策，二看是否契合党和国家的战略部署，三看是否有利于提高企业效益、增强企业竞争实力、实现国有资产保值增值，四看是否维护社会公众利益和职工群众合法权益。[①] 党委（党组）审查权事项具体包括以下四种[②]：一是企业发展战略、对外投资方面的重大决策。发展战略和对外投资，事关企业的核心竞争力和持续竞争优势，国有企业党委（党组）应重点审查发展战略和对外投资是否符合企业发展方向，是否符合新发展理念，是否维护社会公众利益，是否有利于提高企业效益、增强企业竞争实力、实现国有资产保值增值。二是破产、改制、兼并重组、资产调整、产权转让、利益调配、机构调整等方面的重大决策。改制重组等重大决策直接影响着国有资产保值增值和职工群众的切身利益，也是国有资产流失的风险点，国有企业党委（党组）必须把好关。党委（党组）应重点审查是否符合国家深化国有企业改革的政策和法律法规要求，是否符合国有资本布局方向，是否维护了国家、企业、职工的合法权益，是否存在利益输送行为等。三是重要设备和技术引进，采购大宗物资和购买服务，重大工程建设项目，对外大额捐赠、赞助。重要设备采购、重大工程建设等是腐败多发环节，党委（党组）承担着党风廉政建设的主体责任，对重要设备采购等进行审查是从严治党、发挥党内监督作用的内在要求。党委（党组）应重点审查该类事项的合规性，防止出现侵吞国有资产、利益输送等问题。四是重要干部以外的干部选任与管理，国有企业应将党管干部原则与董事会选聘经营管理人员有机结合。

党委（党组）建议权事项，具体包括：对外投资、重要设备和技术引进、采购大宗物资和购买服务、重大工程建设项目、年度投资计划、融资

---

① 《新时代国有企业党的建设教程》，中共中央党校出版社 2019 年版，第 132 页。

② 在企业实践中，需要考虑自身的实际情况来划分，如企业分类、产权结构、行业、层级（集团公司、二级子公司）、规模等。

和担保项目的经济可行性及风险问题。[①]党委（党组）对此类事项的方向和原则具有审查权，但同时党委（党组）仍然有权力也有必要对经济可行性和风险问题提出建议。

国有企业在管理具体实践中，划分“三重一大”决策事项，需要考虑五个方面：一是坚持党的领导原则。实现国有企业改革发展目标，必须毫不动摇地坚持党的领导。国有企业党委（党组）作为治理主体所承担的决策职能中，最主要的就是保证党和国家的方针政策、重大部署在本企业得以贯彻执行，保证党对国有企业的领导，保证国有企业功能和职责的有效发挥。二是发挥“独特优势”原则。在国有企业中坚持党的领导、加强党的建设，归根结底还是要落在促进企业改革发展上。在“三重一大”决策事项权责划分时，要考虑能否充分发挥独特优势，使企业高效率地生产经营，全面履行经济责任、政治责任和社会责任。三是权责匹配原则。权力与责任对等是构建各司其职、各负其责、协调运转、有效制衡的国有企业治理体系的必要条件，但是在管理实践中权责错配现象较为普遍。四是成本效率原则。国有企业党委（党组）承担部分决策职能，特别是前置决策，有利于提高决策的稳健性，但也会对决策效率产生一定影响。因此，在“三重一大”决策事项权责划分时，要充分体现成本效率原则。五是差异化原则。国有企业划分“三重一大”决策事项权责时，需要考虑自身的实际情况，具体包括企业分类、产权结构、行业、层级（集团公司、二级子公司）、规模，等等。

三、加强国有企业党的建设

党的十九大报告对新时代推进党的建设新的伟大工程作出了顶层设计

① 在企业实践中，需要考虑自身的实际情况来划分，如企业分类、产权结构、行业、层级（集团公司、二级子公司）、规模等。

和全面部署，提出了新时代党的建设总要求；《中国共产党章程》明确了国有企业党组织的职责和任务；全国国有企业党的建设工作会议，提出了新时代国有企业党的建设的主要任务，并明确了具体措施。新时代加强国有企业党的建设，必须坚持以习近平新时代中国特色社会主义思想、《中国共产党章程》、党的十九大精神为指导，认真学习贯彻习近平总书记关于新时代国有企业党的建设的重要思想，深入贯彻落实新时代党的建设总要求，全面推进党的政治建设、思想建设、组织建设、作风建设、纪律建设，把制度建设贯彻其中，深入推进反腐败斗争，不断提高党的建设质量。

（一）国有企业党的政治建设

党的十九大明确提出党的政治建设这个重大命题，强调党的政治建设是党的根本性建设，要把党的政治建设摆在首位，以党的政治建设为统领全面推进党的各项建设。旗帜鲜明讲政治是我们党作为马克思主义政党的根本要求，是我们党不断发展壮大、从胜利走向胜利的重要保证。党的政治建设是党的根本性建设，决定党的建设方向和效果，事关统揽推进伟大斗争、伟大工程、伟大事业、伟大梦想。国有企业是中国特色社会主义的重要物质基础和政治基础，是我们党执政兴国的重要支柱和依靠力量，是党领导的国家治理体系的重要组成部分。做好国有企业各项工作，必须坚持党对国有企业的全面领导不动摇，以党的政治建设为统领，不断提高国有企业党的建设质量，确保国有企业改革发展始终沿着正确的政治方向前行。

1. 坚定政治信仰

坚持用党的科学理论武装头脑。马克思主义是我们立党立国的根本指导思想。习近平新时代中国特色社会主义思想是当代中国马克思主义、21世纪马克思主义，是全党全国人民为实现中华民族伟大复兴而奋斗的行动指南，是经过实践检验、富有实践伟力的强大思想武器，必须长期坚持并不断发展。国有企业党组织，要深入学习习近平新时代中国特色社会主义思想，加强思想政治教育；要坚定理想信念，牢固树立共产主义远大理想和中国特色社会主义共同理想，挺起共产党人的精神脊梁；要坚定“四个自信”，坚信中国特色社会主义是科学社会主义理论逻辑和中国社会发展历史逻辑的辩证统一，是当代中国发展进步的根本方向，是全面建成小康社会、全面建成社会主义现代化强国、实现中华民族伟大复兴的必由之路。

坚定执行党的政治路线。坚持党的政治路线，国有企业党组织必须全面贯彻实施新时代中国特色社会主义基本方略，统筹推进“五位一体”总体布局和协调推进“四个全面”战略布局，为实现“两个一百年”奋斗目标不懈努力。

坚决站稳政治立场。国有资产属于全体人民，国有企业党组织必须始终坚定马克思主义立场，坚持以人民为中心，坚持党性和人民性相统一。

2. 坚持党的政治领导

坚决做到“两个维护”。国有企业党组织要坚决维护习近平总书记在党中央和全党的核心地位，坚决维护以习近平同志为核心的党中央权威和集中统一领导，不折不扣贯彻落实以习近平同志为核心的党中央作出的决策部署，始终从政治上把大局、看问题，从政治上谋划、推动工作。必须坚持党员个人服从党的组织，少数服从多数，下级组织服从上级组织，全党各个组织和全体党员服从党的全国代表大会和中央委员会。引导推动企业各级党组织和广大党员干部职工筑牢“四个意识”、坚定“四个自信”，在政治立场、政治方向、政治原则、政治道路上同以习近平同志为核心的党中央保持高度一致，确保国有企业、国有资产牢牢把握在党的手中。

完善党的领导体制。完善国有企业党的领导体制，需要建立健全党委（党组）发挥领导作用的制度规定。国有企业党组织，要贯彻落实两个“一以贯之”要求，建设中国特色现代国有企业制度，将坚持党的全面领导的要求载入国有企业章程，明确和落实党组织在公司法人治理结构中的法定地位，明确党组织研究讨论是企业决策重大问题的前置程序，确保国有企业党委（党组）发挥领导作用，把方向、管大局、保落实，依照规定讨论和决定企业重大事项。

改进党的领导方式。国有企业党委（党组）在发挥领导作用时，特别是在依据规定讨论和决定企业重大事项时，要注重运用法治思维和法治方式，厘清与董事会等其他主体的权责边界，建立健全党委（党组）议事制度、“三重一大”决策制度等规章制度，严格按规章制度履职尽责；要坚持民主集中制这一根本领导制度，防止出现“一言堂”、一把手说了算，要善于运用民主的办法汇集意见、科学决策。国有企业党组织，要坚持群众路线这一基本领导方法，依靠群众、为了群众，不断增强群众工作本领，大兴调查研究之风，改进和创新联系群众的途径方法，把党的主张变为群众自觉行动，坚决反对“四风”，特别是形式主义、官僚主义。

3. 提高政治能力

增强党组织政治功能。党的力量来自组织。政治属性是党组织的根本属性，政治功能是党组织的基本功能。国有企业各级党组织，要着力提升组织力，突出政治功能、强化政治引领，下大气力解决组织软弱涣散问题。党支部要担负起直接教育党员、管理党员、监督党员和组织群众、宣传群众、凝聚群众、服务群众的职责，发挥好战斗堡垒作用。党员要强化党的意识和组织观念，自觉做到思想上认同组织、政治上依靠组织、工作上服从组织、感情上信赖组织。

强化国有企业政治导向。国有企业必须始终坚持党的领导，坚决贯彻执行党的路线方针政策，认真落实党中央关于推进国有企业改革发展的决策部署，切实加强本单位党的建设工作，充分发挥党组织重要作用，保证本单位工作坚持正确政治方向、取得良好政治效果。

提高党员干部政治本领。国有企业党员干部，特别是领导干部，要加强政治能力训练和政治实践历练，切实提高把握方向、把握大势、把握全局的能力和辨别政治是非、保持政治定力、驾驭政治局面、防范政治风险的能力。

4. 净化政治生态

严肃党内政治生活。国有企业党组织，要严格执行《关于新形势下党内政治生活的若干准则》(以下简称《准则》)，着力增强党内政治生活的政治性、时代性、原则性、战斗性；要认真落实党委（党组）主体责任和纪委监督责任，加强对贯彻执行《准则》情况的督促检查，层层传导压实责任，严肃查处违反《准则》的行为；要重点完善和落实民主集中制的各项制度，特别是要坚持集体领导制度，坚持科学民主依法决策，健全完善“三重一大”决策制度，对“三重一大”事项必须集体讨论，按少数服从多数的原则作出决定；要坚持不懈地开展批评和自我批评，开展积极健康的党内思想斗争，营造风清气正的良好政治生态。

严明党的政治纪律和政治规矩。国有企业党组织要把坚决做到“两个维护”作为首要政治纪律，严格执行《中国共产党纪律处分条例》，坚持“五个必须”①，严肃查处“七个有之”②问题。

压实国有企业党组织的政治责任。2017 年初，中央办公厅印发了《中央企业党建工作责任制实施办法》，为中央企业实施党建工作责任制提供了根本遵循。国有企业党组织要积极贯彻落实《中央企业党建工作责任制实施办法》，以责任制为抓手，通过制订《党建责任制考核实施细则》、建立党委（党组）向上级党组织报告年度党建工作制度、基层党组织书记抓党建述职评议制度，层层落实管党治党责任，构建以明确责任、履行责任、考核责任、追究责任为主要环节的党建工作责任体系，确保国有企业各级党组织担起党建责任制规定的各项责任，深入推动习近平新时代中国特色社会主义思想、全国国有企业党的建设工作会议精神以及全面从严治党各项要求在中央企业落地生根，实现党建工作明显提升和实质性加强，增强国有企业的红色竞争力。

发展积极健康的党内政治文化。国有企业党组织要弘扬以忠诚老实、公道正派、实事求是、清正廉洁等为主要内容的共产党人价值观，明是非、

---

① “五个必须”：必须维护党中央权威，决不允许背离党中央要求另搞一套；必须维护党的团结，决不允许在党内培植个人势力；必须遵循组织程序，决不允许擅作主张、我行我素；必须服从组织决定，决不允许搞非组织活动；必须管好领导干部亲属和身边工作人员，决不允许他们擅权干政、谋取私利。

② “七个有之”：一些人无视党的政治纪律和政治规矩，为了自己的所谓仕途，为了自己的所谓影响力，搞任人唯亲、排斥异己的有之，搞团团伙伙、拉帮结派的有之，搞匿名诬告、制造谣言的有之，搞收买人心、拉动选票的有之，搞封官许愿、弹冠相庆的有之，搞自行其是、阳奉阴违的有之，搞尾大不掉、妄议中央的也有之。

辨真伪，养正气、祛邪气，管思想、固根本。要坚决防止和反对个人主义、分散主义、自由主义、本位主义、好人主义，坚决防止和反对宗派主义、圈子文化、码头文化，坚决防止和反对关系学、厚黑学、官场术、潜规则等。

突出政治标准选人用人。国有企业领导人员是党在经济领域的执政骨干，是治国理政复合型人才的重要来源，肩负着经营管理国有资产、实现保值增值的重要责任。国有企业领导人员必须做到“对党忠诚、勇于创新、治企有方、兴企有为、清正廉洁”20字标准。要坚持党管干部原则，贯彻新时期好干部标准，始终把政治标准放在第一位，对政治不合格的干部实行“一票否决”，已经在领导岗位的坚决调整。

永葆清正廉洁的政治本色。坚决反对腐败，建设廉洁政治，是涵养政治生态的必要条件和重要任务。强化不敢腐的震慑、扎紧不能腐的笼子、增强不想腐的自觉。

（二）国有企业党的思想建设

党的思想建设，是指党为保持创造力、凝聚力和战斗力而在思想理论方面所进行的一系列工作。思想建设是党的基础性建设，共产主义远大理想和中国特色社会主义共同理想，是中国共产党人的精神支柱和政治灵魂，也是保持党的团结统一的思想基础。思想建设的主要任务是强化马克思主义理论武装，对党员进行党的基本理论、基本路线、基本方略的教育，保持全党在思想上政治上行动上的高度一致，保持党的先进性、纯洁性。习近平总书记在2016年全国国有企业党的建设工作会议上指出，国有企业所处的社会环境、经营环境发生了很大变化，职工队伍结构呈现出许多新的特点，要把思想政治工作作为国有企业党组织的一项经常性、基础性工作来抓。

加强国有企业党的思想建设，坚定理想信念是首要任务。国有企业各级党组织，要通过中心组学习、“三会一课”、民主生活会、组织生活会等形式，抓好党员特别是党员领导干部深入学习马克思列宁主义、毛泽东思想、邓小平理论、“三个代表”重要思想、科学发展观、习近平新时代中国特色社会主义思想，自觉学习党章、遵守党章、贯彻党章、维护党章，坚定理想信念，解决好世界观、人生观、价值观这个“总开关”问题，自觉做共产主义远大理想和中国特色社会主义共同理想的坚定信仰者和忠实实践者。

加强国有企业党的思想建设，要推动习近平新时代中国特色社会主义思想深入人心。国有企业党组织要把学习宣传贯彻习近平新时代中国特色社会主义思想作为首要政治任务，采取有力措施，在组织领导、学习培训、宣传引导、督查指导、推动工作方面下功夫，通过集中宣讲、专题研讨、领导干部专题党课、学习培训等多种有效形式，推动学习宣传贯彻工作不断深化，引导国有企业广大党员学思用贯通、知信行统一。在国有企业理论教育中，应注重将习近平中国特色社会主义思想与国有企业生产经营、科技创新、各项管理等实际工作紧密联系，与现代企业经营管理的前沿知识有机融合，围绕企业改革发展中的热点难点问题，用生动的数据、事例研机析理，用鲜活的学理分析解疑释惑，提高学员运用马克思主义的立场、观点和方法的能力，提高认识和适应市场经济、进行科学战略决策和经营管理的能力，将理论学习转化为实际工作能力。

加强国有企业党的思想建设，要大力倡导共产党人价值观。共产党人价值观是一种利他主义的价值观。党除了工人阶级和最广大人民群众的利益之外，没有自己特殊的利益。党员必须全心全意为人民服务，不惜牺牲个人的一切，为实现共产主义奋斗终生。党员的个人利益服从党和人民的利益。国有企业党组织要通过定期开展专题研讨、专题宣讲、中心组学习、专家辅导、党组织书记联系点讲党课、党委领导在党支部讲党课、坚持“三会一课”、分类重点培训、督查指导等，做到学习教育组织全覆盖、党员全覆盖，实现入脑入心入行；要坚持学以致用、知行合一，推动学习教育融入国有改革发展全过程；要充分发挥“关键少数”和先进典型的示范带动作用，形成整体联动的带动效应和持久动力，推动学习教育常态化制度化。

加强国有企业党的思想建设，要注重国有企业文化建设。国有企业党组织，要把培育积极健康向上的企业文化作为着力点，汇集职工的智慧和力量，推动实现企业发展愿景；要牢牢把握正确的舆论导向，唱响主旋律，壮大正能量，做大做强主流思想舆论，鼓舞职工群众士气。要引导企业和职工深刻认识国有企业的地位作用和历史使命，正确处理国家、企业、职工之间的利益关系，更好履行经济责任、政治责任、社会责任；要总结提炼并不断完善以“国企精神”为代表的企业价值理论，增强企业文化的号召力和影响力；要扎实推进以爱岗敬业、诚实守信为主要内容的职业道德建设，以廉洁从业为重点的廉洁文化建设，增强职工群众的职业精神和廉洁意识。①

加强国有企业党的思想建设，要把解决思想问题同解决实际问题结合起来。国有企业各级党组织，要把党员日常教育管理的基础性工作抓紧抓好，把思想政治工作作为企业党组织的一项经常性、基础性工作来抓，把解决思想问题同解决实际问题结合起来，既讲道理，又办实事，多做得人心、暖人心、稳人心的工作。基层工作千头万绪，面临的形势和矛盾纷繁复杂、不断变化，因此基层党群干部在开展工作时要不断创新活动形式、拓宽工作思路、贴近一线职工。开展工作既要认真贯彻落实上级文件精神和本单位的各项管理要求，又要不断创新方式、方法，便于职工群众接受和积极参与。

（三）国有企业党的组织建设

2018 年召开的全国组织工作会议，明确了新时代党的组织路线：全面贯彻新时代中国特色社会主义思想，以组织体系建设为重点，着力培养忠诚干净担当的高素质干部，着力集聚爱国奉献的各方面优秀人才，坚持德才兼备、以德为先、任人唯贤，为坚持和加强党的全面领导、坚持和发展中国特色社会主义提供坚强组织保证。党的力量来自组织，党的全面领导、党的全部工作要靠党的坚强组织体系去实现。全体党员和党的各级组织按

---

① 《新时代国有企业党的建设教程》，中共中央党校出版社 2019 年版，第 202、203 页。

照民主集中制原则组织起来，形成严密的组织体系，这是我们党的强大优势。没有这样一个组织严密、运转高效、联系广泛、充满活力的组织体系，党就不可能成为一个团结统一的整体，党的集中统一领导就不可能实现，党的全部工作就会失去依托。

1. 加强国有企业党的组织建设，关键在于建设忠诚干净担当的高素质干部队伍

习近平总书记在全国国有企业党的建设工作会议上指出："坚持党组织对国有企业选人用人的领导和把关作用不能变，着力培养一支宏大的高素质企业领导人员队伍。"

国有企业领导人员是党在经济领域的执政骨干，是治国理政复合型人才的重要来源。国有企业建设忠诚干净担当的高素质干部队伍，必须贯彻新时代党的组织路线，始终坚持党管干部、党管人才原则，做到管标准、管程序、管考察、管推荐、管监督，保证党对干部人事工作的领导权和对重要干部的管理权。

国有企业党组织要对标"20"字标准，保证人选政治合格、作风过硬、廉洁不出问题。习近平总书记提出的新时代国有企业领导人员"20"字标准——"对党忠诚、勇于创新、治企有方、兴企有为、清正廉洁"，是做好国有企业领导人员选拔工作的根本遵循，也是对国有企业领导人员履职尽责、担当有为的总要求。

国有企业党组织要严格规范国有企业领导人员的选任程序。要建立以德为先、任人唯贤、人事相宜的国有企业领导人员选拔任用体系，必须把政治标准放在首位，严格执行相关规定，严把动议提名关、民主推荐关、组织考察关、讨论决定关、任前公示关、依法任免关。

国有企业党组织要建立国有企业领导人员从严管理体系。要强化日常监督，坚持抓常、抓细、抓长，通过谈心谈话、考察考核、列席会议、调研督导、个人事项报告抽查核实和提醒、函询、诫勉等方式，全方位、多角度、近距离了解识别国有企业领导人员。要严格执行《中国共产党党内监督条例》，做到有权必有责、有责必担当，用权受监督、失责必追究。

国有企业党组织要完善国有企业领导人员素质能力教育培训体系。要强化理想信念宗旨教育和党性锻炼。要加强领导人员核心能力建设，围绕统筹推进“五位一体”总体布局和协调推进“四个全面”战略布局、“一带一路”建设等，全面提升干部干事创业能力。要加强领导人员专业化能力建设，结合国有企业领导人员的专业知识、岗位职责和使用方向，有针对性地加强专业锻炼。

国有企业党组织要建立体现“三个区分开来”要求的容错纠错机制。要坚持严管与厚爱相结合，严格干部日常管理监督，落实“三个区分开来”的要求，厘清容错标准范围、明确适用容错事项、规范容错认定流程、建立完善纠错机制，旗帜鲜明地为敢于担当、踏实做事、不谋私利的干部撑腰鼓劲，树立正向激励的鲜明导向，让他们放开手脚干事、甩开膀子创业。

2. 加强国有企业党的组织建设，要加强基层组织建设

党的基层组织是党在社会基层组织中的战斗堡垒，是党的全部工作和战斗力的基础，是确保党的路线方针政策和决策部署贯彻落实的基础。党支部是党的基础组织，担负着直接教育党员、管理党员、监督党员和组织群众、宣传群众、凝聚群众、服务群众的职责。国有企业要坚持建强基层党组织不放松，确保企业发展到哪里、党的建设就跟进到哪里、党支部的战斗堡垒作用就体现在哪里，为做强做优做大国有企业提供坚强组织保证。

加强国有企业基层组织建设，要以提升组织力为重点，突出政治功能，把国有企业基层党组织建设成为宣传党的主张、贯彻党的决定、领导基层治理、团结动员群众、推动改革发展的坚强战斗堡垒。

落地才能生根，根深才能叶茂。加强党的基层组织建设，关键是从严抓好落实。国有企业党组织，要严格落实“两个覆盖”要求，按照没有组织的抓组建、有组织的抓规范、已规范的抓提升的工作思路，推动基层党的组织、党的工作全面覆盖；要积极推动标准化规范化建设，建立标准体系，以组织健全、制度完善、运行规范、活动经常、档案齐备、作用突出的标准，推进党支部标准化建设；要以“三支队伍”建设为重点，全面建强基本队伍：一是全面抓好党组织书记的培养选拔、教育培训、管理考核，

着力建设一支政治过硬、结构合理、素质优良的带头人队伍，二是坚持精干高效和有利于加强党建原则，设置党建机构、配备党务力量，着力建设一支对党忠诚、为党负责、政治过硬、业务精通、纪律严明、作风纯正的高素质党务干部队伍，三是坚持严把入口、加强教育、严格管理、疏通出口，建设政治合格、执行纪律合格、道德品质合格、发挥作用合格的党员队伍。

基层党组织组织能力强不强，抓重大任务落实是试金石，也是磨刀石。国有企业基层党组织，要在贯彻落实党中央一系列重大战略和重大工作部署中发挥领导作用，要强化政治引领，发挥党的群众工作优势和党员先锋模范作用，引领基层各类组织自觉贯彻党的主张，确保基层治理正确方向。《中国共产党章程》规定，国有企业基层党组织要围绕企业生产经营开展工作。组织能力强不强，重点要看能否将党的独特优势转化为国有企业的改革发展优势。国有企业基层党组织要坚持服务生产经营不偏离，把提高企业效益、增强企业竞争实力、实现国有资产保值增值作为国有企业党组织工作的出发点和落脚点，以企业改革发展成果检验党组织的工作和战斗力。基层党组织组织能力强不强，还表现在以人民为中心的发展理念上。国有企业基层党组织要把服务群众、造福群众作为基层治理的出发点和落脚点，通过不断增强人民群众的获得感、幸福感、安全感，赢得群众对党的信任和拥护。

（四）国有企业党的作风建设

党的作风是党的性质、宗旨、纲领和路线在党的活动中的表现，是党的创造力、凝聚力、战斗力的重要内容，也是党的先进性和纯洁性的重要标志。党的作风是党的形象，是观察党群干群关系、人心向背的晴雨表。党的作风正，人民的心气顺，人民和党就能同甘共苦。实践证明，只要真管真严、敢管敢严，党风建设就没有什么解决不了的问题。

加强国有企业党的作风建设，要锲而不舍地落实中央八项规定，刹住“四风”。国有企业党组织加强作风建设、纠治“四风”问题，首先要认真执行中央八项规定和落实中央八项规定的各项实施细则及具体举措，对违反中央八项规定精神的行为予以重拳打击。其次，要从领导干部这个关键少数抓起。各级领导的“头雁效应”体现在带头抓与带头做两个层面。带头抓，就是要对一切形式主义、官僚主义的问题进行纠正，防止不良风气反弹回潮。带头做，就是要求别人做的自己首先做到，要求别人不做的自己坚决不做。以“关键少数”的示范引领，带动“绝大多数”的作风转变。再次，要结合企业实际，坚持问题导向。要清醒认识到，一些企业在经营管理上存在的重规模扩张、轻质量效益、管控不到位造成较大风险、处置低效无效资产不力等问题，表面看是市场形势了解不深、风险防控做得不实，根子上还是“四风”纠正不力、政绩观不够端正。最后，要抓出常态长效。“四风”问题具有顽固性、变异性、反复性，抓一抓就好转，松一松就反弹，必须保持政治定力、战略定力，建立抓“常”抓“长”的制度机制。

加强国有企业党的作风建设，要坚持忠诚为民，筑牢群众根基。我们党来自人民、植根人民、服务人民，一旦脱离人民群众，就会失去生命力。“四风”问题的实质是背离党的初心和宗旨。国有企业党组织，要教育引导广大党员特别是各级领导人员，大大强化密切联系员工意识，坚决克服脱离员工的官僚主义作风；要注重解决好职工群众最关心最直接最现实的利益问题；要健全以职工代表大会为基本形式的民主管理制度，推进厂务公开，落实职工群众知情权、参与权、表达权、监督权，充分调动职工群众的积极性、主动性、创造性；在重大决策上要听取职工意见，涉及职工切身利益的重大问题必须经过职代会审议；要坚持和完善职工董事制度、职工监事制度，鼓励职工代表有序参与公司治理；要建立健全激励员工的工作制度，遵循公开、公平、公正的原则，积极为员工提供尽可能平等的竞争机会、成才机会和发展机会。

加强国有企业党的作风建设，要强化监督，严肃执纪问责。国有企业党组织，要切实加强社会监督，重视各类媒体的监督，及时回应社会舆论对企业国有资产运营的重大关切；要打造阳光国企，推动重大信息公开，依法依规设立信息公开平台；要坚持执纪问责，压实主体责任，督促各级党组织和领导干部敢于紧盯不放，敢于较真碰硬，不能搞“温良恭俭让”；要聚焦精准发力，紧盯形式主义、官僚主义新表现，注重日常教育管理监督，建立健全无处不在的监督网络，让“四风”问题无处遁形。

（五）国有企业党的纪律建设

党要管党，从严治党，纪律建设是治本之策。党的十九大报告首次把纪律建设、思想建设、组织建设、作风建设并列纳入党的建设之中，体现了新时代党的建设必须把纪律建设摆在更加突出的位置。党的纪律主要指由党内法规和党内一般性制度文件明文规定的党的各级组织和党员必须遵守的行为准则。《中国共产党章程》规定，“党的纪律是党的各级组织和全体党员必须遵守的行为规则，是维护党的团结统一、完成党的任务的保证”。《中国共产党纪律处分条例》把党组织和党员应该遵循的纪律明确规定为政治纪律、组织纪律、廉洁纪律、群众纪律、工作纪律、生活纪律六个方面。

加强国有企业党的纪律建设，要以强化政治纪律和组织纪律为重点。党的十九大提出，“重点强化政治纪律和组织纪律，带动廉洁纪律、群众纪律、工作纪律、生活纪律严起来”。国有企业党组织，在进行纪律教育时要把政治纪律、组织纪律作为重点内容，在完善党内纪律体系时把政治纪律和组织纪律放在首位，同时配套衔接其他各项纪律。国有企业各级党委和纪律检查机关要将违反政治纪律和组织纪律的行为作为监督执纪的重点，尤其要及时制止、处理违反政治纪律的行为。

加强国有企业党的纪律建设，要以监督执纪“四种形态”为抓手。国有企业党组织，要以落实监督执纪“四种形态”① 为抓手，明确各种形态的应用范围和边界标尺，补齐“好同志”与“阶下囚”中间的执纪“短板”。

① 《中国共产党纪律处分条例》规定了监督执纪“四种形态”：经常开展批评和自我批评、约谈函询，让“红红脸、出出汗”成为常态；党纪轻处分、组织调整成为违纪处理的大多数；党纪重处分、重大职务调整的成为少数；严重违纪涉嫌违法立案审查的成为极少数。

用足用好第一种形态，对发现的苗头性问题及时谈话函询、批评教育、组织处理；用准用好第二、三种形态，通过给予党纪处分、作出职务调整，对违纪党员干部进行敲警钟、治“病树”；用严用好第四种形态，对严重违纪涉嫌违法的坚决移送司法机关依法处理。

加强国有企业党的纪律建设，要坚持严格政治生活，加强纪律教育。党内政治生活是党内教育管理和党性锻炼的主要平台，抓好纪律建设必须从党内政治生活抓起。习近平总书记强调，党和人民把国有资产交给企业领导人员经营管理，是莫大的信任。要加强对国有企业领导人员的党性教育、宗旨教育、警示教育，严明政治纪律和政治规矩，引导他们不断提高思想政治素质、增强党性修养，从思想深处拧紧螺丝。国有企业党组织要严格执行《关于新形势下党内政治生活的若干准则》，增强党内政治生活的政治性、时代性、原则性、战斗性。要坚持开展批评和自我批评，结合实际，研究制定具有企业特色的实施细则。通过用好理论知识学习、述职述廉、报告个人重大事项、民主生活会等抓手，严明党的政治纪律和政治规矩，规范党内政治生活，让党员、干部知敬畏、存戒惧、守底线，习惯在受监督和约束的环境中工作生活。

加强国有企业党的纪律建设，必须强化监督执纪问责。国有企业要突出监督重点，强化对关键岗位、重要人员特别是一把手的监督管理，完善“三重一大”决策监督机制，严格日常管理，整合监督力量，形成监督合力。要坚决查处违规违纪案件，严肃查处违反中央八项规定精神、侵害职工群众利益的行为；严肃查处领导人员违反“三重一大”集体决策制度、利用职权为特定关系人谋取私利的案件；严肃查处失职渎职、不作为、乱作为给企业造成重大损失的案件；严肃查处以权谋私、贪污受贿、搞利益输送、权钱交易、权色交易的案件。

加强国有企业党的纪律建设，要落实好“两个责任”。国有企业党组织要通过落实“两个责任”，加强党风廉政建设。国有企业党组织要切实履行好主体责任，定期召开会议研究落实党风廉政建设和反腐败工作，领导和支持纪检监察机构监督执纪问责，严格执行和维护党的纪律。各级党委特别是主要负责人必须牢固树立“不抓党风廉政建设就是严重失职”的意识，解决好不想抓、不会抓、不敢抓的问题，种好自己的“责任田”。纪检监察机构要切实履行好监督责任。各级纪委作为党内监督的专门机关，对党风廉政建设责无旁贷，必须履行好监督责任。明确并落实好纪委的“监督责任”，才能既协助党委加强党风廉政建设和反腐败工作，又督促检查相关部门落实工作和任务，经常进行检查监督，严肃查处腐败问题，集中精力抓好执纪监督主业。

（六）国有企业党的制度建设

制度治党，实质就是要用法治思维和法治方式管党治党。抓制度的贯彻执行，注重运用制度法规的执行力和约束力来调解党内矛盾、解决党内问题、规范党员行为。制度治党在目标指向上，重在规范外在言行举止；在方式方法上，采取刚性约束手段；在功能作用上，发挥着规范引导功效。

国有企业党的制度建设，除了党的自身制度之外，还包括与履行党组织职责相关的企业公司治理制度和企业管理制度。《中国共产党章程》规定：“国有企业党委（党组）发挥领导作用，把方向、管大局、保落实，依照规定讨论和决定企业重大事项。”“国有企业基层组织，围绕企业生产经营开展工作。”国有企业党组织，既要做好党组织自身建设，解决好弱化、虚化、边缘化问题，还要在公司治理中发挥领导作用，保证党和国家方针政策、重大部署在国有企业贯彻执行，也要在企业管理中坚持服务生产经营不偏离，把提高企业效益、增强企业竞争实力、实现国有资产保值增值作为国有企业党组织工作的出发点和落脚点，以企业改革发展成果检验党组织的工作和战斗力。因此，为确保国有企业党组织职责的履行，需要健全和完善党建自身制度、与党组织职责相关的企业公司治理制度和企业管理制度。

加强国有企业党的制度建设，首先要完善制度体系。新时代面临着新形势、新任务。新时代国有企业党组织的职责范围更广、承担的责任更大。因此，国有企业党组织需要结合自身职责定位，建立和完善制度体系。国有企业党组织在建立完善制度时，要遵循坚持党的领导、加强党的建设的原则。一是要完善国有企业党组织的基本制度，如党的组织生活制度、民主议事制度、党员教育管理制度、党员发展制度、“三会一课”制度、民主生活会制度、组织生活会制度、党务公开制度、民主评议党员制度、党建考核制度，等等。二是要完善国有企业党组织负责或参与的公司治理制度，如公司章程、“三重一大”决策制度、党委（党组）议事规则、各项干部管理制度、投资项目管理制度、各项监督制度，等等。三是要完善国有企业党组织负责或参与的企业管理制度，如人才管理制度、文化制度、群团制度，等等。

国有企业党的制度建设，重在有效执行。再完善的制度也需要有效的执行才能发挥作用，有制度不执行比没有制度危害更大。从党的十八大以来对国有企业巡视监督的问题通报可以看出，国有企业党的建设面临的突出问题，不是没有制度约束，而是不执行、软执行。另外，一些新制订的制度还处于摸索阶段，需要通过执行和反馈来加以完善。执行制度，党员领导干部必须起到带头作用。如果领导干部不执行或者变通执行，那么制度就会失去权威性。领导干部带头执行会对其他员工产生强有力的约束作用。因此，国有企业领导干部要带头学习制度、维护制度、执行制度，行动先于员工、标准高于员工、要求严于员工，带动和促进制度的有效执行。严格有效的监督检查是制度执行力的“防火墙”。要加强监督检查，对制度执行不力，甚至有令不行、有禁不止、随意变通、恶意规避等行为，要予以通报批评，并坚决追究直接责任人和有关领导的责任，使制度规范成为国有企业党员干部必须遵循的行为准则。如果检查发现制度本身不完善，或是管理情境发生变化而导致现有制度不适合，要及时对制度进行修订。

（七）反腐败斗争工作

人民群众最痛恨腐败现象，腐败是我们党面临的最大威胁。习近平总书记指出，要坚持“老虎”“苍蝇”一起打，既坚决查处领导干部违纪违法案件，又切实解决发生在群众身边的不正之风和腐败问题。要坚持党纪国法面前没有例外，不管涉及谁，都要一查到底，决不姑息。当前，反腐败斗争形势依然严峻复杂，巩固压倒性态势、夺取压倒性胜利的决心必须坚如磐石。

国有资产属于全体人民，国有企业是中国特色社会主义的重要物质基础和政治基础。国有企业是反腐败斗争的重要阵地，国有企业反腐的弦一刻也不能放松，必须坚决防止国有资产流失、确保国有企业的持续竞争力、确保国有资产保值增值。对国有企业的党风廉政建设和反腐败工作，习近平总书记要求，要加强国有企业党风廉政建设和反腐败工作，把纪律和规矩挺在前面，持之以恒落实中央八项规定精神，抓好巡视发现问题的整改，严肃查处侵吞国有资产、利益输送等问题。

1. 加强国有企业党的反腐败工作，必须严格落实“两个责任”

主体责任和监督责任是落实全面从严治党要求、推进党风廉政建设和反腐败工作的“牛鼻子”。落实“两个责任”，要求企业党委（党组）必须牢固树立把抓好党建作为最大政绩的理念，落实主体责任、第一责任和“一岗双责”，把全面从严治党要求落实到企业改革发展全过程；要求企业纪委（纪检组）必须落实“三个为主”的要求，即查办腐败案件以上级纪委领导为主，纪委书记、副书记的提名和考察以上级纪委会同组织部门为主，纪委书记考核以上级纪委为主，持续深化“三转”（转职能、转方式、转作风），聚焦主业履行监督责任。

2. 加强国有企业党的反腐败工作，要构建不敢腐、不能腐、不想腐机制

国有企业党组织要保持反腐败高压态势，运用监督执纪“四种形态”，加大惩治力度，形成持续震慑，强化“不敢腐”的震慑。要及时查找体制机制问题和制度漏洞，通过改革和制度创新切断利益输送链条，加强对权力运行的制约和监督，形成有效管用的体制机制，扎牢“不能腐”的笼子。加强思想道德和党性教育，坚定理想信念宗旨，弘扬优秀传统文化，增强“四个自信”，解决好世界观、人生观、价值观这个“总开关”问题，增强“不想腐”的自觉。

国有企业党组织要突出监督重点，强化对关键岗位、重要人员特别是一把手的监督管理，完善“三重一大”决策监督机制，严格日常管理，整合监督力量，形成监督合力。要全面梳理廉洁风险点，把行业一般性风险问题与本企业风险问题结合起来，完善廉洁风险防控制度。要充分发挥重大典型案件的治本作用，通过开展案例剖析，举一反三，查找制度漏洞，重点就改进董事会、加强境外资产监督、完善企业监督体制等问题开展研究，督促企业针对投资决策、兼并重组、混合所有制改革、产权转让、物资采购、招标投标、财务管理、选人用人、境外资产等重点领域和关键环节，建立健全权力运行制约和监督机制，堵塞管理漏洞。

3. 加强国有企业党的反腐败工作，要通过政治巡视取得反腐倡廉的实效

巡视作为党内监督战略性制度安排，在推进反腐败斗争中发挥着利剑作用，彰显了中国特色社会主义民主监督的制度优势。中央反复强调，要贯彻党章和巡视工作条例，全面审视被巡视党组织工作，紧扣职能职责，扭住责任不放，着力发现落实党的路线方针政策和党中央重大决策部署方面存在的责任问题、腐败问题、作风问题，以及违反党的“六项纪律”①、搞“七个有之”②等问题。

一方面，国有企业党组织要持续深化中央巡视整改和国资委党委巡视整改。在中央巡视和国资委党委巡视后，国有企业党组织应以高度的政治责任感，遵循“重点问题重点解决，阶段问题及时解决，长期问题持续解决”的整改工作原则，强化成果运用，持续深化巡视整改，针对中央巡视组和国资委巡视组反馈的问题制定整改任务，利用巡视整改督查常态化和“整改—提高—再整改—再提高”的循环，持之以恒地巩固、拓展、深化、

---

① “六项纪律”分别为：政治纪律、组织纪律、廉洁纪律、群众纪律、工作纪律和生活纪律。

② 2014 年 10 月 23 日，习近平总书记在十八届四中全会第二次全体会议上指出：“一些人无视党的政治纪律和政治规矩，为了自己的所谓仕途，为了自己的所谓影响力，搞任人唯亲、排斥异己的有之，搞团团伙伙、拉帮结派的有之，搞匿名诬告、制造谣言的有之，搞收买人心、拉动选票的有之，搞封官许愿、弹冠相庆的有之，搞自行其是、阳奉阴违的有之，搞尾大不掉、妄议中央的也有之。”

放大巡视整改的效能效果，以整改实绩不断推动全面从严治党向纵深发展。

另一方面，国有企业要聚焦全面从严治党，围绕中央巡视反馈问题整改、国资委巡视反馈问题整改、贯彻落实中央八项规定精神、选人用人、遵守党的政治纪律和政治规矩、违规违纪问题等对下属单位开展专项巡视和机动巡视，实现巡视工作的全覆盖。要制定巡视工作规划和巡视巡察监督上下联动的办法，重视巡视结果的运用，把巡视整改和成果运用作为领导班子考核评价、评优评先和领导人员奖惩、选拔任用的重要依据。

4. 加强国有企业党的反腐败工作，要打造忠诚、干净、担当的纪检干部队伍

打铁还需自身硬。国有企业党组织要整合内部监督机构和监督资源，增强纪律审查力量，推动纪委书记（纪检组长）严格落实不分管其他业务的要求，凝神聚力抓监督执纪问责。要以党的群众路线教育实践活动、“三严三实”专题教育、“两学一做”学习教育等为契机，教育引导广大纪检干部增强“四个意识”，忠诚于党的纪检监察事业。要注重加强政治理论和业务培训，经常性开展专题讲座，增强纪检干部的党性意识和担当意识，培养严、实、深、细的工作作风，提高履职尽责能力。要践行“严管就是厚爱”的理念，制定并严格落实内部日常管理、纪律审查工作流程、保密工作等各项制度，强化制度约束，对发现的问题及时教育提醒。

参考文献

一、著作

1.《马克思恩格斯选集》第 1 卷，人民出版社 2012 年版。

2.《马克思恩格斯选集》第 3 卷，人民出版社 2012 年版。

3.《马克思恩格斯选集》第 4 卷，人民出版社 2012 年版。

4.《马克思恩格斯文集》第 5 卷，人民出版社 2009 年版。

5.《马克思恩格斯全集》第 42 卷，人民出版社 2016 年版。

6.《资本论》第 1 卷，人民出版社 1975 年版。

7.《列宁选集》第 4 卷，人民出版社 2012 年版。

8.《斯大林选集》下卷，人民出版社 1979 年版。

9.《习近平谈治国理政》，外文出版社 2014 年版。

10.《习近平谈治国理政》第二卷，外文出版社 2017 年版。

11.《习近平关于全面建成小康社会论述摘编》，中央文献出版社 2016 年版。

12. 习近平：《论坚持全面深化改革》，中央文献出版社 2018 年版。

13.《改革开放三十年重要文献选编》（上、下），人民出版社 2008 年版。

14. 本书编写组：《党的十九大报告辅导读本》，人民出版社 2017 年版。

15. 董辅礽：《中华人民共和国经济史》（上卷），经济科学出版社 1999 年版。

16. 陈鸿：《国有经济布局》，中国经济出版社 2012 年版。

17. 张文魁、袁东明等：《国有企业改革与中国经济增长》，中国财政经济出版社 2015 年版。

18. 陈鸿：《国有经济布局》，中国经济出版社 2012 年版。

19. 张文魁等：《混合所有制与现代企业制度政策分析及中外实例》，人民出版社 2017 年版。

20. 李政:《中央企业自主创新报告 2012》,中国经济出版社 2013 年版。
21. 国家发展改革委员会编写:《中国对外投资报告(2017 年 11 月)》,人民出版社 2017 年版。
22. 国务院国资委改革办:《国企改革历程 1978—2018》,中国经济出版社 2019 年版。
23. 本书编写组:《国企改革若干问题研究》,中国经济出版社 2017 年版。
24. 本书编写组:《党的十九大报告学习辅导百问》,学习出版社、党建读物出版社 2017 年版。
25. 中共中央文献研究室:《建国以来重要文献选编》(第一册),中央文献出版社 1992 年版。
26. 全国总工会政策研究室:《中国企业领导制度的历史文献》,经济管理出版社 1986 年版。
27. 韩毅:《美国工业现代化的历史进程(1607—1988)》,经济科学出版社 2007 年版。
28. [美]约瑟夫·阿洛伊斯·熊彼特:《经济发展理论》,九州出版社 2006 年版。
29. [美]迈克尔·波特:《国家竞争优势》,华夏出版社 2002 年版。
30. [美]阿道夫·A. 伯利、加德纳·C. 米恩斯:《现代公司与私有财产》,甘华鸣、罗锐韧、蔡如海译,商务印书馆 2005 版。
31. 李维安:《公司治理学》,高等教育出版社 2017 年版。
32. 刘银国:《国有企业公司治理研究》,中国科学技术大学出版社 2008 年版。
33. 张银杰:《公司治理——现代企业制度新论(第三版)》,上海财经大学出版社 2017 年版。
34. 李晓寒:《当代中国改革的历史进程与基本经验》,中国社会科学出版社 2019 年版。
35.《中共中央关于经济体制改革的决定》,人民出版社 1984 年版。
36.《中共中央文件选集(一九四九年十月—一九六六年五月)》第 24 册,人民出版社 2013 年版。
37. 中共中央文献研究室:《十三大以来重要文献选编》(上),人民出版社 1991 年版。
38. 中共中央组织部党建研究所:《企业党建大事记》,党建读物出版社 1997 年版。

39.《十九大党章修正案学习问答》，党建读物出版社 2017 年版。
40.《新时代国有企业党的建设教程》，中共中央党校出版社 2019 年版。
41. 全国干部培训教材编审指导委员会：《全面加强党的领导和党的建设》，人民出版社、党建读物出版社 2019 年版。
42. 国务院国有资产监督管理委员会研究局：《探索与研究——国有资产监管和国有企业改革研究报告（2016—2017）》，中国经济出版社 2019 年版。

二、论文

1. 国务院国有资产监督管理委员会研究中心课题组、李保民、王志钢、胡迟：《国有企业是改善民生的根本保障》，《经济研究参考》2013 年第 33 期。
2. 成海军：《计划经济时期中国社会福利制度的历史考察》，《当代中国史研究》2008 年第 5 期。
3. 刘艳红、郭朝先：《改革开放 40 年工业发展的“中国经验”》，《社会科学文摘》2018 年第 11 期。
4. 李雯博：《新时代国有企业的战略定位与历史使命——本刊记者专访国务院国资委党委书记郝鹏》，《求是》2018 年第 3 期。
5. 翁杰明：《围绕“三个三”目标培育世界一流企业》，《企业管理》2018 年第 10 期。
6. 中国社会科学院工业经济研究所：《论新时期全面深化国有经济改革重大任务》，《中国工业经济》2014 年第 9 期。
7. 郝鹏：《新时代国有企业党的建设的根本指南》，《智慧中国》，2018 年第 12 期。
8. 白永秀、吴丰华：《新中国 60 年社会主义市场经济理论发展阶段研究》，《当代经济研究》2009 年第 12 期。
9. 中国企业改革 30 年课题组：《国有经济布局演进轨迹、影响因素与未来动向》，《宏观经济》2009 年第 3 期。
10. 裴长洪：《中国公有制主体地位的量化估算及其发展趋势》，《中国社会科学》2014 年第 1 期。
11. 黄群慧：《“十三五”时期新一轮国有经济战略性调整研究》，《北京交通大学学报（社会科学版）》2016 第 2 期。
12. 宋群：《深化中央企业布局和结构调整研究》，《全球化》2014 年第 7 期。
13. 易纲：《中国企业走出去的机遇、风险和政策支持》，《中国市场》2012 年第 12 期。
14. 袁东明：《新世纪十五年国有资本布局特征》，《中国企业报》2016 年 10 月 11 日。
15. 陆铭、柳剑平、程时雄：《中国与 OECD 主要国家工业行业技术差距的动态测度》，《世界经济》2014 年第 9 期。
16. 程军：《构建金融发展大动脉、助推"一带一路"经贸大发展》，《中国金融》2015 年第 5 期。
17. 石建国：《"不能等待、不能观望、不能懈怠"——浅谈习近平对新一轮科技革命和产业变革的判断与思考》，《党的文献》2017 年第 2 期。
18. 隋玉龙：《科技革命、产业革命及其影响》，《国际研究参考》2013 年第 6 期。
19. 袁东明：《把国有大企业培育成为具有全球竞争力的世界一流企业》，《中国经济时报》2017 年 12 月 4 日。
20. 王海燕、郑秀梅：《创新驱动发展的理论基础、内涵与评价》，《中国软科学》2017 年第 1 期。
21. 金碚：《关于"高质量发展"的经济学研究》，《中国工业经济》2018 年第 4 期。
22. 卢永真：《新时代新理念引领国企国资高质量发展》，《经济参考报》2018 年 4 月 2 日。
23. 李锦：《全面推动国企走高质量发展之路》，《紫光阁》2018 年第 1 期。
24. 黄莉茹、李炜、王庆国：《企业国际化经营战略研究》，《现代国企研究》2016 年第 5 期。
25. 殷萍萍：《委托代理理论研究综述》，《现代营销（学苑版）》2012 年第 7 期。
26. 夏春刚、石春生：《国外公司治理结构的模式和发展趋势》，《科技与管理》2003 年第 4 期。
27. 周昱汝：《国外公司治理结构对我国当代国企发展的启示》，《法制与社会》2011 年第 35 期。
28. 吴小林、郭苏文：《美、德、日公司治理模式比较及演进趋势》，《湖北社会科学》2014 年第 6 期。

29.《中共中央关于进一步加强和改进国有企业党的建设工作的通知》,《党的建设》1997 年第 5 期。

30.《中共中央关于加强和改进新形势下党的建设若干重大问题的决定》,《求是》2009 年第 19 期。

31.《以管资本为主加强国有资产监管》,《人民日报》2015 年 12 月 3 日。

32.《央企资产总额 54.5 万亿去年收入利润均实现两位数增长》,《人民日报》2018 年 1 月 16 日。

33.《建立社会主义市场经济体制是伟大创造》,《人民日报》2018 年 12 月 26 日。

34.《国有企业是社会主义市场经济第一主体》,《人民日报》2012 年 6 月 1 日。

35.《坚持以供给侧结构性改革为主线不动摇——四论贯彻落实中央经济工作会议精神》,《人民日报》2018 年 12 月 26 日。

36.《着力形成新供给与新需求》,《人民日报》2019 年 4 月 25 日。

37.《央企资产总额达 54.5 万亿元较 2012 年底增长 73.8%》,新华社,2018 年 2 月 21 日。

38.《对标重要领域和关键环节改革继续啃硬骨头确保干一件成一件》,《人民日报》2019 年 1 月 24 日。

39.《深入学习贯彻党的十九大精神紧扣新时代要求推动改革发展》,《人民日报》2017 年 12 月 14 日。

40.《坚持以供给侧结构性改革为主线》,《人民日报》2019 年 2 月 14 日。

41.《经济跃上新台阶发展站上新起点——我国五年来经济社会发展成就巡礼》,《新华社》2018 年 3 月 1 日。

42. 洪向华、石建国:《“一五”计划:新中国工业化的奠基之作》,《北京日报》2019 年 6 月 17 日。

43. 习近平:《谋求持久发展共筑亚太梦想——在亚太经合组织工商领导人峰会开幕式上的演讲》,人民网,2014 年 11 月 9 日。

44. 国务院国资委新闻中心:《“一带一路”中国企业路线图》,人民网,2015 年 7 月 15 日。

45. 王璐、杨烨：《国资投资运营试点酝酿扩围升级》，人民网，2019年5月10日。
46.《国务院国资委就“国有企业改革发展”答记者问》（文字实录），新华网，2019年3月9日。
47. 彭华岗：《国有企业改革前景及治理模式》，搜狐网，2017年1月16日。
48. 宋志平：《高质量阶段企业的发展战略》，中国日报网，2018年3月25日。
49. 董大海：《加快国企国际化进程全力培育世界一流企业》，求是网，2018年7月24日。
50.《刘鹤出席全国国有企业改革座谈会并讲话》，中国政府网，2018年10月9日。

责任编辑：车金凤　岳改苓
封面设计：九　五

图书在版编目（CIP）数据

中国国有企业基本理论导读 / 董大海主编 . —北京：人民出版社，2020.5
ISBN 978-7-01-022019-2

Ⅰ. ①中…　Ⅱ. ①董…　Ⅲ. ①国有企业—研究—中国　Ⅳ. ① F279.241

中国版本图书馆 CIP 数据核字（2020）第 058386 号

中国国有企业基本理论导读

ZHONGGUO GUOYOU QIYE JIBEN LILUN DAODU

董大海　主编

人民出版社 出版发行
（100706　北京市东城区隆福寺街 99 号）

天津鑫旭阳印刷有限公司印刷　新华书店经销

2020 年 5 月第 1 版　2020 年 5 月第 1 次印刷
开本：710 毫米 ×1000 毫米　1/16　印张：16.5
字数：255 千字

ISBN 978-7-01-022019-2　定价：42.00 元

邮购地址 100706　北京市东城区隆福寺街 99 号
人民东方图书销售中心　电话（010）65250042　65289539